STEWARDSHIP
& CORPORATE
GOVERNANCE

スチュワードシップと
コーポレートガバナンス

2つのコードが変える日本の企業・経済・社会

北川哲雄［編著］

東洋経済新報社

はじめに

　企業と投資家との関係が大きく変わろうとしている．2014年2月に金融庁により「日本版スチュワードシップ・コード」が制定された．そして8月に今度は経済産業省が「持続的成長への競争力とインセンティブ──企業と投資家の望ましい関係構築」プロジェクトの最終報告を公表した．プロジェクト・リーダーである伊藤邦雄一橋大学大学院教授の名前をとって「伊藤レポート」とも称される．そして現在再び金融庁によって「日本版コーポレートガバナンス・コード」につき2015年3月の制定に向けて議論が活発に行われている．

　読者も新聞・雑誌の紙誌面を最近賑わしているので，これら3つのプロジェクトについて耳にされているのではないか．これらは資本市場にかかわるすべての関係者・関係機関，いわゆるインベストメント・チェーン全体に今後大きな影響を与える可能性がある．もっともそれらの成果は企業が持続的な成長を記録し，投資家も一定の収益（リターン）を上げることが実感されることによって現れる．すなわちこれらの3つのプロジェクトの意義は数年後に改めて検証される必要がある．

　本書では，これまで制定・報告された2つのプロジェクトの持つ意義や浮き彫りにされた問題点をできるかぎり精確に伝えたい．精確と述べたのは，現在はやや本来の趣旨から離れた論議が喧伝されているように思えるからだ．いわゆる米国のアクティビスト・ヘッジファンドを志向するので

はと思われる投資信託運用商品を設計する運用機関も出てきている．これまでの2つのプロジェクトの真意を理解したものであるのかと言えば若干違和感を覚える．

　判断は良識ある読者に委ねることになるが，編著者（北川）の見解はノーである．2つのプロジェクトで意図している投資対象企業への深い理解は，短兵急に数人のスタッフを擁するだけでできるものでないからだ．各プロジェクトの本来の意義が拡大解釈されて負の連鎖が起きないかと早くも危惧されるところである．

　2つのプロジェクトの成功には，相当長期の期間にわたり投資家と企業が真摯な対話を進め企業価値を一緒に高めていこうとする姿勢がまず必要である．まずもって企業からリスペクトされない投資家，インテグリティ（自己規律）が備わっていない投資家は対話の資格がないと言える．

　これまで制定・報告された2つのプロジェクトでは，企業の情報開示，機関投資家とのコミュニケーションのあり方，機関投資家の運用手法・投資の時間軸（time horizon）に関し様々な先鋭的な提言がなされている．コーポレートガバナンス・システムについても，その情報開示についてわが国企業の遅れを指摘している箇所もある．

　これらはいずれも非常に生臭い，それゆえにデリケートなテーマである．最も進んだガバナンス・システムを採用してきた企業が現在赤字の継続で苦しんでいるのを証左として，問題を議論することの虚しさを訴える経営者あるいは市場関係者も実は多い．そのような事実があることは確かに認めなければならない．

　一方でそのようなケースは例外で，コーポレートガバナンス・システム，企業情報開示の充実，機関投資家のレベル向上によって新たな次元に踏み込むことができる，とする論者も多い．様々な事実を踏まえたうえで社会全体として一歩踏み込まなければならない時もある．今がその時ではないだろうか．英国におけるこれまでの粘り強い動きは非常に参考になる．すべてを短兵急に移植するわけにはいかないであろうが，おおいに参考に資するものである．そもそもスチュワードシップ概念の採択は，日本が英国方式に舵を大きく切ったと理解することができる．もう後戻りはで

きない．

　本書で記述されていることが，絶対的な真実であるという大それたことを主張する気はない．しかし進行中の「日本版コーポレートガバナンス・コード」を含め，3大プロジェクトについての今後の冷静な論議を喚起する叩き台にはなりうるであろうと自負している．

　本書は編著者（北川）が気鋭の論客に呼びかけて各人に最も的確なテーマを分担していただき一冊の本にまとめたものである．本書は8章に分かれる．様々なバックグラウンドの方々に，それぞれの職務・研究の中からのエキスと呼べるものを炙り出していただいた．

　第1章は「インベストメント・チェーンと説明責任の輪」と題されている．3つのプロジェクトの意義を精確に捉えるためには，株式市場を対象とした場合，企業，アナリスト，投資家およびアセット・オーナー（年金基金等），そして基金の究極の資金の出し手は国民1人ひとりであり，そして国民の多くは企業（組織体）にかかわっている，というチェーン（環）全体の問題としてまず考えなければならないことを指摘している．

　したがってインベストメント・チェーン全体が好循環することが，社会的に要請されることになる．チェーンを構成する各機能主体は，与えられた役割を果たすとともに，説明責任を果たしていることが求められる．それが十全に果たせていないとしたら，それを阻むものは何か，という問題も浮き彫りにしている．

　第2章は「英国のコーポレートガバナンス——Comply or Explainという賢者の知恵」と題している．2つのプロジェクトのキーワードの1つは「スチュワードシップ」という言葉である．この用語が資本市場で使われ始めたのは英国である．本章では，その英国におけるコーポレートガバナンスの特質を歴史的な経緯を明らかにしつつ詳述している．そしてComply or Explain という重要な概念についても説明される．

　続く第3章は「過度なショート・ターミズムの克服を目指したケイ報告書の意義」である．ケイ報告書（Kay Review）とは，ロンドン大学のジョン・ケイ（John Kay）教授が英国政府の要請を受けて答申した報告書

である．本章では，ケイ報告書の内容について吟味をするとともに，日本において参照する意義について論じている．過度なショート・ターミズム（短期主義）はわが国でも問題視されることが多いが，ケイ報告書では社会全体に及ぼす副作用は大きなものであることが描写されており，具体的な解決策が提案されていることがわかる．

第4章は「日本版スチュワードシップ・コードと伊藤レポート——それらの意義と期待される成果」である．英国における動向（第2章と第3章）に影響を受けて2つのプロジェクトはスタートし議論が重ねられた．本章では，それらの内容を整理してエッセンスを紹介する．

第5章は「企業価値向上のイメージを描写する情報開示」を論じている．終了した2つのプロジェクトはともに，機関投資家およびアナリストに，過度なショート・ターミズム（短期主義）から脱却することを唱えている．この問題は企業の情報開示に関しても影響を与える．投資家に長期的視点からの投資を促すためには，企業自身がどのように企業価値を上げていくのかという取り組みについて説明を行う義務がある．これは従来，中期経営計画の発表，年次報告書（アニュアル・レポート）等で企業によって開示されてきたものである．しかし，今までの開示では一部の企業を除き十分とは言えない．IIRC（国際統合報告評議会）が提唱する統合報告の作成へのチャレンジに関する記述はおおいに参考になろう．

第6章は「経営者とのスチュワードシップ関係を追求する機関投資家像」である．第2章においてスチュワードシップとは英国で使用された用語であると述べたが，本章では企業経営者と株主・投資家の関係を表す理論として主流をなしているエージェンシー理論と対比することによって，スチュワードシップ理論の解説をまず行っている．そしてその理論を具現化する機関投資家のあり方について述べている．

続く第7章は「ESG投資とそれをプロモートするアセット・オーナーの存在」について述べている．インベストメント・チェーンの中で頂点に立つのはアセット・オーナー（年金基金等）である．わが国におけるGPIF（年金積立金管理運用独立行政法人）や米国のCalPERS（カリフォルニア州職員退職年金基金）の名称は誰でも聞いたことがあろう．彼らが機関投

資家に運用委託する際に短期運用を強いれば当然，受託した機関投資家は短期投資に走ることになる．その反面，アセット・オーナー自身が長期的リターンを目指し，かつESG（環境・社会・ガバナンス）に対する関心があると様相は一転する．欧州の公的年金ではESGファクターを考慮するケースが多い．ESGは長期的企業価値を左右するファクターである，という認識があるからだ．そのため欧州企業ではESG・IRを行うことも企業にとって重要な活動になっていることがわかる．

　最後の第8章は「取締役会評価の時代──究極のコーポレートガバナンス」と題している．コーポレートガバナンス・システムの有効性を問う時には必ず，「形」を整えても「実質」が伴わなければ意味がないという声が聞こえる．そのようなケースは確かに多い．この実質性を担うのがボードルーム評価である．英国においてはFTSE350社に外部による取締役会評価が2010年のコーポレートガバナンス・コード制定時に義務づけられた．本書の最後の章を締めくくるにあたりこの章を設けたのは，わが国でもコーポレートガバナンス・コード制定時においてこの精神（取締役会機能の実質性の促進）を入れて欲しいという願望からである．

　全編を読まれておそらく読者は，経済紙誌上で論議されている主調音とはかなり異なるものを感じるであろう．相当の経験のある機関投資家・アナリスト・企業CFOの間でも意見は大きく分かれることが予想される．

　編著者自身，過去には長期業績予想（7年程度）を行い，妥当株価を探り，投資評価をバイサイド・アナリストの立場から行ってきた．誤解をよく受けることだが7期予想を行うからといって，7年後の現実を見て投資意思決定を行うわけではない．妥当株価に達してしまえば短期間で売却することもある．また自分の立てた業績予想を修正し，妥当株価が変わってしまったために短期間に売買することもある．

　編著者にとって得難い経験は，7期予想を行うことによって投資対象企業の行く末を真剣に考えるに至ったことである．スチュワードシップ・コードに署名した機関投資家の中には，長くて2期程度の予想を行い，ROE向上，株主還元，および不採算部門の売却を呪文のように唱えているとこ

ろが見受けられる．そもそも堅固なインハウス・リサーチを保持していない機関もある．

　短期的財務目標を企業に確約させて，株価が上昇した時に売り抜けるという行為が是認されることになるのはしっくりこない．2つのプロジェクトの帰結がこうなってしまっては，わが国の資本市場にとってあまりに寂しいのではないかと思う．しかしこれは編著者自身の解釈が間違っているのかもしれない．是非とも読者からのご意見を賜りたいと思う．

　最後に本書の出版にあたっては，企画から校正，仕上げに至るまで一貫して東洋経済新報社村瀬裕己氏に励ましと貴重な助言をいただいた．ここに7人の執筆者を代表して深謝する次第である．

　　平成27年1月

編著者　北　川　哲　雄

目 次

はじめに　iii

第1章　インベストメント・チェーンと説明責任の輪

第1節　説明責任と責任ある評価　1
第2節　時間軸の修正——過度なショート・ターミズムとの闘い　5
第3節　利益相反——克服すべきもう1つの課題　11
第4節　企業の情報開示水準をどう考えるか——日本の常識が欧米では非常識のこともある　15
第5節　優秀なアナリストのジレンマ　18

コラム1-1　ベーシック・レポートの作成は時代遅れか　22
コラム1-2　新アニュアル・レポートに織り込むべきこと　23
コラム1-3　四半期決算制度の功罪　25

第2章　英国のコーポレートガバナンス——Comply or Explainという賢者の知恵

第1節　英国のコーポレートガバナンスの特徴とFRCの役割　27
　　1　英国におけるコーポレートガバナンス・コードの進化　29
　　2　Comply or Explainの評価　33
　　3　FRCの役割　36
第2節　コーポレートガバナンスに関与する機関投資家の役割　38
　　1　キャドバリー報告書　38
　　2　ハンペル報告書　39
　　3　マイナース報告書　39
　　4　ウォーカー報告書　41

第3節　2つのコードの概要とわが国に対する示唆　42
　　　1　英国におけるコーポレートガバナンス・コード　42
　　　2　英国におけるスチュワードシップ・コード　47
　　　3　わが国に対する示唆　51

|コラム2-1| 英国の会社観——会社は誰のために経営されるべきか　55
|コラム2-2| スチュワードシップとは何か　55

第3章　過度なショート・ターミズムの克服を目指したケイ報告書の意義

第1節　ケイ報告書が提案したインベストメント・チェーンのカルチャーの変革　57
　　　1　ケイ報告書の背景と問題意識　57
　　　2　過去の報告書との共通点・相違点　58
　　　3　ケイ報告書の構成と勧告の概要　59
　　　4　集団的エンゲージメントに関する勧告　61
　　　5　投資情報開示に関する勧告　62
第2節　ケイ報告書に対する反応　63
　　　1　英国政府によるケイ報告書の評価　63
　　　2　英国CFA協会によるケイ報告書に対する批判と評価　66
　　　3　マイナース卿によるケイ報告書に対する評価と批判　67
　　　4　クラーク教授によるケイ報告書に対する評価と批判　68
　　　5　英国下院BIS委員会によるケイ報告書に対する評価と支持　69
第3節　ケイ報告書以降の動きとわが国に対する示唆　71
　　　1　集団的エンゲージメントを行うための投資家フォーラムの組成　71
　　　2　投資情報開示の進展　74
　　　3　わが国に対するケイ報告書の示唆　77

|コラム3-1| ケイ教授の問題意識とは何か　80

コラム3-2 バークレイズ銀行に対する集団的エンゲージメント　80

第4章　日本版スチュワードシップ・コードと伊藤レポート──それらの意義と期待される成果

第1節　日本版スチュワードシップ・コード導入の意味──静かなる革命の進展　83
　1　スチュワードシップ・コード導入の意味と資本市場システムの変容　83
　2　日本版スチュワードシップ・コードの要諦　85

第2節　日本版スチュワードシップ・コード導入の背景とその意義──株式会社に関わるグローバルな課題　89
　1　永遠の課題（「自由vs社会」）　89
　2　投資家の役割と社会的存在意義　90
　3　スチュワードシップ・コード導入の根源的課題──"株式会社"の抱える自己矛盾　92

第3節　伊藤レポートの主張──伊藤レポートが企業と機関投資家に求めるもの　94

第4節　高質の対話とは何か──協創の意義　97

第5節　2大プロジェクトの行方──モニタリングの必要性　102

コラム4-1　長期的な企業価値算定の難しさ　105
コラム4-2　最強のガバナンス企業の条件　106

第5章　企業価値向上のイメージを描写する情報開示

第1節　中期展開力を示す開示能力──長期投資家に必要とされる投資情報　109
　1　長期投資家の運用フィロソフィーとは──情報フィルター・変換機能　110

2　長期投資家の運用手法──超過収益の源泉となる"非財務
　　　　情報の分析・解釈"　111
　　　3　長期投資家の期間別情報の利用方法　114
第2節　ESG投資と非財務情報　115
　　　1　非財務情報・ESG・長期投資の関係　116
　　　2　ESGのメインストリーム化──長期投資プロセスへの
　　　　ESGの統合　118
　　　3　様々なESG評価と評価の構造変化──ユニバーサル・オ
　　　　ーナーズの仮説　122
　　　4　今後の課題──投資家と企業の間での非財務情報コミュニ
　　　　ケーション　123
第3節　統合報告と統合（的）報告書への期待
　　　──アニュアル・レポートの発展　125
　　　1　企業価値創造につながる統合報告　125
　　　2　統合報告書，国際統合報告フレームワーク　126
第4節　ガバナンス情報の充実への課題　130
　　　1　説得力のあるコーポレートガバナンスの実践　131
　　　2　説得力のあるガバナンスの具体例　132
　　　3　今後のコーポレートガバナンスのポイント　136

コラム5-1　中期経営計画の意義　138
コラム5-2　注目すべきアニュアル・レポートの内容例　140

第6章　経営者とのスチュワードシップ関係を追求する機関投資家像

第1節　2つの異なる経営者像──性善説と性悪説　143
　　　1　エージェンシー理論とエージェント型経営者　146
　　　2　スチュワードシップ理論とスチュワード型経営者　147
　　　3　プリンシパルとマネジャーの間の関係性　148
第2節　スチュワード型経営者と共生する機関投資家像　152

　　　　1　スチュワード型経営者に対する適切なエンゲージメント
　　　　　　手法　152
　　　　2　経営者から信頼を勝ち取る機関投資家の要件　153
　　　　3　経営者のパートナーとしての機関投資家の覚悟　157
第3節　米国アクティビスト投資家とエージェンシー理論の関係　158
　　　　1　米国アクティビスト投資家と大手公的年金基金　158
　　　　2　米国アクティビスト投資家とエージェント型経営者　159
　　　　3　ゴシャールによるビジネス・スクール教育への批判　160
　　　　4　米国アクティビスト投資家の新しい動き──2つの顔を持
　　　　　　つアクティビスト　161
　　　　5　日本におけるエージェント型経営者との
　　　　　　エンゲージメント　162
第4節　集団的エンゲージメントの意義　164
　　　　1　集団的エンゲージメントと議決権行使　164
　　　　2　機関投資家はなぜ一枚岩になれないのか？　165
　　　　3　集団的エンゲージメントをめぐる今後の展開　166

コラム6-1　エージェント型経営者を動かす議決権行使　169
コラム6-2　スチュワード型経営者を動かすエンゲージメント　172

第7章　ESG投資とそれをプロモートするアセット・オーナーの存在

第1節　海外におけるESG投資の普及とその背景　175
　　　　1　スチュワードシップ・コードによるESG投資の要請　175
　　　　2　長期投資として広がるESG投資　177
第2節　ESG投資に関するインベストメント・チェーン　180
　　　　1　ESGインベストメント・チェーンの全体像　180
　　　　2　アセット・オーナーがESG投資に与える影響　181
　　　　3　ESG情報提供機関の果たす役割　182
第3節　海外の公的年金基金によるESG投資　184

		1　確固たるポリシーを持った海外の大手年金基金　184
		2　ESG投資の目的はリスク低減が主流　188
		3　日本の年金基金におけるESG投資の現状　191
	第4節　ESG投資手法とエンゲージメント　193
		1　ESG投資手法の6分類　193
		2　リスク低減のためのESG投資手法　197
		3　ESGエンゲージメントの動向　199
		4　長期的なリターン向上を狙うESG投資手法　203
	第5節　ESG投資家を惹きつけるESG-IR戦略　204
		1　環境・社会課題への対応と事業機会獲得を融合しはじめた企業　204
		2　欧州を中心に広まるESG-IR　206
		3　ESG-IRと投資家・企業間のコミュニケーションの課題　207

コラム7-1　「社会変革のためのESG投資」と「長期投資としてのESG投資」の違い　213
コラム7-2　海外の大手年金基金による日本株式への投資状況　214
コラム7-3　デンマーク労働市場付加年金基金によるESGエンゲージメントの実践　217
コラム7-4　ドイツSAP社のESG-IR　218

第8章　取締役会評価の時代
──究極のコーポレートガバナンス

	第1節　取締役会評価の意義　222
		1　取締役会評価とコーポレートガバナンス・コード　222
		2　取締役会評価の概要　223
		3　「コーポレートガバナンス」の概念　225
		4　コーポレートガバナンスにおける取締役会評価の位置づけ　227
	第2節　海外における取締役会評価の実施状況　228

	1	欧州における取締役会評価　228
	2	米国における取締役会評価　231
	3	南米諸国における取締役会評価　231
	4	アジア・オセアニア諸国における取締役会評価　231

第3節　取締役会評価の発展の経緯　232
　　　1　取締役会評価の発展の歴史　232
　　　2　英国における取締役会評価の歴史　233

第4節　取締役会評価の実務　240
　　　1　自己評価と外部評価の比較　240
　　　2　英国における外部評価者　243
　　　3　外部評価の実務　244
　　　4　取締役会評価を通した企業と投資家の対話　246

コラム8-1　取締役会評価の実例①　グラクソ・スミスクライン社　254
コラム8-2　取締役会評価の実例②　ブリティッシュ・アメリカン・タバコ社　256

各章の執筆担当者

第1章 インベストメント・チェーンと説明責任の輪
　　　北川哲雄（青山学院大学）

第2章 英国のコーポレートガバナンス
　　　林 順一（青山学院大学特別研究員）

第3章 過度なショート・ターミズムの克服を目指したケイ報告書の意義
　　　林 順一（青山学院大学特別研究員）

第4章 日本版スチュワードシップ・コードと伊藤レポート
　　　井口譲二（ニッセイアセットマネジメント）：1・2節
　　　北川哲雄（青山学院大学）：3・4節，コラム

第5章 企業価値向上のイメージを描写する情報開示
　　　井口譲二（ニッセイアセットマネジメント）：本文，コラム5-2
　　　木下靖朗（ニッセイアセットマネジメント）：コラム5-1

第6章 経営者とのスチュワードシップ関係を追求する機関投資家像
　　　木下靖朗（ニッセイアセットマネジメント）

第7章 ESG投資とそれをプロモートするアセット・オーナーの存在
　　　小崎亜依子（日本総合研究所）
　　　林 寿和（日本総合研究所）

第8章 取締役会評価の時代
　　　高山与志子（ジェイ・ユーラス・アイアール）

第1章

インベストメント・チェーンと説明責任の輪

第1節 説明責任と責任ある評価

　本書でインベストメント・チェーンと言う時には，以下，株式市場を前提として話を進める．このチェーンの主な参加者を図1-1に沿って紹介しよう．

　まず第1の参加者は上場企業である．広く投資家からの資金調達を得ようとする場合，非常に効率的な手段の1つは株式市場で資金調達を行うことである．

図1-1　インベストメント・チェーンの概念図

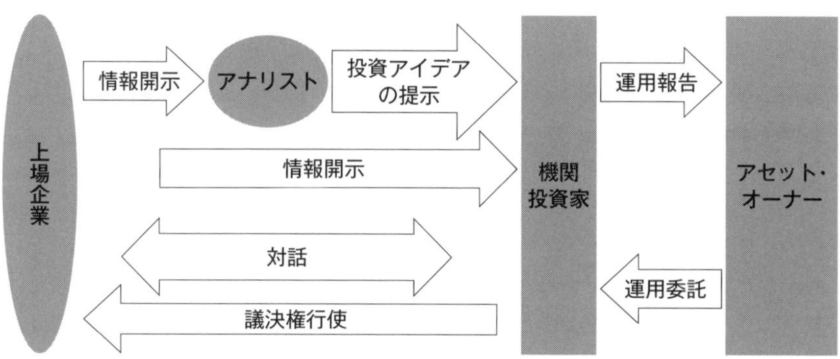

成長期の企業にとって株式市場は魅力的である．事業の将来性に対する説明が投資家に対して適切になされ，投資家が高い利益成長性が見込まれると判断した場合には，企業側は多額の資金調達を行うことが可能である．
　一方で資金調達が内部資金でまかなわれるような成熟期となった企業の場合には，投資家は企業価値が引き続き向上し，投資家が要求するリターンを上回ると予想される場合に，多くの投資家が当該流通株式（既発行株）を買い増したり，あるいは新たに購入することになろう．
　もっともこの場合には，企業が必要以上の余剰資金を抱えているか否かについても投資に際し考慮することになる．本業に投下されないままの金融資産の利回りは（通常は）非常に低いからである．
　株式流通市場において投資魅力がないと思われた保有株式については，投資家がいったん購入した後に売却することも自由である．そのような見方が市場全体に広がった時には，株価は暴落する可能性もある．もちろん逆に投資魅力が上昇したり，将来の利益成長が従来の市場のコンセンサスより高まる時には，株価が上昇することが十分に考えられる．投資家には売買の自由があり，株式市場での評価を高くするように努めないと，株価は同業他社に比べるとかなり劣後することもある．
　企業にとって株価の下落は，新規株式発行を行う必要性がないかぎりただちに問題になるわけではない．あくまでも過去に発行した既発行株の交換価格であり，ただちに企業の懐が痛むわけでないからだ（もっともストック・オプションでボーナスを得るインセンティブを与えられている経営者にとっては，株価の維持に必死となるかもしれない）．
　しかしPBR（株価純資産倍率）が1倍を切った銘柄や，ROE（株主資本利益率）が著しく低い銘柄は，投資家からは黄色信号が灯ったように見える．会計上の数値とはいえ，株価の時価総額が株主資本を下回るといった事態は，その時点で解散価値を下回っていることを意味するからだ．PBRが0.8倍，0.7倍と落ち込んでゆく過程でオーソドックスな長期投資家は見切りをつけて去り（exit），アクティビストと呼ばれる投資家が入り込むことも予想される．アクティビストとは経営方針・財務政策等について積極的な提言を企業側に行い，その成果でPBRが上昇することを期待

してキャピタル・ゲインを最終的に得る投資家と言ってよいであろう．業績が順調である場合はよいが，そうでなくなった時には経営者は株価に対し無頓着であってはいられない．

投資家に対し，要求されている法定開示だけでなく，オーソドックスな長期投資家に継続的に評価されるようなボランタリーな情報開示も含む活動は，一般にIR（Investor Relations）活動と呼ばれる．そのゆえにインベストメント・チェーンの中においては，IR活動の評価はアナリストおよび機関投資家によってなされることになる．

代表的な評価例としては，日本証券アナリスト協会による「証券アナリストによるディスクロージャー優良企業選定」が1995年より毎年行われている[1]．

第2の参加者はアナリストである．ここで言うアナリストとは，証券会社に所属しているアナリストのことを示している．機関投資家はすべからく証券会社を通じで売買を行う．証券会社間で取引手数料率やトレーディング能力に大きな差異がない時には，アナリストのリサーチ能力あるいはサービスの質によりコミッションの配分シェアが大きく変わることにもある．アナリストは担当セクター，分析担当企業を有し，ベテランになると20年以上従事することも珍しくない．アナリストの評価は，機関投資家によってなされることになる．代表的な例は日本経済新聞社（当初は『日本経済新聞』，その後『日経金融新聞』に移り，現在では『日経ヴェリタス』紙）や『Institutional Investor』誌により機関投資家に対するアンケート結果を公表しているアナリスト・ランキングである．

機関投資家のファンド・マネジャーはアセット・オーナー（年金基金等）から運用資金を受託し，ポートフォリオのマネジメントを行っている．運用成績は時々刻々と変化する．その成績はアセット・オーナーに同時に届くことになるが，結果についての説明責任があり，それを定期的に，また

1）日本証券アナリスト協会が『証券アナリストによる優良企業選定』http://www.saa.or.jp/disclosure/selection.html（2004年度までは『リサーチ・アナリストによる優良企業選定』と呼称）によって行っているのが代表例である．これはセルおよびバイの両サイドのアナリストによる評価である．日本IR協議会ほかの民間IRサービス会社が行う評価・表彰制度もある．

運用成績が大きく変化したり，市場のボラティリティが激しくなった時に適宜行うことが必要となる．当然，評価者はアセット・オーナーである．このように機関投資家の運用成績は顧客に開示されるが，運用機関の定性評価・定量評価を外部から継続して行っているのが運用評価会社である．

　図1-1の最右端に位置するアセット・オーナーは最も優位に立っているように思える．しかし公的年金や企業年金の保険料の支払い者は個人，企業および税金（これも個人と企業からなる）である．アセット・オーナーには彼らに対する説明責任がある．そして誰かがアセット・オーナーに対する責任ある評価を行われなければならない．そのゆえに本章では，インベストメント・チェーン（環）と呼んでいる．数年前にあったいくつかの企業年金基金における不祥事は，責任ある評価を行う仕組みができていなかったことの証左であろう．

　説明すべき相手に対する説明責任があるのは当然として説明を受けるほうには納得責任がある．すなわち責任ある評価がされなければならない．どうやってこのことを社会全体でモニタリングするかは実は大変難しい．

　なお，図1-1の中で，機関投資家と上場企業との間に「議決権行使」という左向き矢印（機関投資家⇒上場企業）がある．これは所有した株式については議決権（通常は株主総会時）を行使することができるからである．議決権行使の権限は，本来の資金提供者であるアセット・オーナーが一定のガイドラインを出すケースもあるが，機関投資家が自らのガイドラインに沿って行うのが通例である．

　これは機関投資家によるアセット・オーナーに対する説明責任をまっとうするための行為と言えよう．受託した資金の運用成績を向上させるためには積極的に議決権を行使すべきだからである．企業価値を毀損する恐れのある，あるいは過去に明らかに毀損したと思われる経営者の取締役選任議案があった折などには精査をする必要がある．しかし現実には機関投資家のファンド・マネジャーは忙しいし，専任の担当者を雇うとすればコストもかかることになる．そこで議決権行使サービス会社を利用する運用機関も多い．この場合には，専門家である彼らの意見を参考に（実質は丸投げの運用機関も多い）して議決権行使を行うことになる．皮肉なことにこ

れらサービス会社に依存する機関の割合が増えれば増えるほど，株主総会における議案のキャスティング・ボードを彼らが握ることになる．

第2節 時間軸の修正
―― 過度なショート・ターミズムとの闘い

さて第1節においては，インベストメント・チェーン全体において「説明責任と責任ある評価」が重要であると指摘したが，その前提としてチェーン全体の「目標」が明確になっていなければならない．目標が明確であることにより，その目標の達成度を見て「最適化」が果たされているか否かを検証することが可能となる．

目標の一つとして唱えられるのは「投資尺度としての過度の短期主義から中長期への時間軸の移行」である．これは過去10年を通して米国においても英国においてもしばしば取り上げられてきた問題でもある[2]．

ヘッジファンドやクォンツ運用に見られる短期運用は否定されるべきではないし，また規制も及ばない．問題は今でも一定の運用金額を保持しているロング・オンリー（長期投資）の投資家が本来のあるべき運用哲学に則った運用をしていないのではという懸念があることである．

こういった投資家が本当にそのような運用スタンスであるか否かは，本来は精緻な検証がいるのであるが，本書では，そのような事実があるという前提のもとで話を進める．

それではなぜ過度なショート・ターミズム（短期主義）が問題となるのか．図1-2はそれを説明するための概念図である．

アクティブ・ファンド・マネジャーが市場の大勢を占め，毎日あるいは時々刻々の株価の変動要因を追い求め売買意思決定を行う運用機関と，それに対して時間軸として数年先の企業のファンダメンタルズを描きながら運用を行う運用機関とではかなり投資スタンスが異なる．

日々様々なところ（企業以外から出されるものもある）から出される情

2）代表例として米国ではCertified Financial Analysts Institute（2006），英国ではKay（2012）．

図1-2 株価変動がショート・ターミズムに及ぼす問題

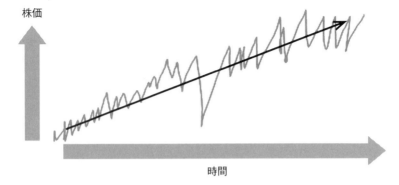

報に対し、企業からの説明（コメント）が遅滞なく行われ、情報の非対称性がほとんどない状態では、インデックスあるいは他のファンド・マネジャーのパフォーマンスを継続的に上回ることは至難の技になる．

　個々のファンド・マネジャーが皆、大変勤勉であり日々の情報に果敢に対応していても、結局長い目で見て超過収益を得ることはできない、とすればこれも短期主義の弊害であろう．図1-2で言えばジグザグの線が日々の株価の変動である．何らかの一見重要と思われる、しかし長期的企業価値の変動にはさしたる意味のない情報に反応していることを表しているとしよう．

　イベントという言葉がよく市場の中で使われる．四半期決算の発表が30日後にあるという時には、これが1つのイベントとなり、それをどのように予想するかが市場関係者の中で、とりわけヘッジファンドが興味を示すことが多いであろう．証券会社のアナリストにとってもこれは大きな問題である．ファンド・マネジャーからの評価が高まれば配分コミッションが多くなるとともに、アナリスト・ランキングも上がるかもしれないからだ．

　そこでアナリストにとっては、四半期決算の業績を正確に予想するために、企業に取材を必死に行うことが必要になる．企業は発表前の一定期間をサイレント・ピリオド（沈黙期間）としているので、その直前が取材の

チャンスとなる.

そしてアナリストは顧客を集めて四半期決算プレビュー・ミーティングを開催することになる．時には，その場に企業のIR担当者自身が参画していることもあると聞く．これはかなり際どいミーティングになる可能性がある．四半期決算の実績値に関するヒントめいたことを言うだけでも，フェア・ディスクロージャー（公正開示）の精神に反するからだ．

何故なら，特定のアナリストに決算情報を囁くことはもちろんルール違反であるが，複数とはいえ特定の機関投資家のファンド・マネジャーに対してのみヒントを与えるということもあってはならない．そうしたミーティングに参加すれば，短期とはいえ株価の推移に敏感な投資家がこぞって集まってくることになる．このようなミーティングが常態化しているのはどういうことなのか．これこそが過度な短期主義の弊害の最たるものであろう．このような情報を探ろうとするファンド・マネジャーの成績が一時的に良くなったとしても長くは続かないであろう．

筆者はかつてこの状態を「強い絆の弱い力」[3]という社会学で使われる概念で説明したことがある．東京における市場参加者のうち機関投資家は大手町・丸の内・日比谷界隈に居を構えている．ヘッジファンドは赤坂あるいは香港に多い．彼らは毎日早朝から投資材料（イベント）に対し敏感に反応しようとしている．

彼らは運用成績を競いながらも，スモール・ミーティング等を通してお互いの「絆」は強いように見える．知識レベルは均質化し，結果としてある情報に対し同じ行動を取ることが多くなる．ネガティブなニュースには一斉に売り，ポジティブなニュースには一斉に買い，そしてプレビュー・ミーティングで得たニュアンスにも素直に反応することも多いであろう．際どい形で情報提供を得ていないかぎり，そもそも短期主義者が圧倒的な超過収益を得ることは難しい．

結果としてここで行われていることは，多大なエネルギーを使ってファンド・マネジャーは奮闘しているように見えるが実は「弱い力」でしかな

3）詳しくは北川（2007a），pp. 151-154を参照.

い．皆で群れているに過ぎないのである．これに対しこの群れから一歩離れ，日頃の喧騒（株価変動のジグザグ線の波）から離れて株価の長期トレンドを算定するのが真の長期投資家である．

　株価が長期的には企業の収益力の推移に一定の時間差をもって併行的に動くとするならば，このトレンドを見抜くことは非常に重要である．そのためにすべきことはまず，長期の業績予想を行うことである．タイム・スパンを長く取らなければ収益のトレンドを計ることはできない．

　ある運用機関の場合には，インハウスのアナリスト（証券会社のアナリストと区分して，彼らはバイサイド・アナリストと呼ばれることも多い）に7期あるいは10期の予想を算定することを求めていると言う．そこから特定の投資評価モデルを使用し，妥当株価を算定しているということである．この場合，その妥当株価はアナリスト自身の審美眼によって算定されることになる．このような運用機関は残念ながらおそらく稀であろうし，まずもって，いかなる確信をもって予想を立てられるのであろうかという疑問も出てくる．しかしこのような手法に基づいて，20年以上わが国で継続してリサーチ活動を行っている運用機関は現に存在する．

　もしその予想に大きな誤りがあれば，妥当株価に収束するというシナリオは崩れてしまう．しかし，そのトレンドに沿って収益が生まれ株価も連動すれば，長期的には大きなリターンを得ることも可能かもしれない．インハウスにアナリストが10人いるとして，7人にそのような能力があれば他の3人が平均的な能力であったとしても，合成されたポートフォリオは全体として大きな超過収益を得ることができよう．このような運用哲学に基づきサスティナブルに運営されている運用機関があるが，おそらくは上記のような成果が継続的に積み重ねられていると推定される．かつて話題になったスーパー・アナリスト仮説が実現されていると見ることができる[4]．

　アクティブ運用の困難さは様々な実証研究によって指摘されているところではあるが，少数とはいえ，長年安定した超過収益をあげ続けている運

4）詳しくは北川（2007a），pp. 155-162の記述を参照．

用機関があるとすれば，長期投資家の存在意義を認めなければならない．

　ただし，相当に勇気のいる選択である．市場参加者の大勢に反して毎日の株価変動のジグザグに左右されることなく泰然として市場に立ち向かうことには相当に忍耐力がいる．周りに順応したほうが居心地はよい．

　先ほどの社会学の用語の裏返しとなるが，こうした状態は「弱い絆の強い力」ということになる．市場の大勢に背を向けて，適度に距離をとって「弱い絆」の中で彷徨うことになるからだ．孤独な仕事となろう．しかし，その苦悩から生み出したシナリオが実際の企業収益に反映されてきた時には，大きな喜びを感じることになろう．その場合には「強い力」を発揮したことになる．

　こういった機関投資家が保有銘柄に議決権行使を行う場合には，インハウス・アナリストが行使にあたり関与することになる．例えば取締役選任議案の時，社内取締役であれ社外取締役であれ，企業価値を向上させるようなメンバーとなっているか否かは，長年当該企業を分析しかつ長期予想を実際に行ってみて初めてその当否を下すことができるからである．外形的条件の判断だけなら数分で可能である．

　しかし一部の真に自らの判断で行動する運用機関を除き，わが国では議決権行使サービス会社の意見を尊重している傾向がある．これは自ら判断する能力が乏しいことを意味する（機関投資家側の弁明としては，招集通知を受け取ってから考えて行使するまでの時間が短いということも，サービス会社を利用する大きな理由としている）のと，プロの議決権行使サービス会社の判断に従ったほうがアセット・オーナーに対して説明しやすいということもある．さらに言えばそうすることのほうが無難であるということだ．多勢に従っていれば心地よいということであろう．もちろん，運用機関にとって議決権行使担当専任者を置くことは当然多額のコストがかかるという側面もある．

　しかし，このような機関投資家のウエイトが増えてしまえば，議決権行使サービス会社が企業の行く末についてのキャスティング・ボードを握ってしまうかもしれない．議決権行使サービス会社が，社外取締役の選任にあたり，非常に厳しい独立性の判断をすることがある．そこでは外形的な

ものが重視され,ノミネートされた人が企業価値を損ねる恐れがあるか否かを精査することなく反対することもしばしばである.時に企業が議決権行使サービス会社に対して論争を挑むこともあるが,積極的に多くの企業がこのようなケースに対処しているとは思えない.こういった案件こそは本来,個々の運用機関が企業と真摯な対話を行うべきである.

　さて最終的には上述したとおり,真の長期投資家を辛抱強く見守るアセット・オーナーがいなければならない.これについてはアセット・オーナー側にどれだけのインフラストラクチャーが整っているかは疑問である.私的企業年金において起こった様々な不祥事(基金理事などによる使い込み等で解散に追い込まれた基金もあった)は論外であるとしても,一番の問題はアセット・オーナー側に一部を除きプロフェッショナルな人材がそろっていないことである[5].運用会社での経験,アナリストとしての経験がある人がどれくらいいるのであろうか.だからこそ運用評価会社が隆盛化するわけであるが,丸投げで評価を依存するのは自らの職務を放棄しているのに等しい.

　この問題を企業の情報開示の問題にからめて論じてみよう.あらゆるタイプの投資家・アナリストのニーズに応えていては,おそらく身が持たないであろう.忙しいことと,企業にとって有効な仕事をしていることとは別問題である.ここでやはり問題となるのは,企業におけるCFOとIRオフィサーのプロフェッショナル人材が全体としては少ないという点である.あらゆる情報開示は,情報効果すなわち伝達される情報の有意性を意識したものでなければならない.

　すべての投資家のニーズを満たすことはできない.むしろ自社にとって望ましい投資家像を絞り込み,それら絞り込まれた投資家を顧客と考えたマーケッティング戦略を立てる必要がある.もし真の長期投資家をターゲットとするならば,積極的に彼らの考えている思考方法を読み取らなければならない.

---

5) しかし最近ある大学基金では大手機関投資家にてCIOの経験のある人が基金理事で就任したということが報道され話題となった.遅ればせながらこのような動きは歓迎すべきであろう.

情報開示活動全般のスクラップ・アンド・ビルドを大胆に行う必要があろう．筆者が尊敬するあるアナリストが

> 「IRが優れたある企業は月次，四半期などの情報は必要なものはすべてWEBで公開してしまっています．それゆえ短期的な動向については情報の非対称性が生じないようにしています．だから無駄なアナリスト・ミーティングと投資家ミーティングを設定する必要がない．
> そこでCFOとIRオフィサーの仕事は，長期投資家の発掘，あるいはすでに株主である場合にはフォローアップ活動ということになります．当然，中期経営計画，年次報告書（アニュアル・レポート）などはかなり充実させている．定期的なCEOとの内容の濃い意味のあるミーティングを1年に1回程度設定することが，IRオフィサーの重要な仕事になっています」

と述べていた．すなわち企業自身も過度なショート・ターミズム（短期主義）と闘う姿勢を持たなければならない．

アセット・オーナーの考えが変わり，ファンド・マネジャーがそれに従う．アナリストに対する情報要求も長期的な観点に基づくものに変わり，それにアナリストが反応する．その結果，死語となっていたベーシック・レポートが復活する．企業側の情報開示も長期的視点のものにシフトする．

このようにインベストメント・チェーン全体の動きが変われば，かなり短期主義は是正されることになろう．しかし，それだけではすまない．結果として日本企業全体のパフォーマンスが向上しなければならない．「伊藤レポート」では，日本企業のROEの低さ，特にマージンの低さ（売上高当期純利益率）が指摘された．短期主義の是正がマージンの向上につながり，日本株式会社（TOPIX？）の株価が上昇することにつながらなければならない．

第3節　利益相反
――克服すべきもう1つの課題

インベストメント・チェーン全体にかかわる問題で，時間軸の修正とと

もに考えなければならないのは利益相反である．

　企業側に即して考えてみよう．議決権行使サービス会社の行使基準でたびたび話題になるのは，社外取締役の独立性である．通常は，取引先，メインバンク，大株主から派遣された社外取締役の候補者は利益相反の恐れがあるとされて不適格と判断されることもある．

　現在独立して事務所を営む弁護士に対しても，数年前に会社の顧問弁護士事務所に勤務していたことを理由に反対される場合もある．社外取締役は，公平な立場から企業価値の向上に邁進するための体制を整えるために，取締役会を活性化し経営陣（執行側）を監視しなければならないという発想から，資格要件として社外であるだけでは不十分であり，独立性があることが要求されている．この考え方は利益相反を避けるという課題に合致したものであろう．

　アナリストにとっての利益相反の問題とは何であろうか．実は米国では10年ほど前のエンロン・ワールドコム事件当時に，アナリストの利益相反の問題が大きな話題になった．それには，3つの側面がある．

　第1に証券会社が投資銀行部門とブローカレージ部門を有する場合には，アナリストは後者の組織に属するが，投資銀行部門の顧客である企業の分析を担当している可能性がある．その場合，アナリストが行う投資格付けに何らかの影響がが及ぼされることが懸念される．投資格付けでは，buy, hold, sellといった投資オピニオンをアナリストは顧客向けに発表する必要があるが，その判断が曇ってしまう懸念があると言うことである．今日，証券会社では厳しい社内ルールを敷いている．

　しかしこれは企業側の問題でもある．企業にとって証券会社のアナリストが投資格付けをsell意見にするのは不愉快なことであろう．なかには取引所に対し，あるアナリストのレポートを問題があるとし，適時開示事項の一環として報告した事例もある．2013年のことであった．この報告ではsell意見を問題とているわけではなく，レポートそのものの質を問題にしたものではあった．それゆえ，sellという投資意見が直接の原因ではなかったにしても，レポートの質が問題だと取引所に報告すること自体も前代未聞の出来事であった．

確かに筆者が見ても，そのレポートは論理矛盾や基本的事項の認識に致命的な欠点があるものであった（そういう意味でレポートに証券会社名を冠して出す場合には，証券会社内部によるレポート・チェック体制も問題である）．

　しかし，そもそもレベルの低いレポートを書くアナリストは，機関投資家の厳しい評価を通じて淘汰されるべきであり，企業側が本来目くじらを立てる問題ではない．やはりsell意見であることが騒ぎ立てた要因の1つであろうという疑念を抱かせる．企業側がこのような報復措置を取るとわかると，無用な混乱を起こしたくないアナリストの意見が歪んだものになるのではないかと心配になる．投資格付けの設定方法についてはこれまで苦い歴史があり，適度にある程度分散させるという方式が一般化しているが，これは市場関係者の努力により合意に至り軌道に乗ってきたものである[6]．このように企業側の対応に問題があるという場合が，アナリストをめぐる第2の利益相反のケースである．

　第3の利益相反のケースは，アナリストの顧客との関係に存在する可能性がある．アナリストと機関投資家のファンド・マネジャーとの関係である．アナリストが顧客によって時間をスライドさせて投資格付けの変更やその前提となる業績予想の変更を伝達するとどうなるであろうか．

　そのアナリストが市場において影響力がある場合には，ファンド・マネジャーとしてはいち早く彼の見解を聞きたいと思うであろう．ここに利益相反が起きる可能性がある．資金量の多い有力顧客を優先して時間差で伝達するのは，明らかにフェアではない行為である．企業は業績予想の変更，決算数値の開示等の重要情報を一斉にWEBサイト等で開示しているが，これは選別的情報開示との批判を避けるためである．アナリストにも同じことが要求される．

　これらのアナリストに関する利益相反を避けるための手段は何があるだろうか．アメリカで試みられたのは個々のアナリストの担当企業全体（ユニバースと呼ぶ）の投資格付けを公表することである．20社の担当企業

---

[6] この経緯については北川（2007b）を参照．

があった場合，ベンチマークをユニバース平均（担当セクター平均）とした場合にほとんどの企業にbuy意見が付くのは矛盾する．時価総額を無視して単純平均の株価推移をベンチマークとした場合に，buy, hold, sell[7]の投資格付けはそれぞれ3分の1くらいの分布となってもおかしくない．さらに現状ではアナリストに対して，個々の投資格付けを賦与するに至った理由を詳細にレポート上で表明することが求められている．この一連の流れは図1-3で説明される．

　アナリストが格付けの付与を行うためには①〜③のプロセスが必須である．その論理的帰結として格付けがあるという説明を，アナリストはレポートの中で行わなければならない．このような条件をアナリストに課すこと自体が利益相反の抑制策になっている，と見ることができる．

　次に，機関投資家の場合の利益相反について考えよう．懸念されるのは，機関投資家の母体がコングロマリットの金融機関の場合である．例えばホールディング・カンパニー傘下に銀行と証券がグループ企業としてある場合などは，利益相反の可能性はないであろうか．

　例えばアセット・マネジメントを営む部門が外部の顧客から年金基金を受託した場合には，ポートフォリオの中に親会社（ホールディング・カンパニー）の株式を保有する場合もありうる．その場合，インハウス・アナリストが図1-3のようなプロセスを経て保有していることが説明されていれば問題とならないであろう．

　それでは親会社への議決権行使はどうであろうか．他の保有企業のように厳しい態度で臨めないとしたら問題となろう．日本版スチュワードシップ・コードでもそれを懸念している[8]．

　これを避けるために，親会社等の利益相反の恐れのある保有株に関する議決権行使の判断については外部のコンサルタントの意見を尊重すると表明している運用機関もある．行き届いた配慮ではあるが，利益相反の疑念を振り切るためにはそこまで考える必要があるかもしれない．

---

[7] 相対的格付けを強調する際には，overweight, average weight, underweightと表記する場合が多い．
[8] 金融庁（2014），p. 6.

図1-3 | アナリストの投資格付けの流れ

投資格付け設定プロセス

①ファンダメンタルズ（内在）価値の真摯な探求
↓
②業績予想の算定
↓
③フェアー／バリューの算定（DDM, DCF等）
↓
④投資格付けの付与 ← 相対的格付け（ベンチマークの設定）と
絶対的格付け（＝目標株価の設定）

第4節 企業の情報開示水準をどう考えるか
──日本の常識が欧米では非常識のこともある

　本節では企業の情報開示についての実態を述べる．わが国における情報開示は企業側の甚大な努力もあり，量的には欧米企業と同水準を保っていると思われる．むしろある部分進んでいる（詳細であるという意味で）ところもある．

　多くの企業は決算短信を開示し，その後にいち早く決算説明会を多いところで年に4回開催している．その場では決算短信だけでなく，説明会用にスライド（パワーポイント）資料が作成される．さらに決算補助資料を説明会で配布することも多い．説明会においては，質疑応答も丁寧に行われる．それらの資料はもちろんWEBサイトに掲載される．説明会当日の動画配信も，多くの企業において一定期間視聴できる．

　特に筆者が注目しているのは決算補助資料である．一見すると無味乾燥な数字の羅列のように思えるが，プロのアナリストであればかなり満足のゆく資料であろう．売上の主要品目別の推移やセグメント別の設備投資，減価償却費まで開示している例もある．非常に律儀に詳細開示しているわけであるが，このような事実を研究者も，またアナリストを除く市場関係者もほとんど理解していない．実証研究で検討されたことも筆者の見たところでは皆無である．

　律儀さで言えば，中期経営計画（いわゆる中計）については数値目標を

かなり明確に開示している日本企業は多い．3年ごとに新たな中計を作ることが慣習となっている企業も多い．日本の企業ではトップがオーナー系である企業を除き生え抜きの社員の方が社長になるケースが多く，非金融企業では内規として1期3年で2期務めるケースが多い（銀行では1期2年で2期4年務めることが慣習化している）．中計は，そのサイクルに合わせたものであろう．

　中計では目標数字がかなり明確に示されることが多い．目標数値の明示は中計だけではなく，より短期の半期，通期の予想数値も開示している企業が多い．先ほど述べた決算資料の中で，主要個別品目のみならず，損益計算書勘定科目のかなり詳細な部分の目標も開示している企業が多い．

　このような詳細な開示は通常は欧米企業ではありえない．中計を設定するという発想がまずない．それに代わるものとして中長期のゴールを開示している企業はある．この場合でも，具体的に売上はこれだけ，利益はこれだけといった具体的な数値を示す企業は少ない．EPS（1株当たり利益）の中長期成長率は5〜10％，といったようにゾーン（一定幅）で示されることが多い．

　こういった素っ気ない開示に対して，欧米のアナリストや投資家からクレームがついたということは聞いたことがない．なぜなら欧米においては予想はアナリスト・投資家の本来業務だからである．企業に詳細な予想数値の開示を求めることは，甘えているばかりか自分の仕事の尊厳を自ら貶めていることになるからだ．

　ある欧州医薬品企業の経営者はかつて筆者にこう語ったことがある．

　　「時々刻々経営環境は変化する．医療制度も変わる．新製品の上市タイミングを予想し売上高を予想することはもっと困難だ．希望を書くことは誰でもできる．詳細な数値目標を公表しそれが一人歩きすることの副作用はもっと怖い」

　この経営者の日本的中計の開示についての懸念はもっともである．あるアナリストがエレクトロニクス企業X社の説明会において「貴社の過去30年10回の中期計画の達成率は10％，すなわち1回だけである．誰も貴社の中計をあてにしていない．もう投資家向けに開示するのはやめたらど

うか」と辛らつな発言をしたと言う．こういった企業の場合，わざわざ市場での評価を下げるために新たな中計の発表をしているようなものである．アナリストはベテランとなれば15年や20年の経験を持つ．彼らは当該企業の過去の中計の癖を理解しているし，新たな中計の可能性も即座に見抜いてしまう．

　短期の業績予想についてもしかりである．東証では現在でも開示を勧めている．そのため大半の企業が従来どおりに開示している[9]．このような情報開示姿勢をどう評価すべきなのであろうか．

　筆者は以下のように考える．

(1) 企業側は，惰性で毎日の情報開示活動（IR活動）に取り組んでいる傾向がある．日本の常識が世界の非常識になっているかもしれないことを自問しなければならない．

(2) 発表した過去の業績開示に対する詳細な項目の情報開示は継続すべきである．十分な隙のない開示は，無駄なミーティングを省くことができる．例えば不勉強なアナリストやファンド・マネジャーに対しては，事前に決算資料での予習を求めたうえで質問項目をあらかじめ聞いておくことも必要であろう．メールや電話で（証拠が残る形にしておく必要がある）問い合わせに応じればすむことが多いのではないか．過去業績の隙のない開示は，投資家との情報の非対称性を解消することになる．すなわち過度な短期決戦主義を取るヘッジファンドの攻撃を防ぐこともできる．

(3) 詳細な業績予想は，短期も中長期も中止すべきである．そのうえで自社に合わせた中長期のゴールのみを示せばよい．正確な数値目標はいらない．経営理念を語ることは必要である．それにいくつかのKPIs（キーパフォーマンス・インディケーターズ：重視する経営目標）を示せばよい．

(4) (3)のために行うべきはアニュアル・レポートの充実である．今流行の統合報告の様式にとらわれる必要はない（基本理念は尊重すべきであ

---

9) 業績予想開示に関する議論は，日本証券経済研究所（2011）を参照．

るが).この点については「コラム 1-2　新アニュアル・レポートに織り込むべきこと」を参照されたい.ここでは企業価値を中長期に上げるための企業側の考え方が網羅されるべきであることが強調されている.
(5) 投資家を選別しなければならない.投資家を株主となっていただく顧客（すでに株主である場合ももちろん重要な顧客である）と考えれば，顧客をターゲッティングするのは当然である.情報開示は平等に行われるべきであるが，個別ミーティングの相手は取捨選択すべきである.伊藤レポートの中に長期投資家として備えるべき条件が書かれている章[10]があるが，それを深く読み込み，個別ミーティングの対象を自ら絞り込むのも一考である.証券会社の紹介する運用機関に精査することなくミーティングを持つ時代は終わったと見てよいであろう.自己防衛をする時代である.

第5節　優秀なアナリストのジレンマ

アナリストの活動について，過度なショート・ターミズム（短期主義）の先兵として指摘されることも多い.このような批判は優秀なアナリストにとっては迷惑なことかもしれない.アナリストの日常は大変忙しい.企業にとっては投資家である顧客をターゲットとすることが可能であったとしても，アナリストがコミッションを落としてくれる顧客を選ぶことは事実上不可能であるからだ.

アナリストのコミッションの半数以上はヘッジファンドからのものと言われている[11].とすればヘッジファンド向けリサーチとロング・オンリー向けリサーチを並行して行わなければならない（ニューヨークの大手証券会社の場合には，ロング・オンリー向けとヘッジファンド向けとでリサー

---

10) 経済産業省（2014），pp. 89-90.
11) 北川（2013c），p. 37.なおヘッジファンドがすべて短期主義の投資家というわけではない.

チ・チームを分けているケースもある）．あるベテラン・アナリストは筆者にこのように述べた．

　「四半期決算やヘッジファンドの台頭で自分の仕事は本当に忙しくなった．昔のようにベーシック・レポートと呼ばれる，深い企業分析レポートを書く余裕はなくなった．それでも何とか合間をみて書いている．今15銘柄を担当しているが，曲芸の皿回しをしているような気分だ．皿（担当企業のこと：筆者註）は常に回している．皿が止まらないようにイベントあるごとに一定のメッセージを送っている．送らなければ短期の運用者にとってネタがないからだ．そういった仕事をこなしながら本来のロング・オンリーの運用者向けのリサーチももちろん行わなければならない．これが本来の仕事だ．しかし私のように長くやっているとこのような二刀流が可能であるが，若い人は大変ではないか．しかし若い人たちはショート・ターミズムが主流になってからアナリスト稼業を始めている．だから所与のものとして何の疑問も持たず，単に忙しいと思って仕事に取り組んでいるのかもしれない．IRの若い担当者もそうである．スケジュールに追われ仕事をしていることで，自らの存在感が誇示できて立派に仕事をこなしている気になっているのではないか」

　ここでわが国のアナリストの置かれた状況について考えてみよう．筆者の見るところ，わが国のアナリストは欧米のアナリストに比べて多くのハンディを背負っている[12]．

　ハンディとは，具体的には以下の状況を指す．第1は「会計基準」である．わが国のアナリストがこれまでも（これからも）苦慮するのはSEC基準，IFRS基準，国内基準の3つの会計基準の習得，基準改訂のフォローを行わなければならない点である．この煩雑さはおそらく欧米のアナリストにはわからないであろう．アナリストの本音は，どの会計基準が優れているかに興味はなく，できれば1つに集約して欲しいということであろ

---

12) 北川（2014a），p. 62.

う．我々日本人はこのことを所与のごとく受け入れているが，よく考えてみるとかなり変則なことである．

　第2はカバーするセクターの広さである．例えば医薬品セクターのアナリストの場合には，大手新薬メーカーがメインであろうが，中堅医薬品メーカー，ジェネリック医薬品メーカー，大衆薬（OTC）メーカー，医薬品卸，バイオベンチャー，医療サービス，医療機器等と幅広くカバーすることが多い．これに対して米国大手証券会社は，これらの業種を6～8人でカバーすることが多い．それぞれのサブセクターは，いずれも一定の知識水準を得るにはハードルが高い．

　第3は言わずもがなではあるが「英語」の問題である．現在のアナリスト諸氏は相当高いレベルにあるが，それでも母国語が英語の人と比べると大きなハンディが存在する．

　第4は地域性である．医薬品の臨床開発は今日，日本の製薬企業の場合であっても種々の理由から欧米とりわけ米国で先行して行われる．製造承認を得るためにはFDA（食品医薬局）によって指針が出され審査されることとなるが，この動向を把握するには，相当の知識が必要である．また臨床試験の途中経過は，欧米で開催される有力な学会で発表されることが多いが，日本から逐一現地に赴くことは不可能である．グローバル展開する証券会社の場合，各拠点のカウンターパートと密接なリンケージを保つことによって，ある程度は補えるかもしれない．しかし，あるアナリストはそれでもハンディがあると言う．

　このような様々なハンディの中，トップクラスのアナリストの能力，インテグリティは高い．むしろこのようなアナリストのためにも，ショート・ターミズム（短期主義）は克服されなければならないのかもしれない．

参考文献

Certified Financial Analysts Institute（2006）*Breaking the Short-Term Cycle, Discussion and Recommendation on How Corporate Leaders, Asset Managers, Investors and Analysts Can Refocus on Long-Term Value*, Proceedings of the CFA Center for Financial Market Integrity and Business Roundtable Institute for Corporate Ethics Symposium Series on Short Termism, July.

Kay, J. (2012), *The Kay Review of UK Equity Markets and Long-Term Decision Making*, Final Report.〔ケイ報告書〕.
http://www.ecgi.org/conferences/eu_actionplan2013/documents/kay_review_final_report.pdf

金融庁（2014）『「責任ある機関投資家」の諸原則《日本版スチュワードシップ・コード》――投資と対話を通じて企業の持続的成長を促すために』.

北川哲雄（2007a）『資本市場ネットワーク論』文眞堂.

北川哲雄（2007b）「アナリスト格付けの相対性と絶対性」『経済系』No. 235, pp. 14-37.

北川哲雄（2013a）「非財務情報とアナリストによる業績予想行為――医薬品企業の事例を中心に」『証券アナリストジャーナル』Vol. 51, No. 8, pp. 22-35.

北川哲雄（2013b）「アナリストとゲートキーパー機能――ベーシック・レポートの作成は時代遅れか」『証券アナリストジャーナル』Vol. 51, No. 10, pp. 29-40.

北川哲雄（2013c）「製薬企業における企業価値関連報告書の分析　第4回　グラクソ・スミスクライン」『国際医薬品情報』Vol. 981, pp. 26-29.

北川哲雄（2014a）「情報開示とアナリスト――ベストプラクティスを普遍的なものにする意義」『証券アナリストジャーナル』Vol. 52, No. 1, pp. 60-63.

北川哲雄（2014b）「企業価値向上につながるアニュアルレポートの作り方」『国際医薬品情報』Vol. 990, pp. 26-29.

経済産業省（2014）『伊藤レポート「持続的成長への競争力とインセンティブ――企業と投資家の望ましい関係構築」プロジェクト最終報告書』.

（公財）日本証券経済研究所（2011）『上場会社における業績予想開示の在り方に関する研究会報告書』.

コラム 1-1　ベーシック・レポートの作成は時代遅れか

　ベーシック・レポートとは，アナリストが作成する企業レポート，産業レポートのことを指す．このようなレポートの作成は，セルサイド・アナリストだけでなくバイサイド・アナリストが作成することもある．対象企業の歴史，沿革から始まり，経営戦略の評価（5フォース分析等），財務戦略の評価が行われる．しかし，これだけならば，研究者やシンクタンクの人たちも行う．アナリストが行うことの真骨頂は，当該企業の将来について，5年10年先の動向を予想することである．いくつかのシナリオを考えて，ベスト，モデレート，ワーストといろいろなケースを考え自らの考えを披歴することになる．

　ここで重要なのは分析能力である．長期投資家のベテラン・ファンド・マネジャーの評価を得ることは容易ではない．ここで非常に優れたレポートとして評価されたA氏のレポートの要約を紹介しよう．

　表1-1は飲料会社を分析したレポートである．Y社はグローバル・トップ企業である．X社は日本のトップ企業である．Y社は飲料専業であるが，X社は食品各種事業に多角化している．Y社の201×年度のROEが18.8％であるのに対し，X社のROEは9.4％でありかなり見劣りする．

　しかしA氏の計算によれば，X社の本業の事業部門である飲料セグメントの本来の収益性（ROE）は17.7％であり，Y社と変わらないとしている．X社の売上高営業純利益率（営業利益／売上高）は本来17.0％であり，Y社の12.6％をはるかにしのぐという分析であった．実は日本の会計基準では酒税負担が売上高と売上原価に両建てで計上されているため，その分が低く計上されているからだ（そ

表1-1　アナリストA氏による飲料会社X社のROEの5要素分解分析

201×年度	I Y社	II X社	III X社 飲料事業	IV X社 飲料事業 （税負担修正あり）
ROE	18.8％	9.4％	17.7％	24.4％
当期利益／税前利益	82.7％	60.0％	60.0％	82.7％
税前利益／営業利益	92.4％	94.6％	92.0％	92.0％
営業利益／売上高	12.6％	7.9％	17.0％	17.0％
売上高／総資産　（回）	0.80	0.92	0.77	0.77
総資産／自己資本　（倍）	2.44	2.27	2.45	2.45

の分だけ総資産回転率は低くなるが，それも調整されている）．

Ⅲが修正ROEの5要素分解表である．ⅠとⅢを比べてみた場合，当期利益/税前利益がX社60.0%であるのに対し，Y社は82.7%と大きな違いがある．これは法人税率負担の違いである．国内業務が主のX社の負担率が40%であるのににに対して，Y社のそれは17.3%であるためである．グローバルに展開しているY社の中には法人税率が非常に低い国・地域があるためである．仮にX社がY社並みの負担（17.3%）であるとすれば，ROEは24.4%になる．一種の思考実験であるが，非常にシャープな着眼点である．

ここでA氏のベスト・シナリオは，X社が飲料以外の事業部門を売却し，その資金を本業である飲料事業の海外展開等に積極展開することにより，現在トップに君臨しているY社をしのぐ会社になる可能性があるというものである．これらは，公表情報に基づいて緻密に作成されたモザイク情報（公表情報である様々な世界中の文献資料からつなぎ合わせて作成される投資上で有用な情報群のこと）を活用して得た結論である．このようなレポートを書いて評価を受けることこそ，アナリストの醍醐味ではないだろうか．

コラム 1-2　新アニュアル・レポートに織り込むべきこと

長期投資家を呼び込むために新アニュアル・レポートに織り込むべき内容は何であろうか．これまでのアニュアル・レポート（年次報告書）は，長期投資家に訴えるべき内容に乏しいと言われている．なお新アニュアル・レポートでは，投資家に当該産業・企業に対する基本知識がないことを前提としている[13]．

以下，①から⑰にわたって企業が新アニュアル・レポートに盛り込むべき内容を列挙したい．

①「企業理念・哲学」　これについては，説明の必要はないだろう．問題となるのは，それがどのように自社の中長期の戦略に活かされていくのか，あるいはこれ

---

13) アニュアル・レポートを毎年発行する場合，項目によっては前年度と重複して記載する項目もあることが予想される．例えば企業理念・哲学，中長期戦略の課題などである．しかし，投資家が過去のアニュアル・レポートをさかのぼって見ることはないという前提で作成したほうがよい．この議論については北川（2014b）を参照．

まで活かされてきたかである．

②「産業・企業の特性」　これは，当該企業の内部の方やベテラン・アナリストにとっては所与であったとしても，初めて関心を持つ機関投資家ファンド・マネジャーにとっては必須のものである．

③「歴史的経緯（過去と現在）」　歴史的経緯は非常に重要である．株式市場が将来を向いているといっても，やはり企業のたどってきた道，DNAとでも言うか，その把握は重要である．過去と現在そして未来はつながっている．もちろん過去を否定したり，過去の問題点を克服したりすることは重要であるが，そうであればあるほど経緯（context）の記述は重要となる．

④「自己分析（強み，克服すべき弱点）」　自己分析とは，自社の強み弱みを冷静に分析することである．これまでのアニュアル・レポートでは，強みを語るのみというケースが多かった．しかし弱み，克服すべき点を語ることにより，将来への道が開けることを意識しなければならない．これは投資家が非常に重視するポイントである．実はこのことについて率直に述べている企業は少ない．

⑤「中長期戦略の課題と目標」　これは④ともからむものであるが，言うまでもなく非常に重要なものである．日本企業では確定数値（例えば3年後の売上目標）などで示すこともあるが，むしろ定性面での指摘でかまわない．

⑥「ビジネス・モデルとポートフォリオ」　これは自社の将来の長期にわたり注視する事業領域をどのように考えるかという問題である．M&A戦略への方向性まで言及することも必要かもしれない．

⑦「CEOのメッセージ」　①，④，⑤とも重複するものであるが，CEOの経営戦略の論理性，情熱，信頼性を投資家にどのように伝えるかが試されることになる．

⑧「研究開発の重点」　単にどの分野に自社が取り組んでいるかでなく，なぜこの分野に注視するのか，その成果をどのように獲得していくかについての詳細な説明が必要となる．

⑨「マーケティングの効率性」　すなわち営業の生産性のことであるが，このテーマは今やどの企業においても共通の課題となりつつある．投資家の得心がいく説明が必要である．

⑩「従業員のモチベーション」　長期的な企業運営において大変重要な問題である．欧米企業，とりわけ米国のアニュアル・レポートをよく読むと，毎年，従業員に対するモラル・サーベイを行い，その結果を経年データとともに詳細に公表している．このような記載が必要な時代がわが国にも来ている．

⑪「ダイバーシティ＆インクルージョン」，⑫「地域社会との関係」，⑬「環境への取り組み」 いずれもCSR報告書において重要な記載事項であるが，その主要指標の推移は当然，投資家にとっても重要なものである．

⑭「コーポレートガバナンス・システム」 わが国では英国や米国などとは異なり，独立社外取締役も少なく，経営者報酬の開示も部分的にとどまっているが，そのような中で現実の情報開示は企業ごとにかなり異なっている．各社各様であり，どのようなシステムを構築しようとしているかについて投資家が観察する必要がある．取締役会とは企業価値を上げるための課題を論議する重要な機関であることを忘れてはならない．

⑮「財務データ」 財務データについては，従来から相当詳細に示されていたものであるが，投資家向けへのわかりやすさの工夫がどの程度なされているかが今後は問われることになるだろう．

⑯「財務政策」 これは⑤「中長期戦略の課題と目標」と整合性をとったうえで説明されなければならない．配当政策，自社株買いまで含めた総還元性向の考え方が，投資水準までからめたうえでどのように整理されて説明されているかが問題である．

⑰「全体のストーリー性」 最後に，①から⑯までの事項を統合するストーリーの重要性について指摘したい．アニュアル・レポートを1つの完成された読み物とするならば，読者に堪能してもらうストーリー性が必要となる．ユーザー・フレンドリーとはどういうことであるのか，当たり前のことを想起してもらいたい．

コラム 1-3 四半期決算制度の功罪

　四半期決算制度の開示は2003年度（平成15年度）よりわが国で制度化された．米国では1968年より制度化されている．米国においては，四半期決算をショート・ターミズム（短期主義）を助長するものとして問題視することはないようである．しかし，英国ではKay Review（ケイ報告書）[14]でも大きく取り上げられ，2015年度からは強制化することが廃止された．

　わが国でも「伊藤レポート」では，四半期決算の利用のされ方には検討余地が

---

14) Kay（2012），pp. 16–17.

ある[15]というニュアンスの表現が織り込まれた．四半期決算制度の導入による功罪についてはいくつか指摘されている．功のほうの代表意見は，景気循環サイクルのターンアラウンドを捉えることができるということである．景気変動が激しい時は，四半期ごとの財務報告があることにより，状況がビビッドに市場に反映されるというものである．

　罪のほうでは，企業側に負担がかかる，多くの業界においては四半期ごとの変化を捉えることにあまり意味がない，期中に大きな変化が起きた時には適時開示制度があるので必要性を感じない，といった類の論調がある．為替変動が急である場合とか，主力製品の売上に大きな変調をきたしたため発表した通期業績予想に大きな変動が強いられる場合にはその都度適時に開示すればよい，というものである．

　四半期制度の開示は企業の自由にするというケイ報告書の見解は1つの解決法であろう．しかし現実には一部アナリストや短期志向の投資家にとっては継続論が根強い．短期に株価のボラティリティをきたす可能性のあるイベントの数が少なくなっては困るから，というのが主な理由であろう．

　もう1つ重要な視点は，「四半期決算制度」と「四半期決算予想」とは異なることである．一部の企業では四半期業績予想に対しガイダンスを出すことがある．アナリストも自らの予想を立てる．株価がそれらのガイダンスや予想に反応し形成されるとすると，実際の業績結果がアナウンスされる直前になるとそれを市場関係者で読みあうということが起きる．アナリストの中には，そういった情報収集能力があることによって評価されている人もいる．例えば企業にプレビュー取材という触れ込みでサイレント・ピリオド（沈黙期間）[16]の直前に訪問し感触を得ることを重要な職務の1つとしている．顧客を集めて「四半期プレビュー・ミーティング」を設けることが常態となっている証券会社もある．もっと不可思議なのは，その場に企業のIR担当者がいることもあることである．

　こういったことに市場関係者がエネルギーを注ぐのは異常としか言いようがない．責められるべきは「四半期決算制度」でなくて「四半期業績の読みあい」である．

---

15) 経済産業省（2014），pp. 77-78.
16) 企業によって設定期間はマチマチであるが，決算発表前の30～40日とすることが多いとされている．

第2章 英国のコーポレートガバナンス
Comply or Explainという賢者の知恵[1]

第1節 英国のコーポレートガバナンスの特徴とFRCの役割

　英国のコーポレートガバナンスは，柔軟性と改善プロセスを内包した成熟した仕組みを構築している．すなわち，企業ごとにその置かれた環境に応じてコーポレートガバナンスの形態が異なるのは当然であるという認識のもと，法律で一律に規制するのではなく，1つのメルクマールとして最善慣行規範（Code of Best Practice）を定め，企業が最善慣行規範を適用しない場合にはその理由を開示することとし，その妥当性の判断を市場規律に委ねることによって柔軟性を持たせている．また，先進的な考え方，先進的な企業の慣行を最善慣行規範とし，それを頻繁に見直し，最善慣行規範を目標として他社が改善をはかることを通じて，全体のコーポレートガバナンスの継続的な底上げを推進することを企図している．これはシティにおける長年の伝統を踏まえたものであり，理論よりも実践を重視した考え方であると言えよう．

　英国のコーポレートガバナンスの特徴は，4つの観点（人間観，アプローチ方法，対象範囲，規制・規律の枠組み）から説明することができる．第1は，「何人といえども，1人の人間が制約のない決定権を持つことがな

---

[1] 本章および次章の記載は，北川・林（2014）〔林執筆部分〕を大幅に加筆したものである．

いように確保することが必要である」[2]という認識のもとに，チェック・アンド・バランスによる統制が徹底していることである．例えば，取締役会議長（Chairman）と最高業務執行取締役（Chief Executive）の分離，業務執行取締役（Executive Director）と独立非業務執行取締役（Independent Non-Executive Director）の併存，強力な独立の監査委員会および報酬委員会の存在，取締役会議長をチェックする上席独立取締役（Senior Independent Director）の存在[3]，取締役会の外部評価（第8章で詳細に説明される）などの規律が存在している．

第2に，「すべての企業に対して同一の規律（"one size fits all"）を強制することでは，良いコーポレートガバナンスは達成できない」という認識に基づいて，Comply or Explain（原則主義）のアプローチ方法を採用している．そこでは，原則に当てはまらない場合には，投資家にその理由を説明し投資家の理解を得ることが求められる[4]．

第3に，コーポレートガバナンスの対象範囲について，「権限には責任が伴う」という考え方のもと，現実の主体別の影響力を考慮して，実践的な観点から対象範囲を広く捉えている．具体的には，単に企業・取締役に規律を求めるだけではなく，機関投資家に対しても一定の役割を期待している．

第4に，規制・規律の枠組みとして，ハード・ロー（法的拘束力を有するもの）とソフト・ロー（法的拘束力を有しないもの）を組み合わせて対応している．具体的には，制定法等の政府による規制によって，コーポレートガバナンスの基本的枠組みや情報開示の枠組みを規律するとともに，

2）Cadbury（2002），翻訳22頁．
3）ロンドン証券取引所が発行するコーポレートガバナンスの冊子には，上席独立取締役の果たした役割が紹介されている．例えば，マークス・アンド・スペンサー社において，取締役会議長と最高業務執行取締役の兼務が行われた際に，上席独立取締役が企業のガバナンス監督者となり，投資家に対して，取締役会議長への権限集中を回避していることを示した事例や，プルーデンシャル社において，取締役会議長と最高業務執行取締役がともに買収の失敗によって批判された際に，上席独立取締役が取締役会と不満を持つ投資家の間の仲介者としての役割を果たした事例が紹介されている（LSE, 2012, pp. 79-80）．
4）Comply or Explainの対応が実効性を有しない場合には，2002年の取締役報酬報告規制に見られるように，政府が介入することがある（田中，2010）．

自主規制機関の最善慣行規範によって，個別企業や機関投資家等を具体的に規律している．このハード・ローの部分を担当しているのが，規制当局であるFCA（Financial Conduct Authority）であり，ソフト・ローの部分を担当しているのが，独立した自主規制機関であるFRC（Financial Reporting Council）である．すなわち，FCAは金融サービス関連業界を規制する当局として，消費者保護，業界の安定や健全な競争環境の整備等を政策課題としているのに対して，FRCは自主規制機関として，コーポレートガバナンスの質の向上と，投資促進のための投資情報開示の質の向上を担当している．

以下では，まず英国におけるコーポレートガバナンス・コードの進化の過程を概観したうえで，その特徴であるComply or ExplainとFRCの役割を検討する．機関投資家の役割を重視するという特徴は次節で詳細に検討する．

1 英国におけるコーポレートガバナンス・コードの進化

英国におけるコーポレートガバナンスをめぐる議論は，他国の場合と同様に，企業不祥事や企業破綻などのコーポレートガバナンスに何らかの問題が生じた際に，特に重点的に行われてきた．英国では，そのような際には短絡的にその場を取りつくろうのではなく，識見と当該分野に深い経験を有し，インテグリティ（高潔性）のある人材を実業界・学界など幅広い分野から招集して委員会を設置し，その委員会で本質的な議論を行ったうえで，実践的な勧告・最善慣行規範をまとめ，それをコーポレートガバナンス・コードに取り入れることによって，コーポレートガバナンスの継続的な向上に努めている．

コーポレートガバナンス・コードの原点は，1992年のキャドバリー報告書[5]である．1991年に組成されたキャドバリー委員会は，当初はコロロル社やポリペック社等の不正会計問題への対応のため，会計報告書への信頼回復の問題を中心に議論が進められた．しかし委員会開催期間中に

---

5) Cadbury (1992).

BCCI事件やマックスウェル事件等が発生し，取締役会や会計監査の不備の問題にも注目が集まったため，最終的にはコーポレートガバナンス全体を議論の対象とした．

キャドバリー報告書は，Comply or Explainに基づき最善慣行規範を提示するというアプローチ方法を導入したが，これは現在世界各国で用いられている優れたアプローチ方法の先駆けである．同報告書では，取締役会，非業務執行取締役，業務執行取締役および報酬・統制の4大項目に関する最善慣行規範が示された．主な具体的勧告としては，取締役会議長と最高業務執行取締役の分離，非業務執行取締役の役割の重視，過半数が独立非業務執行取締役から構成される監査委員会の設置，投資情報開示の重要性，取締役の株主に対するスチュワードシップ義務，機関投資家の役割の重視等がある．

その後，民営化された公益企業の経営者が膨大な報酬（ストック・オプションからの利得等）を得たこと等，経営者報酬に対して急速に関心が高まったことを背景として，報酬問題を検討する委員会が設置され，1995年にグリーンブリー報告書[6]が作成された．同報告書ではキャドバリー報告書と同様に，Comply or Explainのアプローチ方法を採用し，報酬委員会，情報開示，報酬方針および任用契約の4大項目に関する最善慣行規範が示された．主な具体的勧告としては，独立非業務執行取締役から構成される報酬委員会の設置，株主に対する詳細な情報開示がある．

さらにキャドバリー報告書とグリーンブリー報告書の実施状況をレビューするために委員会が設置され，1998年にハンペル報告書[7]が作成された．同報告書は，キャドバリー，グリーンブリー両報告書の最善慣行規範を踏まえて，コーポレートガバナンス原則を提示した．そこでは，取締役，取締役報酬，株主およびアカウンタビリティ・会計監査の4大項目に関する原則が示された．同報告書の特徴として，第1に，アカウンタビリティだけでなく，事業の繁栄に資する目的という観点からコーポレートガバナンスの重要性を指摘した点，第2に，投資先企業のコーポレートガバ

---

6) Greenbury (1995).
7) Hampel (1998).

ナンスを機械的にチェックする「ボックス・ティッキング」(空欄チェック)の方法は,個々の企業の事業や経験の違いを考慮しておらず,形式的で不適切であるとして,これを鋭く批判している点があげられる[8]．

ハンペル委員会の意向を受けてロンドン証券取引所では,1998年に,キャドバリー報告書,グリーンブリー報告書およびハンペル報告書の規範・原則を統合して,ロンドン証券取引所の上場規則の一部とすることとした．これがコーポレートガバナンス・コードの前身である統合規範(Combined Code)[9]である．統合規範はComply or Explainのアプローチ方法を採用し,コーポレートガバナンスの原則(第1部)と最善慣行規範(第2部)から構成される．上場規則の一部であるにもかかわらず,勧告の対象を上場企業に限定せず,機関投資家に対する原則・最善慣行規範も含めた点に特徴がある．統合規範の前文には,この点に関して,機関投資家に対する規律は統合規範の不可欠な部分であり,各機関投資家を代表する諸団体や主要な機関投資家が自発的に実施することを期待する旨が記載されている．

その後,米国におけるエンロン事件等の企業不祥事を教訓として,また英国における株式市場の低迷や企業の経営不振を背景として,2003年に統合規範が改訂された．その際にFRC(Financial Reporting Council)が統合規範に責任を持つようになった．この改訂は,2003年のヒッグス報告書とスミス報告書の勧告を踏まえたものであるが,規制色が強すぎるとの意見が強かったヒッグス報告書の勧告には一部修正が加えられている[10]．

ヒッグス報告書[11]は,非業務執行取締役の役割に焦点を当てたものである．Comply or Explainのアプローチ方法を採用したうえで,取締役会(取締役会議長を除く)の過半数は独立非業務執行取締役から構成されること,過半数が独立非業務執行取締役から構成される指名委員会の設置,

---

8) 関 (2001a).
9) Combined Code (1998).
10) 関 (2008).
11) Higgs (2003).

上席独立取締役の設置,取締役会・主要委員会の開催回数と取締役の出席回数の年次報告書への記載,取締役会・取締役の年次評価とその内容の年次報告書(アニュアル・レポート)への記載,非業務執行取締役の機関投資家との会議への出席等を勧告した.

スミス報告書[12]は,監査委員会の役割に焦点を当てたもので,取締役会議長と監査委員の兼務の禁止,年3回以上の監査委員会の開催の義務づけ,監査委員会は少なくとも3名の独立非業務執行取締役から構成されること等を勧告した.

その後,2005年および2007年に既存の統合規範の履行状況の評価と統合規範の改訂に関する諮問結果が公表され,これを受けて,2006年と2008年にそれぞれ統合規範が改訂された[13].

2008年のリーマン・ショックを契機とする世界的な金融危機は,英国にも大きな影響を及ぼした.英国では特に銀行危機に対する反省から,2009年にウォーカー報告書[14]が作成された.同報告書の勧告対象は英国の銀行その他の金融機関であるが,他の英国企業に対しても広く適用可能なものであるとされた.そこでは,取締役会の規模と構成,取締役の経験と能力,取締役会の機能とパフォーマンス評価,機関投資家の役割,リスク管理および報酬に関して合計39の勧告がなされた.この中の勧告16および勧告17を受けて,2010年にスチュワードシップ・コードが制定され,統合規範はコーポレートガバナンス・コードとして存続することになり,それらをFRCが所管することになった.

ウォーカー報告書の勧告(抜粋)

勧告16 FRCの責任範囲の中に,機関投資家とファンド・マネジャーが,スチュワードシップに関する最善慣行の原則(Principles of Best Practice)を遵守するように推進・推奨することも明示的に含められるべきである.この新しい役割は,現行の統合規範から分離されて新たにスチュワードシップ・コードとして制定され,現行の統合規範はコーポレートガバナンス・コードとして存

---

12) Smith (2003).
13) 上田 (2009).
14) Walker (2009).

続されるべきである．
勧告17 英国機関株主委員会（ISC：Institutional Shareholders' Committee）が作成した機関投資家の責任コードがFRCに批准され，スチュワードシップ・コードとして展開されるべきである．FRCは独立性および権威があるので，FRCのコードとされることによって，スチュワードシップ・コードの影響力が実質的に拡大する．スチュワードシップ・コードは，統合規範と同様にComply or Explainの考え方に基づき，最善慣行規範として統合規範と同様に位置づけられるべきである．

2 Comply or Explainの評価

Comply or Explain（原則主義）は1992年のキャドバリー報告書で導入されて以降，英国のコーポレートガバナンスの基本となっている考え方である．柔軟性を有し，対応の速さに優れ，さらに原則（最善慣行規範）を高く設定することによって，多くの企業のコーポレートガバナンスの継続的底上げを可能にするものであり，まさに賢者の知恵であると言うことができる．一方で，Comply or Explainの考え方は，法令・規則による規律ではなく，市場による規律を前提としているため，この枠組みが有効に機能するためには，投資家への情報開示と機関投資家によるチェック（対話やエンゲージメント）[15]が不可欠となる．

Comply or Explainのアプローチ方法が導入されて20年が経過したことを機に，FRC（Financial Reporting Council）では，企業の取締役，機関投資家，学者，法律家，報道関係者といった幅広いバックグラウンドを持つ17名の識者にComply or Explainに対する評価を求め，それを取りまとめてエッセイ集として公表した[16]．ここではこれら識者の考え方を整理・紹介する．

全体に共通しているのは，Comply or Explainのアプローチ方法に対する高い評価である．特に，その柔軟性，迅速性，実質性，コスト負担の軽

---

[15] 機関投資家による投資先企業への働きかけのこと．「目的を持った対話」とも訳される．
[16] FRC（2012d）．

減，事実上の強制力に対する評価が高い．以下では代表的なコメントを紹介する．

- Comply or Explainの概念は，融通の利かない，負担が大きい，誤った方向に導くという特徴を有する法律や規制を排除し，コーポレートガバナンスを改善することのできる実践的な手法であると称賛されている．過去20年間の経験からわかったことは，異なる企業，異なる国の間で共通する最善慣行（best practice）はほぼ存在しないということである（Marco Becht氏，学者）．
- Comply or Explainの柔軟性は魅力的である．なぜならば，コーポレートガバナンスは科学ではなく，人間の行動を反映したものであり，かなり微妙な差異があるものだからである（Michelle Edkins氏，機関投資家）．
- Comply or Explainの利点の1つに柔軟性がある．長年の経験から言えることは，原則を定める時（例えば取締役会議長と最高業務執行取締役の分離，取締役の年次改選）には，しばしば抵抗があるが，年月がたつと多くの企業がその原則を支持し受け入れる．もしキャドバリー委員会が法律で原則を定めたならば，原則は多くの企業が最初から対応できる低い水準となったであろう．原則主義のもう1つの利点として，変化への対応速度がある．企業や投資家が原則を変更したほうがいいと考えた時には，原則は柔軟に変更することができる．法律ではこのような対応はできない（Vanessa Knapp氏，コンサルタント）．
- 企業は多様であって，良いコーポレートガバナンスが1つのルールブックにまとめられると考えるのは馬鹿げている．加えて，ビジネス環境は急速に変わるので，厳格なルールを定めることは非生産的である．さらに，本質的なことであるが，行為を規制しようとすると，企業は表面的にはこれに従うように取りつくろうが，実質性を伴わないことになる．「取締役の自由裁量権（経営の自由度）」と「取締役の説明責任（良質なコーポレートガバナンス）」をともに解決する方法としてComply or Explainが提案された（John Parker卿，企業の取締役会議長）．

- 英国では，法律ではなくコード（Comply or Explain）を導入したことは評価できる．法律で対応すると，官僚主義が助長されてコストが増大する傾向がある．コードの利点は，単に法律の文言に従うということではなく，ルールの精神を支持することを奨励することである（Roger Carr卿，企業の取締役会議長）．
- 現状のComply or Explainは，原則から逸脱すると汚名を着せられることによって，事実上の強制力を有する（David Mayhew氏，機関投資家）．
- Comply or Explainは，人々が意見の相違を執拗に議論することによって全体の進行が停止してしまう（法律で対応しようとすると頻繁にそのようなことが起こる）といったことを防ぐことができる．その提案が適切でないと考えるのなら，その理由を説明すればその提案内容に従う必要はないのだから．ただし現実は，原則に長期間従わないのは困難である．原則を受け入れない場合には，説明を念入りにする必要があるし，取締役会はその問題に関するエンゲージメントに適切に対応しなければならない．Comply or Explainは軽い（light touch）規制であるという誤った理解があるが，けっしてそうではない（Anthony Hilton氏，コラムニスト）．

Comply or Explainの考え方は市場による規律を前提としているため，この枠組みが有効に機能するためには，投資家への情報開示と機関投資家によるチェック，対話・エンゲージメントが必要となる．この点に関する識者の代表的なコメントを紹介する．

- ルールに従っているかどうか，従っていない場合の説明が十分であるかどうかについては，株主によって注意深く検証されてはじめて有効に働く．したがって，コード（Comply or Explain）の枠組みを有効に成り立たせるためには，株主によるエンゲージメント（スチュワードシップ）が重要な要素となる（Roger Carr卿，企業の取締役会議長）．
- Comply or Explainは，規制当局ではなく，株主に対する義務であり，

この観点から,年次報告書(アニュアル・レポート)やその他の株主との相互作用が重要となる.新しく導入されたスチュワードシップ・コードは,機関投資家がエンゲージメントによって企業の重要なガバナンスや戦略事項に関与し,企業が機関投資家とのエンゲージメントを促進することを通じて,Comply or Explain を強化することになる(Glen Moreno 氏,企業の取締役会議長).

3 FRCの役割

英国におけるコーポレートガバナンスの特徴である自主規制,市場規律,Comply or Explain のアプローチ方法に大きな役割を果たしている機関が FRC(Financial Reporting Council)である.FRC は権威のある自主規制機関として,コーポレートガバナンス・コード,スチュワードシップ・コードの制定・改訂のほか,企業の年次報告書(アニュアル・レポート)の一部を構成する戦略報告書(Strategic Report)のガイダンスの作成等を行っている.以下では,FRC のミッション,機能,権限,アプローチ方法等について検討する.

FRC のミッションは,投資活動を促進するために,高品質のコーポレートガバナンスと情報開示を増進することである[17).この点について,FRC の取締役会議長であるビスチョフ卿は FRC の戦略報告書の中で「FRC は公益のため,投資家と企業を結びつけるきわめて重要な役割を担っている」[18) と説明し,最高業務執行取締役であるハドリル氏は同報告書の中で「FRC のミッションは,投資活動を促進するために高品質な企業の情報開示とガバナンスを増進することである.堅固なコーポレートガバナンスと情報開示は,資本市場の効率性に貢献し,企業の資金調達を容易にし,そして企業の成長に貢献する」[19) と説明している.

資本市場は経済の安定と成長に重要な役割を果たすが,資本市場を効果的に機能させるためには,投資家が投資先企業のリスクを十分に把握した

---

17) FRC (2014a).
18) FRC (2014b), p. 8.
19) FRC (2014b), p. 10.

うえで，投資するに値するという合理的な確信（reasonable confidence）に基づいて投資を行う必要がある．このためには，企業のガバナンスが堅固であることはもちろん，企業の情報が投資家に的確に伝達される必要がある．この観点から，FRCは，企業の取締役や会計士等専門家の活動，投資家によるエンゲージメントおよび信頼性の高い投資情報開示がなされるように支援を実施している．

　FRCの主な機能として，3点掲げることができる．第1は，コーポレートガバナンス・コードとスチュワードシップ・コードの制定を通じて，企業の取締役や投資家が高度の行動規範に基づいて行動するように促すことである．第2は，英国会計基準・監査基準等の制定や戦略報告書に関するガイダンスを作成することを通じて，関係者が信頼性の高い行動をするように促すことである．第3は，財務諸表や監査報告のモニタリングを継続的に行うことである．FRCがコードの制定とそのモニタリングを一元的に行うことにより，コードの内容を継続的に改善していくことが可能となる．この点，FRCの行為（Conduct）担当業務執行取締役のジョージ氏は，FRCの戦略報告書の中で，「我々の役割は，コードを制定し，その履行状況をモニタリングすることである．モニタリングを行うことによって，コードが効果的であるか否かがチェックされ，コードを継続的に改善していくこと（continuous improvement loop）が可能となる」[20]と説明している．

　FRCの行う業務は，制定法によって権限を与えられているものもあれば，多くのステークホルダーからの支持によって事実上の権限を与えられているものもある．コーポレートガバナンス・コードとスチュワードシップ・コードについては，その受入れおよび遵守が各企業・投資家の任意とされている．ただし，ロンドン証券取引所のプレミアム上場企業（上場企業の中で最も厳しい開示基準が課せられる企業群）は，コーポレートガバナンス・コードの遵守状況を，FCAの上場規則に基づいて開示する義務がある．また戦略報告書のガイダンスは，2013年に2006年会社法が修正

---

20) FRC (2014b), p. 14.

され,企業が戦略報告書を作成することが法定されたことを受けて,政府がFRCにその作成を要請したものである.

FRCは,Comply or Explainのアプローチを採用している.このアプローチを採用したのは,どのような厳しい規制・ルールを設けてもコーポレートガバナンスや投資情報開示の失敗をゼロにすることはできないし,そのような試みはむしろ企業の成長を阻害してしまうと考えるからである.また,FRCは重要性の観点から,コーポレートガバナンスや投資情報開示について,投資家や資本市場の利用者にとって重要な (material significance) 事項に焦点を当てて規律している.

FRCは134名の職員から構成され,そのうちの90名が会計士や弁護士等の専門家であり,年間の運営資金は2,600万ポンド(約45億円)である[21].法令に基づき運営費用を徴収する(statutory levy)こともできるが,現状は対象者(levy groups)に対する自発的な会費徴収(voluntary levy)によって運営費用をまかなっている[22].

第2節 コーポレートガバナンスに関与する機関投資家の役割

英国においては過去20年以上にわたって,機関投資家に対して,コーポレートガバナンスに関与することが推奨されてきた.以下では,代表的なものとして,キャドバリー報告書,ハンペル報告書,マイナース報告書およびウォーカー報告書の該当部分を概観する.

1 キャドバリー報告書[23]

英国のコーポレートガバナンスの嚆矢と言える1992年のキャドバリー報告書において,すでに機関投資家のコーポレートガバナンスへの関与が期待されている.すなわち,取締役が責任を十分に果たしていない場合に

---

21) FRC (2014b), pp. 21, 51.
22) FRC (2014a).
23) Cadbury (1992).

は，機関投資家等の株主は取締役に説明を求める必要があるとし，機関投資家に対して経営者との定期的かつ体系的な対話（exchange views and information），議決権の積極的行使，取締役の選出，特に非業務執行取締役の指名に関する積極的関与を求めている．また機関投資家に対して，会社の所有者として投資先企業が最善慣行規範を遵守するように影響力を行使することを期待した．

2 ハンペル報告書[24]

1998年のハンペル報告書においても，機関投資家に対して熟慮のうえ議決権を行使すること，機関投資家と企業は極力相互理解に基づいて対話（dialogue）を行うこと，年金基金に対してファンド・マネジャーが長期的視野をもって運用するように促すことを強く求めた．これを受けて1998年に作成された統合規範（Combined Code）では，機関投資家に対して，議決権行使，会社との対話およびコーポレートガバナンスに関する開示情報の評価を求めた．この統合規範はロンドン証券取引所上場規則集に添付され，上場企業はその後の年次報告書（アニュアル・レポート）において，統合規範の遵守状況に関する開示が求められるなど，統合規範はソフト・ローとしての機能を持つことになった．

3 マイナース報告書[25]

2001年に，機関投資家（年金基金と生命保険会社）の受託者責任を勧告するマイナース報告書が作成された．同報告書では，序文においてまず，年金基金や生命保険会社といった機関投資家が多くの人々の貯蓄を管理し，英国企業の多くを所有・コントロールしていること，また英国の健全な年金システム，高度に発展した投資文化，投資に関する専門職の存在は英国の主要な国家財産であるという認識を示した．そして，現在の貯蓄と投資業界の構造には，貯蓄者の資金（saver's money）が，多くの場合に，貯蓄者の利益の最大化のために投資されていないこと，資本が経済に

---

24) Hampel (1998).
25) Myners (2001).

効率的に振り向けられていないという問題があることを指摘した．

さらに具体的な問題点として，ファンド・マネジャーに対してベンチマーク運用が求められており，意味のあるアクティブ運用がほとんど不可能になっていること，ファンド・マネジャー評価の時間軸が明確ではないため，彼らは短期主義（ショート・ターミズム）的アプローチを採用し，投資先の業績が悪い時でも株主としての行動を取ることに躊躇している事実を指摘した．

そのうえで同報告書は，いくつかの勧告を行っている．その主なものは以下のとおりである．

- 受託者である年金基金の投資目的は，他の年金基金との比較ではなく，当該ファンドの置かれた状況に適合したものであるべきこと．
- 年金基金はファンド・マネジャーが短期主義に陥らないようにするために，彼らに対して，投資目的，評価の明確な時間軸を書面で示すべきこと．
- ファンド・マネジャーは顧客の最大利益を追求するという基本的な義務を履行するために，業績悪化企業に対して介入（intervention）すべきこと．
- 米国のエリサ法にならって，年金基金はファンド・マネジャーに対して，エンゲージメントによって投資価値の増大が見込まれる場合には，議決権行使その他の方法で投資先企業に介入する義務があることを明確にすること．
- 実際の適用に際しては，政府の規制ではなく，キャドバリー報告書以降に英国で成功裏に用いられている開示義務に基づく最善慣行規範の活用が適切であること．

マイナース報告書が作成された直後に，機関投資家によるアクティビズム（企業経営に対して自らの主張の実現を求めること）のうねりが生じたが，その勢いはすぐに停止した．この理由として，当初，機関投資家はマイナース報告書の勧告に適切に対応しないと勧告の内容が法律によって強制されてしまうという危機感を持ったが，その後，労働党政府がイラク戦

争に忙殺され企業側との緊張関係を緩和する方針に転換したことから，この危惧が解消されたことが指摘されている[26]．

機関投資家の受託者責任については，2008年の米国発の金融危機の影響が英国の巨大銀行に及んだ際に改めてクローズアップされた．すなわち，機関投資家は強欲な銀行経営者を退任させる動きをしなかったことから，金融危機の犯人の1人であるとされ，下院財務委員会の銀行危機調査において，機関投資家は怠慢であったとして非難された[27]．

4 ウォーカー報告書[28]

英国銀行が経営危機に陥った反省から，2009年に，英国銀行のコーポレートガバナンスに関する勧告をまとめたウォーカー報告書が作成された．同報告書の勧告の対象は，銀行その他の金融機関であるが，他の英国企業に対しても広く適用可能なものである．同報告書は7章から構成されるが，そのうちの1章が機関投資家の役割の検討に当てられ，機関投資家の役割として対話（communication）とエンゲージメントが推奨された．

同報告書はまず，英国のように高度に発展した資本市場においては，最終受益者（ultimate beneficial owner）と投資先企業をつなぐ関係が複雑になったため，長期的価値の創造を求める最終受益者よりも，同種またはベンチマーク・インデックスとの相対的な優劣を重視して短期的リターンを求める短期投資家の考え方が優勢になってしまった事実を指摘したうえで，最終受益者の求める絶対リターンと長期的パフォーマンスの改善は，機関投資家によるエンゲージメントによって達成されうるとしている．

そして，機関投資家は株主の有限責任という株式会社制度のメリットを享受しているので，その代償としてスチュワードシップ義務にコミットすべきであり，もしコミットしない場合にはその理由（投資戦略上の理由など）を明確に説明すべきであるとする．

これらの考え方を踏まえ，同報告書は，FRCの責任範囲の中に，機関

---

26) Cheffins（2011）．
27) Cheffins（2011）．
28) Walker（2009）．

投資家とファンド・マネジャーが，スチュワードシップに関する最善慣行の原則を遵守するように推進・推奨することが明示的に含められるべきであること，この新しい役割は，現行の統合規範から分離されて新たにスチュワードシップ・コードとして制定され，現行の統合規範はコーポレートガバナンス・コードとして存続されるべきであること，英国機関株主委員会（ISC）が作成した機関投資家の責任コードが，独立性と権威を有するFRCに批准されて，スチュワードシップ・コードとして展開されるべきであることを勧告した．

これらの勧告に従い，2010年にFRCによって，機関投資家の規律を定めるスチュワードシップ・コードが制定され，その後2012年に機関投資家をアセット・オーナー（資産保有者）とアセット・マネージャー（資産運用者）に明確に区分するなどの改正が行われた．

第3節 2つのコードの概要とわが国に対する示唆

1 英国におけるコーポレートガバナンス・コード

英国におけるコーポレートガバナンス・コードの嚆矢は，1992年のキャドバリー報告書である．1998年にはキャドバリー報告書，グリーンブリー報告書およびハンペル報告書の規範・原則が統合されて，ロンドン証券取引所の上場規則の一部を成す統合規範（Combined Code）となり，数度の改訂を経たうえで，ウォーカー報告書の勧告を踏まえて，2010年にコーポレートガバナンス・コードとなった．このコードは1992年以来，その時々のコーポレートガバナンスに対する要望を踏まえて，様々な改訂がなされてきたが，Comply or Explainのアプローチ方法等，その基本的な考え方に変更はない．

最近のコードの主な改訂箇所を概観すると，2010年コード[29]では，

---

29) FRC（2010a）．

FTSE350構成企業は，取締役の任期を3年から1年に短縮すること，および少なくとも3年に1度は外部機関による取締役会評価を受けることが義務づけられた．また2012年コード[30]では，2011年のデービス報告書[31]の勧告を踏まえて，女性活用を含む取締役会のダイバーシティを重視する考え方が導入された．

以下では2012年英国コーポレートガバナンス・コードの構成，主要原則およびその内容について検討する．まず2012年コードの構成として，主要原則の説明の前に，「ガバナンスと本コード」「序文」「Comply or Explain」の章が設けられている．「ガバナンスと本コード」の章では，コーポレートガバナンスに関する基本的な考え方が示されている．具体的には，コーポレートガバナンスの目的は，会社の長期的成功をもたらすために，効果的で，起業家精神に富み，注意深い経営を促進することであるとする．そしてこれは企業の取締役会が行うものであり，常勤役員が行う日々の経営管理とは区別されるものであることが指摘される．すなわち，本コードは効果的な取締役会の実務指針を示すものであるとする．また適切なインターバルで見直されるべきであること，主な対象はロンドン証券取引所のプレミアム上場企業であることが説明されている．「序文」では，英国スチュワードシップ・コードは本コードの姉妹編と見なすべきであることなどが説明されている．「Comply or Explain」の章では，Comply or Explainの基本的な考え方，およびコーポレートガバナンスの枠組み（Comply or Explainのアプローチ方法）にとって，企業の取締役と投資家との間の適切なエンゲージメントがきわめて重要であることが指摘されている．

本コードは，主要原則と，それを補足・説明する補助原則および条項から構成されている．原則の構成は以下のとおりである．

2012年英国コーポレートガバナンス・コードの主要原則
セクションA：リーダーシップ

---

30) FRC (2012a).
31) Davis (2011).

```
　　A.1：取締役会の役割
　　A.2：責任の分離
　　A.3：取締役会議長
　　A.4：非業務執行取締役
セクションB：取締役会の有効性
　　B.1：取締役会の構成
　　B.2：取締役の任命
　　B.3：取締役のコミットメント
　　B.4：取締役の研鑽
　　B.5：取締役に対する情報とサポート
　　B.6：取締役会，委員会および取締役の評価
　　B.7：取締役の再任
セクションC：アカウンタビリティ（説明責任）
　　C.1：財務および事業報告
　　C.2：リスク管理と内部統制
　　C.3：監査委員会と会計監査人
セクションD：報酬
　　D.1：報酬の水準および構成
　　D.2：手続き
セクションE：株主との関係
　　E.1：株主との対話（dialogue）
　　E.2：年次株主総会の建設的な活用
```

　セクションAでは「リーダーシップ」に関する原則等が示されている．具体的には，取締役会の役割は，リスク評価・管理が注意深くかつ効果的に制御できるような枠組みのもとで，会社に対して起業家的なリーダーシップを発揮すること．何人も制約のない決定権限を持つべきではないことから，取締役会議長と最高業務執行取締役は兼務されるべきではないこと．取締役会議長は，取締役会においてリーダーシップを発揮する責任があることに加えて，株主との効果的な対話（communication）を確実にすることにも責任があること．非業務執行取締役はその中の1名を上席独立取締役に任命し，議長のサポートと議長の実績評価を主導させること等の原則等が示されている．

セクションBでは「取締役会の有効性」に関する原則等が示されている．具体的には，いずれの個人や少人数グループも取締役会の意思決定を支配することができないように，業務執行取締役と非業務執行取締役（特に独立非業務執行取締役）を適切に組み合わせること．少なくとも半数（取締役会議長を除く）の取締役会メンバーは，独立非業務執行取締役から構成されること（小規模会社を除く）．指名委員会メンバーの過半数は，独立非業務執行取締役から構成されること．取締役候補者を探す際には，取締役会の（性別を含む）ダイバーシティにはメリットがあることに配慮すること．年次報告書（アニュアル・レポート）には取締役会の（性別を含む）ダイバーシティの方針等を記載すること．取締役会は，取締役会・委員会・個々の取締役に対する正式かつ厳格な年次評価をすること．FTSE350構成企業は，少なくとも3年ごとに，外部機関によって取締役会評価を受けること等の原則等が示されている．

セクションCでは「アカウンタビリティ（説明責任）」に関する原則等が示されている．具体的には，少なくとも3名（小規模会社は2名）の独立非業務執行取締役から構成される監査委員会を設けること．監査委員会のメンバーのうち少なくとも1名は，最近において財務に関する経験を有していること等の原則等が示されている．

セクションDでは「報酬」に関する原則等が示されている．具体的には，業務執行取締役の報酬の大部分は業績連動とし，会社の長期的な成功を促進するように長期の時間軸で設計すること．非業務執行取締役の報酬は，関与時間と職責を反映して定めること．少なくとも3名（小規模会社は2名）の独立非業務執行取締役から構成される報酬委員会を設けること等の原則等が示されている．

セクションEでは「株主との関係」に関する原則等が示されている．具体的には，取締役会が全体として，株主と満足のいく対話（dialogue）が確実に行われるようにする義務を負うこと．株主との接触の多くは最高業務執行取締役や財務担当取締役であるが，取締役会議長は，主要な株主の関心や懸念について，すべての取締役が認識するようにすること．取締役会議長は，主要な株主とガバナンスや戦略について議論（discuss）する

こと．非業務執行取締役は，主要な株主との定期的会合に参加する機会を与えられ，また主要株主から要請のあった場合にはその会合に出席すること．上席独立取締役は，主要株主の関心や懸念についてバランスのとれた理解をするため，様々な主要株主との会合に参加し，その意見に耳を傾けること等の原則等が示されている[32]．

国際基準のコーポレートガバナンス・コードとしては，OECDのコーポレートガバナンス原則[33]がある．これは，1999年に初版が作成・公表され，2004年に改訂された．初版の作成に際しては，1996年から1998年にかけて，日米英仏独から1名ずつ参加した民間諮問委員会で精力的な議論がなされた（日本からは，オムロンの立石信雄会長（当時）が参加）[34]．このOECD原則と英国コーポレートガバナンス・コードを比較すると，類似する部分も多いが，株主以外のステークホルダーの役割についての考え方が大きく異なっている．すなわち，OECD原則では，6つの大原則のうちの1つがコーポレートガバナンスにおけるステークホルダーの役割に当てられ，従業員参加や債権者の権利執行の重要性が指摘されている．一方，英国コーポレートガバナンス・コードにおいては，序文で，会社は第一義的に株主に対して説明責任を負っており，コードの主な目的は会社と株主の関係についてであることを明記したうえで，株主以外の資本の提供者（other providers of capital）の貢献を認識し，取締役会はそれら提供者の意見に耳を傾けることが奨励される旨が記載されているが，具体的なComply or Explainの対象とはなっていない．すなわち，英国コーポレートガバナンス・コードにおいては，株主以外のステークホルダーの役割はほとんど期待されていないと言える．

---

[32] 2014年9月に2014年英国コーポレートガバナンス・コードが公表された．2012年コードからの変更は小幅なものにとどまるが，主な変更点として以下の4点があげられる．①リスク管理と内部統制の強化，②業務執行取締役の報酬の設計（企業の長期的成功に資する目的．株主に対する明瞭な説明），③株主総会で多くの反対票が投じられた議案に対する対応についての企業の説明責任，④取締役会のダイバーシティ（性別・人種等）強化，である（FRC, 2014c）．

[33] OECD（2004）．

[34] 民間諮問委員会での議論の内容については，立石（1999）を参照．

2 英国におけるスチュワードシップ・コード

ウォーカー報告書の勧告および英国政府からの要請を受け，FRC（Financial Reporting Council）は英国機関株主委員会（ISC：Institutional Shareholders' Committee）が作成した機関投資家の責任コードに基づき，2010年に英国スチュワードシップ・コードを作成・公表した[35]．FRCは本コードの作成過程において，FRCが本コードを所管すること，および英国機関株主委員会（ISC）の責任コードを用いることについて，市場参加者に意見を求めたが，市場参加者はおおむねそれらに賛同した．なお，本コードの公表の時期を優先して，市場参加者から寄せられたコードの修正に関する意見については，次回コード改訂の際に検討することとした[36]．

英国機関株主委員会（ISC）は，英国保険業協会（ABI：Association of British Insurers），英国投資会社協会（AIC：Association of Investment Companies），英国年金基金協会（NAPF：National Association of Pension Funds）と英国投資運用協会（IMA：Investment Management Association）を主なメンバーとする機関投資家から構成されており，1990年代から機関投資家の責任に関するステートメントを作成・改訂・公表してきた．英国スチュワードシップ・コードが基本としたのは，2009年に改訂された機関投資家の責任コード[37]である．

機関投資家の責任コードは，機関投資家に対して最善慣行規範（Code of Best Practice）を示すものであり，Comply or Explain のアプローチ方法が用いられている．コードの目的として，株主が受ける長期的リターンを増進し，戦略的意思決定の失敗による破壊的リスクを軽減し，（企業の取締役が）効果的なガバナンス責任を果たすことを手助けするために，機関投資家と企業の対話（dialogue）の質を高める必要があることが明記されている．コードは機関投資家が行うべき7つの原則から構成されている

---

[35] FRC（2010b）.
[36] FRC（2010c）.
[37] ISC（2009）.

が，この7原則はすべて2010年英国スチュワードシップ・コードに継承された．なお，英国機関株主委員会（ISC）は，2011年に英国機関投資家委員会（IIC：Institutional Investor Committee）に名称が変更された．

　FRCは，英国コーポレートガバナンス・コードを補完（complement）するものとして，Comply or Explainのアプローチ方法を採用する英国スチュワードシップ・コードの初版を2010年に作成・公表した．コードの改訂は2年ごとに行うことが予定されており，最初の改訂は2012年に行われた．その際には，スチュワードシップの目的と定義の明確化，アセット・マネジャーとアセット・オーナーの役割と責任の明確化，機関投資家による利益相反管理・集団的エンゲージメントへの参加方針・議決権行使助言機関の活用方針の明確な説明等を目的とした改訂が行われた．

　以下では，2012年英国スチュワードシップ・コード[38]の構成および原則の内容について検討する．まず構成として，主要原則の説明の前に，「スチュワードシップと本コード」「本コードの適用」「Comply or Explain」の章が設けられている．「スチュワードシップと本コード」の章では，スチュワードシップに関する基本的な考え方が示されている．具体的には，スチュワードシップの目的は，最終的な資本の提供者にも恩恵が及ぶような形で，会社の長期的成功を促進することである．上場会社に対するスチュワードシップ責任は，取締役会と投資家が共有しているが，第一義的責任は経営者を監視する取締役会にあり，投資家も取締役会に責任を果たさせるうえで重要な役割を担っている．そして，スチュワードシップの目的には，議決権の行使だけでなく，企業戦略，業績，リスク，資本構成およびコーポレートガバナンスに関するモニタリングやエンゲージメント（企業との間の目的を持った対話（purposeful dialogue））が含まれるとする．さらにアセット・マネジャーとアセット・オーナーの役割と責任についても明確に記載している．

　「本コードの適用」の章では，本コードの適用範囲として，第一義的には機関投資家（アセット・マネジャー，アセット・オーナー）が対象であ

---

[38] FRC（2012b）．

るが，議決権行使助言機関や投資助言会社等の投資関連サービス提供会社にも拡大適用されることが示されている．また機関投資家は情報開示に際して，利益相反に関する事項については顧客利益を優先して意思決定したことを示すこと，集団的エンゲージメントを行う要件を示すこと，議決権行使助言機関の活用状況について示すことが求められている．「Comply or Explain」の章では，本コードも英国コーポレートガバナンス・コードとともに，Comply or Explainのアプローチ方法を採用していること等が記載されている．

本コードは，7つの原則と，それを補足・説明するガイダンス（実務指針）から構成されている．原則の内容は以下のとおりである．

2012年英国スチュワードシップ・コードの原則

原則1　機関投資家は，スチュワードシップ責任をどのように果たすのかについての方針を開示すべきである．

原則2　機関投資家は，スチュワードシップに関連する利益相反をどのように管理するのかについての堅固な方針を策定し，それを開示すべきである．

原則3　機関投資家は，投資先企業をモニタリングすべきである．

原則4　機関投資家は，いつ，どのような方法でスチュワードシップ活動を強化するのかについての明確なガイドラインを策定すべきである．

原則5　機関投資家は，適切な場合には，他の投資家と協調して行動すべきである．

原則6　機関投資家は，議決権行使およびその結果の公表について，明確な方針を持つべきである．

原則7　機関投資家は，スチュワードシップ活動および議決権行使活動について，（委託者等に対して）定期的に報告すべきである．

英国機関投資家のスチュワードシップ活動の実態について，2014年5月に英国投資運用協会（IMA）が調査報告書を公表した[39]（毎年同様の調査結果を公表しており，今回はその第4回である）．同協会は，2013年9月

---

39) IMA (2014).

30日現在,FRCの英国スチュワードシップ・コード遵守を表明している機関投資家等274社に質問状を送付し,114社(アセット・マネジャー82社,アセット・オーナー27社および投資関連サービス提供会社5社)から回答を得た.同調査報告書では,投資関連サービス提供会社を除く109社からの回答内容を中心に分析しているので,その内容を紹介する.

第1に方針については,全回答者がスチュワードシップ責任をどのように果たすのかについての方針を開示している.また88%の回答者が集団的エンゲージメントに参加する際の条件を明確にしている.83%のアセット・マネージャーが顧客から運用を受託するに際して,スチュワードシップ責任を求められている(44%はすべての顧客から,39%は一部またはほぼすべての顧客から求められている).

第2に体制については,24%の回答者は議決権行使のすべてを,22%の回答者はエンゲージメントのすべてをアウトソーシングしている.アウトソーシングした場合には,定期的な会合や報告書を受領することにより,外部のサービス提供会社の対応をモニタリングしている.80%以上の回答者は,ポートフォリオ・マネージャーやアナリストがエンゲージメントに参加している.65%の回答者は(コーポレートガバナンスや議決権行使の)専門家等もエンゲージメントに参加している.

第3にエンゲージメントについては,34%の回答者がすべての投資先企業に対してエンゲージメントを行っており,残余の回答者はエンゲージメントの対象先を絞って対応している.エンゲージメントの対象としては,取締役報酬,経営戦略,取締役会のリーダーシップ,取締役会・委員会の構成・後継者問題が多い.またエンゲージメントの重要性という観点から順位づけをすると,経営戦略,取締役会のリーダーシップ,取締役会・委員会の構成・後継者問題,取締役報酬の順番となる.

第4に議決権行使については,66%の回答者が議決権行使の内容を公表しており,公表していない回答者のうち60%が公表しない理由を開示している.47%の回答者は,議決権行使に際して,反対票を投じるまたは議決権を行使しない場合には,すべての場合または多くの場合に,あらかじめ当該企業に通知している.

第5に報告については，ほぼすべての回答者が，顧客・受益者に対して，彼らのスチュワードシップ活動を報告している．

3 わが国に対する示唆

　英国コーポレートガバナンスの枠組みは，1992年のキャドバリー報告書以降，20年以上にわたり進化を遂げてきたものであるが，わが国がそれを参考にする場合に留意すべき点について，以下では3点を指摘したい．

　第1は，英国コーポレートガバナンスの枠組みは，1つの体系として理解すべきであるということである．すなわち，コーポレートガバナンスの第一義的な責任は経営者を監視する取締役会にある（コーポレートガバナンス・コード）が，Comply or Explainのアプローチを採用し，取締役会が担う企業のガバナンスは市場規律によって，株主の立場からチェックされることが前提とされているため，取締役会のガバナンスを具体的に規律する役割が機関投資家に求められ（スチュワードシップ・コード），2つのコードが車の両輪として機能している点である．また，取締役会が担う企業のガバナンスは，法令等の規制によるものを除けば，株主の立場からのチェックで足りる（株主以外のステークホルダーからのチェックはほとんど想定されていない）という考え方の背景には，会社は株主のために経営されるべきであるという英国の会社観がある（コラム2-1を参照）．日本においては，機関投資家が投資先企業のガバナンスを規律する「日本版スチュワードシップ・コード」[40]が先行して策定されたが，これと対をなし，企業自身が自らのガバナンスを規律する「日本版コーポレートガバナンス・コード」の早期策定が望まれる[41]．その場合には，日本の会社観を前提とすると，株主以外のステークホルダーの位置づけが論点になると考

---

40) 金融庁（2014）．
41) 金融庁と東京証券取引所は，日本版コーポレートガバナンス・コードの策定を目的として，2014年8月に「コーポレートガバナンス・コードの策定に関する有識者会議」（座長：池尾和人慶應義塾大学教授）を立ち上げた．この有識者会議で示されるコード原案に基づき，東京証券取引所は必要な制度整備を行ったうえで，2015年6月から，本則市場（市場第一部および市場第二部）上場企業に対して，コーポレートガバナンス・コードを適用する予定である．

えられる[42]．

　第2は，英国コーポレートガバナンスの枠組みは，機関投資家の豊富な経験・能力を前提としたのものであることである．英国にはシティにおける直接金融の長年の歴史と豊富な経験があるが，日本は間接金融中心の時代が長く続いたため，必ずしも機関投資家の多くが豊富な経験・能力を有しているとは言えない．この点に対応するために，日本版スチュワードシップ・コードでは，英国スチュワードシップ・コードにはない原則を設け，「機関投資家は，投資先企業の持続的成長に資するよう，投資先企業やその事業環境等に関する深い理解に基づき，当該企業との対話やスチュワードシップ活動に伴う判断を適切に行うための実力を備えるべきである（原則7）」としている．また経済産業省の伊藤レポート[43]でも第12章の対話・エンゲージメントの項目の中で，機関投資家（アセット・マネジャーとアセット・オーナー）に求められる姿勢と実力が詳細に論じられている．

　第3は，英国コーポレートガバナンスが形式ではなく実践を重視している点である．特にコーポレートガバナンスの遵守状況を形式的にチェックする「ボックス・ティッキング」（空欄チェック）は厳しく批判されている．日本では長年の間，法令や規則に基づくルール・ベースのアプローチ（細則主義）になじんできたために，Comply or Explain（原則主義）の考え方を十分に理解しないで対応すると，形式チェックに陥るリスクがある．また，英国では両コードは自主規制機関であるFRCが所管しているのに対して，日本では強力な規制当局である金融庁が前面に出てコードを整備している．このため，コードが法律や規則と誤解されるリスクがあるが，その誤解を解き，コードはComply or Explainのアプローチ方法を採用したものであり，形式ではなく実践が重要であることを十分周知させる

---

[42] 日本版コーポレートガバナンス・コードに，英国のコーポレートガバナンス・コードにはない，株主以外のステークホルダーの利益考慮を含める場合，それを誰がチェックするのかという問題がある．すなわち，株主の利益とは直接関係しない（場合によっては相反する）ステークホルダーの利益に関して，企業は誰に対してコードを遵守（Comply）していないこと，およびその理由を説明（Explain）し，誰がチェックするのかが自明ではない．この点に関しては，Comply or Explainの枠組みの外で，何らかの規制が必要になると考えられる．

[43] 経済産業省（2014）．

ことが必要であろう．

参考文献

Cadbury, A. (1992) *Report of the Committee on the Financial Aspects of Corporate Governance*, Gee & Co. Ltd, London.
Cadbury, A. (2002) *Corporate Governance and Chairmanship: A Personal View*, Oxford University Press, Oxford（日本コーポレート・ガバナンス・フォーラム他訳『トップマネジメントのコーポレートガバナンス』シュプリンガー・フェアラーク東京, 2003年).
Cheffins, B. (2011) "The Stewardship Code's Achilles' Heel," *University of Cambridge Legal Studies Research Paper Series*, No. 28/2011.
Combined Code (1998) *Combined Code, Principles of Corporate Governance*, Gee & Co. Ltd, London.
Davis, E. M. (2011) *Women on Boards*, BIS, London.
FRC (2010a) *The UK Corporate Governance Code.*
FRC (2010b) *The UK Stewardship Code.*
FRC (2010c) *Implementation of the UK Stewardship Code.*
FRC (2010d) *The UK Approach to Corporate Governance.*
FRC (2012a) *The UK Corporate Governance Code.*
FRC (2012b) *The UK Stewardship Code.*
FRC (2012c) *Feedback Statement, Revisions to the UK Stewardship Code.*
FRC (2012d) *Comply or Explain, 20th Anniversary of UK Corporate Governance Code.*
FRC (2014a) *The FRC and its Regulatory Approach.*
FRC (2014b) *Annual Report and Accounts 2013/2014.*
FRC (2014c) *The UK Corporate Governance Code.*
Greenbury, R. (1995) *Directors' Remuneration*, Gee & Co. Ltd, London.
Hampel, R. (1998) *Committee on Corporate Governance, Final Report*, Gee & Co. Ltd, London.
Higgs, D. (2003) *Review of the Role and Effectiveness of Non-Executive Directors*, Department of Trade and Industry, London.
IMA (2014) *Adherence to the FRC's Stewardship Code, At 30 September 2013.*
ISC (2009) *Code on the Responsibilities of Institutional Investors.*
LSE (2012) *Corporate Governance for Main Market and AIM Companies.*
Mallin, C. A. (2013) *Corporate Governance 4th edition*, Oxford University Press, Oxford.
Myners, P. (2001) *Institutional Investment in the United Kingdom: A Review*, HM Treasury, London.

OECD (2004) *OECD Principles of Corporate Governance.*
Smith, R. (2003) *Audit Committees Combined Code Guidance*, FRC, London.
Walker, D. (2009) *A Review of Corporate Governance in UK Banks and Other Financial Industry Entities, Final Recommendations*, HM Treasury, London.
上田純子 (2009)「英国におけるコーポレート・ガバナンスへの対応強化と今後の展望」『監査役』No. 561, pp. 68–79.
上田亮子 (2013a)「英国におけるコーポレート・ガバナンス・コードの改正と実施状況」『資本市場リサーチ』No. 26, pp. 75–91.
上田亮子 (2013b)「英国におけるスチュワードシップ・コード改正と機関投資家の対応」『資本市場リサーチ』No. 27, pp. 60–93.
大塚章男 (2014)「イギリス2006年会社法における取締役の責任——会社の成功促進義務を中心として」『国際商事法務』Vol. 42, No. 3, pp. 359–371.
神作裕之 (2014)「コーポレートガバナンス向上に向けた内外の動向——スチュワードシップ・コードを中心として」『商事法務』No. 2030, pp. 11–24.
北川哲雄・林順一 (2014)「投資情報開示とインベストメント・チェーン——ケイ報告書の意義」『愛知学院大学論叢商学研究』Vol. 54, Nos. 2・3, pp. 27–50.
金融庁 (2014)『「責任ある機関投資家」の諸原則《日本版スチュワードシップ・コード》——投資と対話を通じて企業の持続的成長を促すために』.
経済産業省 (2014)『伊藤レポート「持続的成長への競争力とインセンティブ——企業と投資家の望ましい関係構築」プロジェクト最終報告書』.
杉浦保友 (2007)「イギリス新会社法の下での取締役によるステークホルダー利益考慮義務」『EUスタディーズ4 企業の社会的責任』勁草書房.
関孝哉 (2001a)「英国コーポレートガバナンス——3報告書の概要と論点」『コーポレート・ガバナンス——英国の企業改革』商事法務研究会.
関孝哉 (2001b)「エイドリアン・キャドバリー卿に聞く」『コーポレート・ガバナンス——英国の企業改革』商事法務研究会.
関孝哉 (2008)『コーポレート・ガバナンスとアカウンタビリティ論』商事法務研究会.
関孝哉 (2013)「英国スチュワードシップ・コードが示す論点」『監査役』No. 619, pp. 10–16.
立石信雄 (1999)「グローバリゼーション時代の経営とコーポレート・ガバナンス」『監査役』No. 409, pp. 16–25.
田中信弘 (2010)「イギリスのコーポレート・ガバナンス」『コーポレートガバナンスと企業倫理の国際比較』ミネルヴァ書房.
中川照行 (2011)「『2010年規範』と『監督規範』による英国の新しいガバナンス構造」『関西学院大学 経営戦略研究』Vol. 5, pp. 25–41.
日本コーポレート・ガバナンス・フォーラム編 (2001)『コーポレート・ガバナンス——英国の企業改革』商事法務研究会.

コラム 2-1 英国の会社観——会社は誰のために経営されるべきか

　日本では，会社は誰のために経営されるべきかが明確には規定されておらず，2014年8月に公表された経済産業省の「伊藤レポート」でも，企業価値をどのように捉えるかという文脈でこの点が論点となっている．一般的に国内外の機関投資家は，会社は株主のために経営されるべきである（株主利益の最大化を図るのが当然である）と主張している．それに対して，日本企業の経営者の多くは，会社は社会的存在であると考え，株主だけでなくその他のステークホルダー（従業員，取引先，地域社会など）の利益も視野に入れた経営を行う傾向があると言われている．

　英国では，会社は株主のために経営されるべきであるという考え方が浸透している．英国でも取締役の義務は会社の利益のために行動することだが，会社の利益とは株主全体の利益と理解されている．2006年の英国会社法の改正の際には，取締役の義務とCSR（企業の社会的責任）をどのように位置づけるかが議論になったが，最終的には，株主利益のために必要な範囲において，取締役は会社の意思決定に際してCSR（ステークホルダーの利益）を配慮する義務を負うことが規定された．

　英国のコーポレートガバナンスを学ぶ際には，このような前提を理解しておくことが大切である．

（参考文献）　杉浦（2007），大塚（2014）．

コラム 2-2 スチュワードシップとは何か

　スチュワードとは，他人に代わってその事務や財産管理を取り仕切る者のことをいい，元来は国王や領主の執事，財産管理人の意味で用いられた英国の概念である．スチュワードシップはスチュワードの心構えのことであり，この概念は，英国のコーポレートガバナンスの嚆矢となったキャドバリー報告書でも用いられている．キャドバリー報告書では，株主に対する取締役の責務という文脈でスチュワードシップの概念が用いられており，この点についてキャドバリー卿は「スチュワードシップとは会社を守り育てること」であると説明している．

　スチュワードシップが機関投資家の責務に対して用いられる場合には，個人な

どの最終投資家（最終受益者）や直接の委託者の最善の利益のために，資産を注意深く管理し，投資先企業に対して企業価値を高めるために，対話・エンゲージメントなどを行うことを言う．

　スチュワードシップは受託者責任と類似した概念だが，受託者責任が法的責任であるのに対して，スチュワードシップは必ずしも法的責任と結びつく概念ではないことから，Comply or Explain（原則主義）のアプローチを採用するコードなどと整合的な概念であると言える．

(参考文献)　関（2001b），関（2013），神作（2014）．

第3章

過度なショート・ターミズムの克服を目指したケイ報告書の意義

第1節 ケイ報告書が提案したインベストメント・チェーンのカルチャーの変革

1 ケイ報告書の背景と問題意識

　2011年6月に，ロンドン・スクール・オブ・エコノミックス（LSE）のジョン・ケイ教授は，BIS（英国ビジネス・イノベーション・技能省）担当のケーブル大臣から，英国株式市場の状況と，それが英国上場企業の長期的パフォーマンスやコーポレートガバナンスにどのような影響を与えているかについての調査・報告を依頼され，2012年7月に112頁からなる最終報告書（ケイ報告書）[1]を作成し，公表した．ケーブル大臣の主な関心は，英国の株式市場が英国企業のパフォーマンス向上や，株式を直接・間接的に保有する個人などの最終投資家（savers）の利得の向上といった株式市場の主要な目的に対して，十分な役割を果たしているのかと言うことであった（ケイ報告書が，コーポレートガバナンスの規制当局ではなく，ビジネスの推進を所管するBISから委託されたという点に特徴がある）．

　ケーブル大臣がこのような関心を持った背景には，BIS担当大臣への就任時に，米国クラフト社による英国キャドバリー社に対する敵対的買収に

---

1) Kay (2012).

関する議論(短期志向の株主が,英国株式市場や成功した英国企業の運命に多大な影響を及ぼしていることについての議論)が活発に行われていたこと,および英国の製造業者から10年から20年先を見すえて投資したいと考えているが,株式市場の時間軸はこれとは異なり短期志向である,という説明を受けたことがある[2]。

ケイ教授の英国株式市場に関する問題認識は,ケイ報告書の序文で示されているが,それはおおむね以下のようにまとめることができる。

- 英国企業は,イノベーション,ブランド,評判,そして労働者の技能を高めるために投資を行わなければならない。これによってのみ,英国企業はグローバル・マーケットでの競争優位を構築・維持することができる。国際市場で成功することによって,英国企業は英国民の年金をまかなう投資収益や,長期的な財務目標を達成することができ,ひいては最終投資家全体のリターンの増大につなげることができる。しかしながら,今日の株式市場は,これらの目的を支援するようにはなっていない。
- 金融仲介は,信頼(trust)と信用(confidence)に依拠している。信頼と信用は,長期的なビジネス上および個人的な関係に基づいて醸成されるものであり,見知らぬ者の間での短期的取引(trading)によって形成されるものではない。
- 我々は,ビジネスと金融が協働し,高収益企業を創造し,最終投資家に持続的なリターンをもたらすような株式市場のカルチャーを作り上げなければならない。その際には,インセンティブのあり方も重要な論点となる。

2 過去の報告書との共通点・相違点

ケイ報告書は,1992年のキャドバリー報告書以降,英国において数多く作成されたコーポレートガバナンスに関する報告書の1つであるが,過去の報告書と多くの共通点を有する一方で,独自の視点を示している部分もある。

---

2) House of Commons Business, Innovation and Skills Committee (2013a), Ev74-75〔質問313に対するケーブル大臣証言部分〕.

まず，共通点としてあげられるのは，企業だけではなく，機関投資家に対しても一定の規律（義務）を求めるという視点である．また，コーポレートガバナンスに関する問題は，法律で一律に規制するというよりはむしろ，最善慣行規範（Code of Best Practice）あるいは望ましい慣行（Good Practice Statement）を定め，これを遵守するか，遵守しない場合には説明を求めるというComply or Explain（原則主義）の考え方を適用し，企業や機関投資家の自主性を尊重しつつ市場規律に委ねるほうが望ましいという考え方を採用している．さらに，機関投資家のショート・ターミズム（短期主義）を批判し，最終投資家のためには長期的視野での運用が必要であると指摘している．機関投資家によるエンゲージメントやスチュワードシップ義務を重視している点も，過去の報告書と共通している．

　一方で，過去の報告書と異なる点としてあげられるのは，最終投資家の利得だけでなく，投資先企業の繁栄にも焦点を当てていること，機関投資家をアセット・ホルダー（資産保有者）[3]とアセット・マネジャー（資産運用者）に区分し，特にアセット・マネジャーの役割・義務に焦点を当てている点である．また，従前の報告書は，主として機関投資家と企業の関係に焦点を当てていたが，ケイ報告書では，機関投資家を含むインベストメント・チェーン[4]全体と最終投資家・投資先企業との総合的な関係に焦点を当てるとともに，インベストメント・チェーンのカルチャーの変革を重視している．

　このようにケイ報告書は，過去のコーポレートガバナンスに関する報告書の流れを受け継ぎながらも，独自の視点を加えたものである．

3 ケイ報告書の構成と勧告の概要

　ケイ報告書は，序文，要旨のほか，13章からなる本文で構成されている．第1章から第5章で株式市場の問題点の分析がなされ，第6章から第

---

3) ケイ報告書では，年金基金や生命保険会社等のいわゆる資産保有者を，アセット・オーナーではなくアセット・ホルダーと総称している．
4) ケイ報告書においては，インベストメント・チェーンは，企業と最終投資家（savers）を結ぶ株式投資関係者の集団（それが鎖のように連結している姿）を指している．

13章で改善策の提案・勧告がなされている．具体的には，17の勧告，10の原則，アセット・マネジャー，アセット・ホルダー，および企業の取締役の望ましい慣行が示されている．

　以下では，ケイ報告書の概要を説明する．ケイ報告書では現状認識として，金融システムが1970年代以降，グローバル化，規制緩和，再規制の流れの中で変容してきていること．これらの進展によって，英国の金融機関のカルチャーや主要な参加者の主体性・行動も変容したこと．信頼関係（trust relationships）を重視した関係は，短期取引至上主義（primacy to trading）に置き換わったこと．そして短期的取引のカルチャー（trading culture）は，金融仲介業者はもちろん，市場利用者（企業と最終投資家）の行動にも影響を与えていることを示している．

　この結果として，英国企業は，新規投資のための資金調達の場として，株式市場を利用することがほとんどなくなり，英国の最終投資家やアセット・ホルダーは，英国企業の株式への投資の比重を低下させ，債券への投資の比重を増加させていること．一方で，金融仲介業者（アセット・マネジャー，投資銀行，短期取引業者）は繁栄を謳歌していることを指摘している．

　本来，株式市場は利用者のためのものであり，英国の株式市場の有効性は，英国上場企業の長期パフォーマンスに与える影響によって最も良く評価されること．長期的パフォーマンスは，長期志向の最終投資家が求め，獲得するリターンの唯一の源泉であること．また株式市場の有効性を高め，失われた信頼関係を回復するためには，最終投資家とそれらの代理人，およびそれらの代理人と投資先企業の間の信頼関係に基づくインベストメント・チェーンを再構築し，カルチャーを変革することが重要であることを主張している．

　これらの目的を実現するために，アセット・ホルダーとアセット・マネジャーの取り組み方を大きく変える必要があること．具体的には，望ましい慣行を奨励・発展させることが重要であることを指摘している．さらに，ファンド・マネジャーによる集団的行動（集団的エンゲージメント）を奨励すること．規制当局のアプローチの根本的な改革（市場の仲介業者

に配慮するのではなく，企業や最終投資家といった市場利用者の利益に着目すること）が必要であること，インベストメント・チェーンの関係者に対して，フィデューシャリー義務を再度強調することによって，信頼関係を復活させることが重要であることなどを指摘している．

そして，報告書の結びとして，利用者のニーズに合わせて，インベストメント・チェーンを信頼，尊重，信用および協調に基づく形に再構築することは，長い時間がかかるものであり難しいものであるが，今が始める時である（But it is time to begin）と主張している．

以下では，ケイ報告書の中で重要な論点となっている，集団的エンゲージメントと投資情報開示に関する勧告について説明する．

4 集団的エンゲージメントに関する勧告

ケイ報告書では，集団的エンゲージメントが容易に行われるようにするために，投資家フォーラム（investors' forum）の創設を勧告している（勧告3）．以下ではこの勧告理由について説明する．

ケイ報告書では，英国企業のパフォーマンス（ひいては最終投資家全体のリターン）の向上には，長期投資家（アセット・マネジャー）の投資先企業へのエンゲージメントが重要な役割を果たすという前提から出発している．ところが現状は，英国のアセット・マネジャーの運用スタイルの主流は，多くの銘柄の株式への分散投資であることから，特定企業に対するエンゲージメントにはインセンティブが働かない構造になっている（エンゲージメントによって当該企業のパフォーマンスが向上しても，エンゲージメントを行った投資家が受けるメリットは持株比率に応じた部分にとどまり，何もしない他の投資家が漁夫の利を得るという，いわゆるフリーライダーの問題が存在する）．また個々の投資家の持株比率は低いので，個々の投資家が企業にエンゲージメントをしたとしても，当該投資家の主張について，どこまで企業が真剣に対応するのかという問題もある．これらの問題を解決する手段の1つとして，複数の長期投資家が集団で行うエンゲージメント（集団的エンゲージメント）があり，そのための枠組み（投資家フォーラム）を構築することが重要となる．

投資家フォーラムについて，ケイ報告書では，以下の点を指摘する．すなわち，フォーラムの目的は，全般的な，または特定の企業に対する投資家の懸念事項に対して，集団で行動することを容易にすることであり，組織形態としては，既存の組織から独立し，独自の事務局を有するべきである．ただし，政府が集団的行動を歓迎していることをアセット・マネジャーに明確に伝え，ソブリン・ウエルス・ファンドの参加を促すために，政府が設立や運営に関与すべきである．また，株式市場の支配的なプレイヤーであるアセット・マネジャーの参加が，このフォーラムの成功の鍵を握ることになる．

5　投資情報開示に関する勧告

　ケイ報告書の17の勧告の中で，投資情報開示に関しては3つの勧告がなされている．それらは，期中経営報告（Interim Management Statement）義務[5]の撤廃（勧告11），高品質で簡潔な叙述的報告（narrative reporting）の推奨（勧告12），および短期的業績予想開示の中止（勧告6）である．以下では，これらの勧告理由について説明する．

　まず，期中経営報告義務の撤廃について，ケイ報告書では，透明性確保の名のもとで明確な目的がないままに情報開示が進められた結果，情報の洪水が生じており，企業の負担が増大するとともに，実際に有用な情報が膨大なデータの中に埋没しており，必要な情報がアセット・マネジャー等の業務に活かされていないという事実を指摘する．そして，アセット・マネジャーに必要な情報は長期的判断に有用な情報であって，短期のランダムな変動の結果ではないことから，期中経営報告義務の撤廃を勧告している．

　次に，高品質で簡潔な叙述的報告の推奨について，ケイ報告書では，機関投資家は顧客の利益を最適にするため，企業活動の環境や社会に及ぼす

---

[5] 英国では，EUの透明性指令に基づき，年度と半期の財務報告に加え，半期ごとに期中経営報告を公表する義務を課しているが，そこでは当該期に発生した重要事実・重要取引とその財務への影響などの開示が求められる（四半期財務報告書を作成している場合には，この義務が免除される）．（DTR 4.3.2, 4.3.5, 4.3.6）（FCA, 2014）．

影響についても配慮すべきであるが，そのような情報は業種や企業ごとに異なる性質のものであるので，一律に規制するよりは，アセット・マネジャーと企業との間の交渉によって開示事項が決められるべきであることを指摘する．そして非財務（叙述的）報告は，本質的な事項を適切に説明するものであり，透明性の観点から重要な役割を果たすことから，企業に対して，定型的な報告ではなく高品質で簡潔な叙述的な報告を行うことを勧告している．

短期的業績予想開示の中止については，現状，アナリストは企業の財務内容の予想値を当てる競争をしており，企業は業績予想（earnings guidance）を提供することによってこの競争プロセスに参加し，収益期待を管理することが企業の財務担当者やIR担当者の主要な関心事となっているという問題認識を示したうえで，このことは企業の長期的価値増強とは関係ないものであるので，企業は短期志向を助長するような短期的な業績予想とその開示をやめるように努めるべきであることを勧告している．

第2節　ケイ報告書に対する反応

2012年7月にケイ報告書が公表されて以降，英国においては数多くの評価・批判が行われている．本節では，ケイ報告書の集団的エンゲージメントと投資情報開示に関する勧告に対する評価・批判を中心として，英国政府，英国CFA協会，マイナース卿，クラーク教授および英国下院BIS委員会による評価・批判をそれぞれ検討する．

1　英国政府によるケイ報告書の評価

英国政府は，2012年11月に，ケイ報告書の評価と今後の対応方針をまとめた報告書を公表した[6]．政府報告書の序文で，ケーブル大臣は，ケイ教授の報告書を歓迎すること，ケイ教授の提言の多くは政府に向けたもの

---

6) BIS (2012a).

ではなく，市場参加者に向けたものであること．ケイ教授は，投資に関するカルチャーの変化は単なる規制によってのみもたらされるのではなく，インベストメント・チェーンに関与する人々が望ましい慣行（good practice）を実行することを通じてなされるものであると考えていることなどを指摘した．ケーブル大臣はこれらを踏まえて，ケイ報告書の勧告等をレビューしていくとしている[7]．

　政府報告書の本文では，政府としてケイ教授の分析を支持し，ケイ報告書に対する対応として，ケイ報告書の勧告を将来の政策・規制に活かし，他の規制当局にも働きかけるとしたうえで，市場参加者に対して，勧告を踏まえて望ましい慣行を尊重するように要請している．また，ケイ報告書は，英国株式市場に対する長期的ビジョンを定め，企業の成長と人々の雇用を創造し，英国や世界の企業・投資家のニーズに応えることを企図しているものであり，継続的なコミットメントを必要としているので，2014年夏に政府はケイ教授の勧告が政府や他の主体によってどの程度達成されたかについての報告書を作成する予定であるとしている[8]．

　以下ではまず，集団的エンゲージメントに関する勧告についての英国政府の評価を概観する．政府は，投資家が集団的エンゲージメントを容易に行えるようにするために，投資家フォーラムを設立すべきであるというケイ報告書の勧告に賛同する．そして，英国企業の株式を保有する海外の長期投資家が，投資家フォーラムに参加することも歓迎するとしている．また，ケイ報告書が公表されて以降に，主要な機関投資家や関連協会が進め

---

[7] ケーブル大臣は，ケイ報告書が提案する業界主導の自発的アプローチを支持するが，もし自発的な手法が機能しないなら，政府として厳しい規制を導入することに何のためらいもないとする（House of Commons Business, Innovation and Skills Committee（2013a），Ev84〔質問383に対するケーブル大臣証言部分〕）．

[8] 2014年10月に，英国政府はケイ報告書の進捗状況に関する報告書を公表した．そこでは，効果的なエンゲージメントとスチュワードシップの奨励，長期投資家のニーズに適合した情報開示の確保，およびインベストメント・チェーンにおける信頼に基づく関係構築とインセンティブの調和の領域で，かなりの進捗が見られたことを示した．そのうえで，残された今後の課題として，スチュワードシップ・コード署名者が，コードに示された義務を遵守することを奨励し，その遵守状況をモニタリングすること，投資家フォーラムの展開を引き続きサポートすることなどを指摘した（BIS, 2014）．

ている集団的エンゲージメントの改善検討についても歓迎し，投資コミュニティにおいてさらなる検討が進められることを期待するとしている．

　次に投資情報開示に関する勧告についての英国政府の評価を概観する．まず期中経営報告義務の撤廃勧告について，英国政府はこれを支持している．この義務はEUの透明性指令（EU Transparency Directive）に基づいて英国で実施されているものであるが，ケイ報告書の作成が進む中で，EUも企業の開示負担の軽減とショート・ターミズム（短期主義）の弊害を除去する観点から，この開示規制の見直しに入っており，英国政府はこのEUの見直しの方針を強く支持している（2013年10月にEU透明性指令の改正が行われ，期中経営報告義務は，企業の負担が重く投資家保護目的のうえでは必ずしも必要ではないこと，ショート・ターミズムを助長し長期的投資を妨げることから，これを廃止すべきことが示された）[9]．

　ケイ報告書の高品質で簡潔な叙述的報告の推奨勧告を英国政府は支持している．すなわち，英国政府は，記載内容が多いからといって，そこに必要十分な情報が含まれているとは限らず，むしろ読み手の理解を妨げることにもなりかねないことから，重要な事項だけが含まれる簡潔な報告が重要であるとし，投資家と企業との間の対話（dialogue）が，報告書の質の向上に有効であると考え，ケイ報告書を支持している．

　なお，叙述的報告に関して，英国政府は2013年8月に2006年会社法を改正し，企業の発行する年次報告書（アニュアル・レポート）の中に戦略報告書（Strategic Report）を含めるべきことを定めた（2013年10月施行）．戦略報告書は，それまでの事業報告書（Business Review）に代替するものであり，株主に対して，取締役が企業戦略やビジネス・モデル等を簡潔かつ明瞭に説明することを求めている．英国政府の要請に基づき，FRC（Financial Reporting Council）は2014年6月に，戦略報告書に関する具体的なガイダンスを，Comply or Explainの形式で作成・公表した．

　また，英国政府は，企業は短期的な業績予想とその開示をやめるように努めるべきであるというケイ報告書の勧告を支持している．ケイ教授は，

9）　European Union（2013）.

業績予想開示がなされることによって，セルサイド・アナリストが企業の長期的価値を分析するよりも短期売買のために企業を分析するようになり，投資家や企業経営者がショート・ターミズムに陥ることを助長すると指摘しているが，この指摘の背景には，取締役の義務は株価ではなく企業に対するものであり，取締役は市場よりも投資家との関係構築を図るべきであるというケイ教授の考え方があることを英国政府は指摘している．

2 英国CFA協会によるケイ報告書に対する批判と評価

証券アナリストの団体である英国CFA協会は，2012年11月に，ケイ報告書に対するコメントを公表した[10]．英国CFA協会は，ケイ報告書をおおむね歓迎するとしながらも，いくつかの点について批判している．具体的には，まず，ケイ報告書の2つの前提，すなわち，アセット・マネジャーが投資先企業に対してスチュワードシップの役割を果たせば，当該企業の業績は向上すること，および英国の株式市場はショート・ターミズムの弊害を被っていることについて，それらを支持する証拠が不足しているとする．また，アセット・マネジャー（資産運用者）の本来的な責任は，顧客のためにリスク調整後の高い収益を生み出すことにあるのであって，投資先企業の経営を行うことではないことが理解されていないとして批判している．

集団的エンゲージメントに関する勧告については賛同し，投資家フォーラムの参加者の範囲を広げるべきであると主張している．投資情報開示に関する勧告については，まず，ケイ報告書の期中経営報告義務の撤廃勧告について，英国CFA協会の公式見解は財務情報の四半期開示を求める立場であるとしながらも，強くは反対していない．財務情報の四半期開示そのものではないが，四半期ごとの業績予想開示については，企業の複雑でダイナミックな活動や企業の長期的な価値創造を説明するには不適切であることから，効果的な投資判断には役立たないので必要ないとの立場を説明している．

---

10) CFA (2012).

ケイ報告書の高品質で簡潔な叙述的報告の推奨勧告については，基本的には支持するとしながらも，この内容はすでに2006年英国会社法の改正に関して議論された事項であるので，今回のケイ報告書の勧告が，英国政府のさらなる規制改正の検討につながらないことを期待するとしている．

　企業は短期的な業績予想とその開示をやめるように努めるべきであるというケイ報告書の勧告については，強く同意している．その根拠の1つとして，英国CFA協会の加入者に対するサーベイ調査の結果を示している．その調査によれば，63％の回答者が英国上場企業の取締役や経営者は短期的株価変動を気にしすぎていると指摘しており，また86％の回答者が英国上場企業の取締役や経営者は，会計上の利益よりも経済的な利益を重視すべきであると指摘している．

3　マイナース卿によるケイ報告書に対する評価と批判

　2001年に機関投資家の受託者責任に関する報告書（マイナース報告書）をまとめたマイナース卿は，2013年2月に，ケイ報告書が審議された英国下院のBIS委員会において証言を行った[11]．その中でマイナース卿は，ケイ報告書の概括的な評価として，ケイ教授は問題点を明らかにしたが，具体的な解決策を示せていないとしたうえで，ケイ教授の分析を実際のビジネス経験豊富な人間が引き継いで，具体的な解決策を示す別の報告書を作成することが必要であると主張している．

　ケイ報告書の具体的な提案については，マイナース報告書でも推奨した投資家フォーラムの創設を支持し，その達成のためにはそれを強制するメカニズムが必要であるので，政府は投資家フォーラムの創設を強く後押しすべきであると指摘している．

　なお，ケイ報告書を検討する際の留意点として，ケイ報告書に資料・データを提供しているのは現状の金融市場に満足している金融市場の仲介業者であり，そのためにケイ報告書にはシティ（金融界）の制度を抜本的に改革するような事項は記載されていないと指摘している．

---

11) House of Commons Business, Innovation and Skills Committee (2013a), Ev15-30.

4　クラーク教授によるケイ報告書に対する評価と批判

　オックスフォード大学のクラーク教授は，2013年春に出版された学術誌の論文[12]において，ケイ報告書の提案は，全体として見れば，短期的取引と長期投資のバランスを矯正し，長期かつ持続的な成長に関して，アセット・ホルダー，アセット・マネージャーおよび主要企業の連携と相互利益をもたらすものとして評価できるとする．

　そのうえで，いくつかの点について批判する．具体的には，アセット・マネージャーが投資銘柄を絞って英国株式に投資すべきというケイ報告書の考え方に対して，取引費用が高くなること，ポートフォリオ分散投資の利点が失われること，国際金融センターとしてのロンドンの魅力が剥落する可能性があることから疑問であるとしている．また，ケイ報告書の短期トレーディング批判に対しては，短期トレーディングにも，個々の株式のマーケット価格を明らかにするという社会的な価値があることに留意すべきであるとする．フィデューシャリー義務概念の適用範囲の拡大というケイ報告書の提案に対しては，ケイ報告書は制定法，制度，規制の複雑な関係を無視していると批判する．さらに，ケイ報告書ではアセット・ホルダーに対する言及がほとんどないが，本来アセット・ホルダーにはアセット・マネージャー等を監視・監督・指示する責任があるのであり，アセット・ホルダーに対する課題も合わせて考察すべきであるとする．また，ケイ報告書は，効率的市場仮説やポートフォリオ理論といった新古典派ファイナンス理論の原則のいくつかを否定した点で，議論を呼ぶものであるとする．

　なお，クラーク教授は，ケイ報告書が英国の規制当局ではなく，政府の中の英国ビジネスを推進するBIS（英国ビジネス・イノベーション・技能省）から委託されたものであり，ケイ報告書の内容もこの要請に対応するものとなっていることを指摘している．

---

12) Clark（2013）．

5 英国下院BIS委員会による ケイ報告書に対する評価と支持

　英国下院BIS委員会は，7回のパネル（討議会）での証言や書面で提出された多くの証言を踏まえ，2013年7月に，252頁（本文82頁，エビデンス170頁）からなる報告書（以下，「BIS報告書」）を公表した[13]．BIS報告書では，まず，ケイ報告書の位置づけ，報告書が求められた背景，過去の報告書との関係を記載したうえで，ケイ教授が提起した主要な論点について，関係者の証言を整理し，政府に対する要望事項をまとめている．

　BIS報告書はケイ報告書を支持し，政府に対してケイ報告書の勧告の実行を強く求めている．これは，ケイ報告書と同様に機関投資家の受託者責任を検討したマイナース報告書の勧告が，政府の不十分な対応を主因として実行されていないことが背景にある．ケイ報告書の提案のうち，経営者報酬について，報酬は企業の長期的なパフォーマンスに基づき，適切な保有期間を設定した株式の形態で与えられるべきであるとするケイ報告書の提言を支持している．またファンド・マネジャーのインセンティブについて，ファンド・マネジャーの行動を導くインセンティブの問題は，インベストメント・チェーンにおいて最も重要な要素であると認識し，ケイ教授の提言を支持している．そして，ケイ報告書の提案を実効性のあるものにするために，政府に対して適切な措置を求めている．

　ケイ報告書の集団的エンゲージメントに関する勧告に関して，BIS報告書では，集団的エンゲージメントが英国のビジネスに良い影響を及ぼすというケイ教授の主張に賛成している．投資家フォーラムの組成については，BIS委員会において投資家フォーラムを組成することの難しさを証言した複数の参考人の主張を示したうえで，英国投資運用協会（IMA）が組成の検討を進めていることを認識し，政府の支援が求められることを指摘している．

　ケイ報告書の投資情報開示に関する勧告に関して，BIS報告書では，期中経営報告義務の撤廃勧告と，企業の短期的業績予想開示の中止勧告を合

---

13) House of Commons Business, Innovation and Skills Committee (2013a).

わせて議論している．そこでは，まずケイ報告書の勧告に対する賛否双方の意見を紹介している．賛成意見としては，短いサイクルでの投資情報開示の準備そのものが企業のショート・ターミズムを助長しているという意見を紹介している．それに対して反対意見としては，短いサイクル（四半期）での投資情報開示にも企業の経営実態を適時に開示するという意味があること，問題は開示の頻度ではなく開示内容や開示慣行にあるとする意見や，撤廃により情報量が削減されることには何のメリットもないという意見を紹介している．そのうえで，基本的にはケイ報告書の勧告に賛成しつつ，国際的視点に立脚した場合，米国では頻繁な開示が求められているという現実を直視すべきであるとし，英国政府に対して，米国SECなどの各国規制当局とよく協議して，英国やEUでの期中経営報告開示義務の撤廃が国際的な基準で認められるかどうかを確認することを求めている．

また，ケイ報告書の高品質で簡潔な叙述的報告の推奨勧告についても，どのようにしたら米国SEC等の海外当局の規制と平仄がとれて受け入れられるようになるかについて，英国政府は確認すべきであるとしている．さらに投資情報開示に関しては，政府は厳格な基準を示すことをためらうべきではないこと，投資家によって詳細に吟味されることや透明性が高いことが重要であることを指摘している．

なお，英国政府は，2013年10月に下院BIS委員会の指摘に対して回答し，BIS委員会はその内容を公開した[14]．政府の回答に対して，BIS委員会の委員長であるバイレイ議員は，実行することが重要であること，マイナース報告書以降12年が経過したにもかかわらず何らの進展もないことが示すように，カルチャーの変革にはきっかけが必要であること，政府はそのきっかけを提供することや，必要ならば規制のムチを活用することをためらってはならないことを指摘している[15]．

---

14) House of Commons Business, Innovation and Skills Committee (2013b).
15) House of Commons Business, Innovation and Skills Committee (2013c).

第3節 ケイ報告書以降の動きとわが国に対する示唆

1 集団的エンゲージメントを行うための投資家フォーラムの組成

英国では株主構成が大きく変化し,エンゲージメントを行う主体である英国機関投資家(保険会社や年金基金)の持株比率が大きく減少している(表3-1参照).この現象を捉えて,エンゲージメントの効果に疑問を呈する意見もある[16].一方で,このような株主構成であるからこそ,集団でのエンゲージメントの重要性を指摘する意見もある.ケイ教授は後者の立場に立脚し,また政府や多くの業界団体もケイ教授の立場を支持し,実際に集団的エンゲージメントを効果的に行うための投資家フォーラムの組成を進めている.なお,集団的エンゲージメントには,ソブリン・ウエルス・ファンド等の海外投資家を招き入れることも課題として認識されている.

業界団体の動きとして,英国年金基金協会(NAPF)では,2012年11月に年金基金のスチュワードシップ方針と最善慣行原則(NAPF Principles for Stewardship Best Practice)を公表した[17].そこでは,エンゲージメントは,レピュテーショナル・リスクからファンドを守り,投

表3-1 英国上場株式の受益者(Beneficial Ownership)別保有比率の推移

(%)

	1963年	1975年	1981年	1991年	2001年	2008年	2010年	2012年
海外	7.0	5.6	3.6	12.8	35.7	41.5	43.4	53.2
保険会社	10.0	15.9	20.5	20.8	20.0	13.4	8.8	6.2
年金基金	6.4	16.8	26.7	31.3	16.1	12.8	5.6	4.7
個人	54.0	37.5	28.2	19.9	14.8	10.2	10.2	10.7
その他	22.6	24.2	21.0	15.2	13.4	22.1	32.0	25.2

〔海外の内訳(2012年)〕
北アメリカ:48.3%,ヨーロッパ:25.8%,アジア:10.1%,アフリカ:7.2%,その他:8.6%.
(出所)ケイ報告書およびOffice for National Statistics (2013)に基づき作成.

---

16) Cheffins (2011).
17) NAPF (2012).

資リスクをコントロールするのに重要な役割を果たすものであり,株主価値の棄損を防止することを可能にするものであること.スチュワードシップ活動を支援することは受託者である年金基金の義務であることを指摘している.また同協会(NAPF)は,2013年10月にスチュワードシップ開示のフレームワークを公表した[18].アセット・マネジャーがこのフレームワークに基づいて開示することによって,同協会のウェブサイト(Stewardship Central)で各アセット・マネジャーのエンゲージメント活動等の対応状況を比較することができるようになった.

英国勅許秘書役・事務局長協会(ICSA)では2013年4月に,企業と株主との間の信頼関係を向上させ,長期投資を促進するようなエンゲージメントを実践することを企図して,スチュワードシップ・ガイダンスを作成・公表した[19].ガイダンスでは,企業と株主との間で,企業戦略,長期的業績,および企業価値を破壊するような重大事項に関する対話(conversation)の強化が重要であること,定期的・継続的なエンゲージメントがなされるべきこと等が指摘されている.

英国保険業協会(ABI)では2013年7月に,コーポレートガバナンスと株主エンゲージメントの改善に関する事項をまとめて公表した[20].そこでは,特定の英国企業に対して,同協会(ABI)を窓口として,他の株主と協調してエンゲージメントを行うメカニズムである"Investor Exchange"の導入を検討していること等が示されている.これは集団的エンゲージメントと同様の目的を持つものである.

英国投資運用協会(IMA)では,ケイ報告書の投資家フォーラムの創設に賛同し,英国保険業協会(ABI)および英国年金基金協会(NAPF)と協力して,2013年4月に集団的エンゲージメントに関するワーキング・グループを組成,投資家フォーラムの創設に向けて準備を進めてきた.2013年12月に同協会から,同協会の考え方等についての報告がなされ

---

18) NAPF (2013).
19) ICSA (2013).
20) ABI (2013).

た[21]ので，その概要を説明する．

　同協会（IMA）はまず，機関投資家が集団としてエンゲージメントを行う際のカルチャーを変革する必要があるとする．具体的には，お互いの信頼関係を構築し，長期志向の戦略および価値創造を促進することが何よりも重要である．機関投資家は，様々な観点からエンゲージメントを評価し，長期にわたる超過収益の確保を企図して，企業との間で建設的な関係を構築するためにともに活動すべきである．また，企業に圧力をかけるに足る多くの投資家の参加を可能とするためには，英国のみならず海外投資家との連携が必要であり，投資家フォーラムはこれを推進すべきであるとしている．

　具体的な投資家フォーラムの運営に関しては，事務局を設置し，また個々の企業に対するエンゲージメントを行うエンゲージメント・アクション・グループを，対象企業ごとに組成する．集団的エンゲージメントの障害となるような規制（買収防衛パネルの実務指針への抵触，インサイダー情報の取り扱い）に対しては事務局が基準を定め，また当局・法律顧問と相談して対応する．投資家フォーラムの組織構造については，図3-1の内容を提案している．

　その後，英国投資運用協会（IMA）は，2014年7月に，投資家フォーラムの取締役会議長として，フィデリティ・ワールドワイド・インベストメントの元最高投資責任者（CIO）であるフレイザー氏，最高業務執行取締役として，キャピタル・グループで長年の間，トップアナリストとして活躍してきたグリフィス氏を選任したことを公表した．この発表に対して，BISのケーブル大臣およびケイ教授は，歓迎の意を表している[22]．また2014年10月に，取締役会議長と最高業務執行取締役に加え，新たに13名のボードメンバーを決定したこと，およびディスカッション・ペーパーを公表した[23]．

---

21) IMA (2013).
22) IMA (2014b).
23) IMA (2014c).

図3-1 投資家フォーラムの組織構造（案）

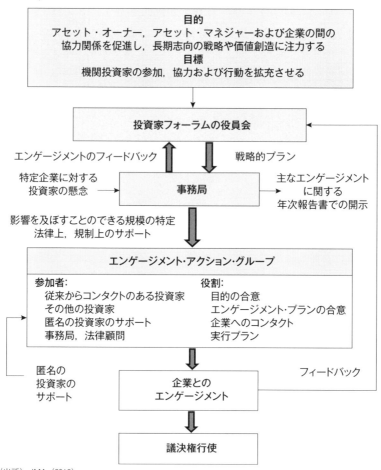

(出所) IMA (2013).

2 投資情報開示の進展

英国では，ケイ報告書と同時並行的に，ケイ報告書で勧告された「高品質で簡潔な叙述的報告（narrative reporting）」（勧告12）の枠組み作りが進められた．以下ではその内容とその後の展開について検討する．

英国政府は，非財務情報に対する投資家の関心の高まりを背景として，

2010年から叙述的報告に関する見直し作業を開始した．叙述的報告に関しては，法律の改正とガイダンス（実務指針）の制定が行われた．まず法律の改正に関しては，2012年8月にBISが2006年会社法の改正案と注釈書を公表し[24]，2013年8月に会社法の修正条項[25]が公布され，同年10月に施行された．そこでは，企業の作成する年次報告書（アニュアル・レポート）の一部として，それまでの事業報告書（Business Review）に代えて戦略報告書（Strategic Report）を作成すること（小規模企業を除く）が定められた．

戦略報告書の目的は，取締役が企業の発展に貢献するという義務を果たしているかどうかについて，株主が評価することを容易にすることにある．そのために，戦略報告書には，企業の現状と将来を理解するために重要な事項を簡潔に記載することとされた．また上場企業に対しては，企業戦略とビジネス・モデルを明記することなどが求められている．なお，戦略報告書は，国際統合報告評議会（IIRC）の<IR>フレームワーク[26]との類似性が高く，英国版の統合報告書と位置づけられる[27],[28]．

政府（BIS）からの要請を受け，FRCでは戦略報告書のガイダンス作成を進めた．具体的には，2013年8月にガイダンスのドラフト[29]を提示し，関係者の意見を踏まえて[30]，2014年6月に戦略報告書のガイダンスを作成・公表した[31]．このガイダンスの特徴として4点指摘することができる．第1に，ガイダンスはComply or Explainのアプローチ方法を採用

---

24) BIS（2012b）．
25) The Companies Act 2006（Strategic Report and Directors' Report）Regulations 2013．
26) IIRC（2013）．
27) 小西（2014）．
28) ただし，<IR>フレームワークと戦略報告書との間には違いもある．例えば，<IR>フレームワークでは，統合報告書の主たる目的が財務資本の提供者（投資家，融資者その他の債権者等）に対する説明であるのに対して，戦略報告書では株主に対する説明とされており，対象者の範囲が狭い．また，戦略報告書ではステークホルダーへの言及も少なく，<IR>フレームワークと比較して，株主重視の方針が明確であると言える．
29) FRC（2013b）．
30) FRC（2014a）．
31) FRC（2014b）．

し，戦略報告書を作成するすべての企業に対して，ストーリー性のある説明（'tell the story'）ができるように最善慣行（best practice）を示すことを意図している．第2に，戦略報告書は年次報告書の一部を構成していることから，年次報告書の目的（企業の取締役と株主の間のコミュニケーション手段として，株主にとって意味のある情報のみを記載すること）がそのまま戦略報告書にあてはまる．また，戦略報告書には戦略報告書に記載された情報と年次報告書のその他の箇所に記載された情報とのリンケージを明確に示すことが求められている．なお，年次報告書と戦略報告書の関係については，表3-2に示されるとおりである．第3に，戦略報告書には，株主にとって重要な（material）情報だけを包括的かつ簡潔に（comprehensive but concise）に記載することが求められている．第4に，環境，従業員，社会，コミュニティ，人権問題に関する情報は，それが企業

表3-2 年次報告書（アニュアル・レポート）の構成

書類	年次報告書				
書類の目的	年次報告書の目的は，株主に対して，資源配分の意思決定や取締役のスチュワードシップを評価するのに有用な情報を提供することである				
構成部分	戦略報告書	コーポレートガバナンス報告書	取締役の報酬報告書	財務諸表	取締役報告書
構成部分の目的	・財務諸表の背景の説明 ・企業のビジネス・モデル，主要な目的，戦略の説明 ・企業が直面する主要なリスクとその将来見通しに対する影響の説明 ・企業の過去の業績の分析 ・補足情報の記載場所の特定	・企業のガバナンス構成・組織が，企業の目標達成をどのように支援するかを説明するのに必要な情報の提供	・企業の取締役報酬の方針と方針策定の際に考慮される主要な要素の説明 ・取締役報酬の方針がどのように実施されているのかの説明 ・取締役報酬額の開示．企業の業績と取締役報酬との関連性の詳細な説明	・一般に公正妥当と認められる会計実務に従った企業の財務状況，業績および今後の展開の説明	・その他，法律上，規制上で求められる，企業に関する情報の開示

（出所）FRC（2014b）を一部修正．

のビジネスの理解に必要な範囲において，戦略報告書で開示されるべきとされている．なお，女性活用に関しては，事業年度末の男女の取締役数，上級管理者数，従業員数は戦略報告書に記載すべきとされている．

3 わが国に対するケイ報告書の示唆

　経済産業省は2013年7月に，企業と投資家の対話を深める新たなプロジェクトとして，「持続的成長への競争力とインセンティブ――企業と投資家の望ましい関係構築」(座長：伊藤邦雄一橋大学大学院教授) を開始した．このプロジェクトは，ケイ報告書を日本の文脈で捉え，日本版ケイ報告書を作成するという意気ごみで進められた．そこでは，企業経営者や長期投資家，証券アナリスト，市場関係者，学識経験者等が一堂に会し，約1年間をかけ，16回の総会と3つの分科会で集中的な議論が行われ，国内外からの情報・エビデンス・意見を踏まえて，2014年8月に102頁からなる最終報告書（伊藤レポート）[32]が作成・公表された．伊藤レポートでは，企業が投資家との対話を通じて持続的成長に向けた資金を獲得し，企業価値を高めていくための課題を分析し，提言を行っている．

　ケイ報告書で論じられた事項に関する日本への示唆については，伊藤レポートでも詳しく論じられているが，ここでは以下の2点を指摘したい．第1は，長期投資家による対話・エンゲージメントの重要性である．英国とは伝統・投資家の意識・法律が異なることから，日本においては英国と同様の投資家フォーラムを組成して集団的エンゲージメントを行うことは困難であるが，長期志向の機関投資家が個別に，企業と対話・エンゲージメントを行うことによって，企業に対する規律づけを強化することは有意義であると考えられる．また，共通指針の作成などにより，多くの機関投資家が企業に対して同様の指摘を行えば，企業もそれに対応せざるをえなくなるであろう．英国でも大きく取り上げられたオリンパス事件を例にして考えてみると，同事件の発見が遅れた理由の1つとして，機関投資家・アナリストが決算説明会等で決算書等の問題点を鋭く追及していなかった

---

[32] 経済産業省（2014）．

ことが指摘されている[33]．仮に機関投資家等が十分な対話・エンゲージメントをしていたら，オリンパス事件は早期に発見されていたと考えられるし，そもそも最初から経営者が不都合な真実を隠すことはできなかったであろう．

第2は，企業側に求められる施策である．企業が長期的視野で経営を行うためには，長期的視野を持つ機関投資家を惹きつけ，彼らの持株比率を高めることが重要である．そのためには，経営者が，長期投資家の目線で，自らの言葉で将来の企業経営の方向性を語り，その方向性に沿って経営戦略を着実に実行していくことが求められる．また経営者は，機関投資家からの対話・エンゲージメント要請をおそれることなく，積極的に対応することが望まれる．そのためには，短期的・形式的な開示に多大の労力をかけるのではなく，ビジネス・モデルや持続的成長のためのストーリーを，経営者の言葉で簡潔に開示することが重要であり，統合報告に向けた取り組みはそのための有効な手段になりうると考えられる．

参考文献

ABI (2013) *Improving Corporate Governance and Shareholder Engagement.*
BIS (2012a) *Ensuring Equity Markets Support Long-Term Growth, The Government Response to the Kay Review.*
BIS (2012b) *The Future of Narrative Reporting, A New Structure for Narrative Reporting in the UK.*
BIS (2014) *Building a Culture of Long-Term Equity Investment, Implementation of the Kay Review: Progress Report.*
CFA (2012) *Kay Review: Final Report.*
Cheffins, B. (2011) "The Stewardship Code's Achilles' Heel," *University of Cambridge Legal Studies Research Paper Series*, No. 28/2011.
Clark, G. L. (2013) "The Kay Review on Long-Horizon Investing: A Guide for the Perplexed," *Rotman International Journal of Pension Management*, Vol. 6, No. 1, pp. 58-63.
European Union (2013) *Directive 2013/50/EU of the European Parliament and of the Council of 22 October 2013.*
FCA (2014) *Financial Conduct Authority Handbook.*

---

[33] 北川 (2012).

FRC (2013a) *Developments in Corporate Governance 2013.*
FRC (2013b) *Exposure Draft: Guidance on the Strategic Report.*
FRC (2014a) *Feedback Statement, Guidance on the Strategic Report.*
FRC (2014b) *Guidance on the Strategic Report.*
House of Commons Business, Innovation and Skills Committee (2013a) *The Kay Review of UK Equity Markets and Long-Term Decision Making.*
House of Commons Business, Innovation and Skills Committee (2013b) *The Kay Review of UK Equity Markets and Long-Term Decision Making: Government Response to the Committee's Third Report of Session 2013-14.*
House of Commons Business, Innovation and Skills Committee (2013c) "Committee Publishes Government Response to its Report on the Kay Review," *Business, Innovation and Skills Committee News*, 2013. 11. 4.
ICSA (2013) *Enhancing Stewardship Dialogue.*
IIRC (2013) *The International <IR> Framework.*
IMA (2013) *Report of the Collective Engagement Working Group.*
IMA (2014a) *Adherence to the FRC's Stewardship Code, At 30 September 2013.*
IMA (2014b) "The Investor Forum Appoints Chairman and Executive Director," *IMA Press Release*, 2014. 7. 2.
IMA (2014c) "The Investor Forum Appoints Board and Publishes Discussion Paper," *IMA Press Release*, 2014. 10. 27.
Kay, J. (2012) *The Kay Review of UK Equity Markets and Long-Term Decision Making, Final Report*, BIS, London.
NAPF (2012) *NAPF Stewardship Policy.*
NAPF (2013) "NAPF Launches Stewardship Disclosure Framework," *NAPF Press Release*, 2013. 10. 16.
Office for National Statistics (2013) *Ownership of UK Quoted Shares, 2012.*
北川哲雄（2012）「ネガティブ情報とアナリストの対応──今こそアナリストの社会的機能発揮を」『企業会計』Vol. 64, No. 8, pp. 57-68.
北川哲雄・林順一（2014）「投資情報開示とインベストメント・チェーン──ケイ報告書の意義」『愛知学院大学論叢商学研究』Vol. 54, Nos. 2・3, pp. 27-50.
経済産業省（2014）『伊藤レポート「持続的成長への競争力とインセンティブ──企業と投資家の望ましい関係構築」プロジェクト最終報告書』.
小西範幸（2014）「統合報告の国際的動向と財務報告の可能性」『企業会計』Vol. 66, No. 5, pp. 18-27.
日本コーポレート・ガバナンス・フォーラム編（2001）『コーポレート・ガバナンス──英国の企業改革』商事法務研究会.

コラム 3-1 ケイ教授の問題意識とは何か

　ケイ教授は，英国にとって重要なことは，英国企業がグローバル・マーケットでの競争に勝ち，その結果として英国企業に投資した最終的な資金の出し手（英国の年金拠出者を含む）が，配当や株価の上昇によって，その恩恵を被ることであると考えている．ところが現実を見ると，英国企業と最終的な資金の出し手をつなぐ金融仲介業者（インベストメント・チェーンの構成者）ばかりが利益を得ており，英国企業や最終的な資金の出し手には恩恵が及んでいない．むしろ英国を代表する企業が実質的に消滅しているという現実がある．

　ケイ教授はこの原因として，英国の金融市場が米国投資銀行のショート・ターミズム（短期主義）の影響を受けて，短期的な取引を重視するようになった点を指摘している．そして，ロンドンのシティには元々リレーションに基づく信頼と信用のカルチャーがあったのであるから，原点に戻り，企業と金融仲介業者が協働して高収益企業を創造し，最終的な資金の出し手に持続的なリターンをもたらすような，利用者のための株式市場のカルチャーを作り上げる必要があると考えている．ケイ報告書ではこの問題意識に基づいて，英国の現状を分析したうえで，その改善策を勧告という形で提案している．

コラム 3-2 バークレイズ銀行に対する集団的エンゲージメント

　英国投資運用協会（IMA）はスチュワードシップ・コードを遵守すると表明した機関投資家等に対して質問状を送付し，その遵守状況を調査している．最近公表された調査結果の中に，LIBOR（ドル基準金利）の操作で英国・米国当局に多額の罰金を支払い，CEOが引責辞任したバークレイズ銀行に対する集団的エンゲージメントの事例が記載されていた．

　2012年のバークレイズ銀行に対するエンゲージメントの論点は，事件の反省を踏まえた，取締役の報酬制度の改革と企業カルチャーの変革であった．質問に回答した機関投資家のうち40社がバークレイズ銀行の株式を保有しており，そのうち31社がエンゲージメントを実施していた．具体的には，バークレイズ銀行へのコンタクトは本件に関して各社平均7回，企業側の対応者は，IR担当者，常勤取締役（Executive Director），秘書役（Company Secretary），取締役会議

長(Chairman)や報酬委員会議長(Remuneration Committee Chair)であり,機関投資家側の対応者はファンド・マネジャーやアナリストであった.

　エンゲージメントを実施した31社のうちの60％が,他の機関投資家と協調して集団的エンゲージメントを行ったと回答しており,その手法は,主として共同で当該企業とミーティングを行うこと(joint meetings with Barclays)であった.集団的エンゲージメントに参加したすべての機関投資家は,集団的エンゲージメントが効果的であったと評価している.

(参考文献)　IMA (2014a).

第4章

日本版スチュワードシップ・コードと伊藤レポート
それらの意義と期待される成果

第1節 日本版スチュワードシップ・コード導入の意味
―― 静かなる革命の進展

　スチュワードシップ・コードの導入により，上場企業，機関投資家（運用会社，年金基金等）などの日本株式市場参加者の関係（ネットワーク）が大きく変容しようとしている．社会科学では，不連続の動きのことを，「革命」と呼ぶが，その意味では，「静かなる革命」が生じていると言ってよいのかもしれない．この第1節では，資本市場におけるスチュワードシップ・コード導入の意味を考えたい．なお，1節～2節については，筆者の私見であって，所属または関係する企業・団体を代表する見解を示すものではない．

1 スチュワードシップ・コード導入の意味と資本市場システムの変容

　有識者会合を経て2014年2月に金融庁から「日本版スチュワードシップ・コード」が発表され，最初の締め切りである5月末に127の機関投資家等が準拠を表明した．

　この「スチュワードシップ・コード」で使われる「スチュワード：Steward」とは，他人のために財産等の管理をする人という意味だが，英国のコーポレートガバナンスの基礎を作ったキャドバリー卿は，その報告書の中で"Stewardship"という言葉を「会社を守り，育てる」ことの意

表4-1 「日本版スチュワードシップ・コード」に関する準拠表名・方針内容（2014年5月末）

	機関投資家の種類	準拠表明数
資産運用者としての機関投資家	信託銀行	6
	投信投資顧問会社	86
資産保有者としての機関投資家	生命保険会社	14
	損害保険会社	5
	年金基金等	12
その他	議決権行使助言会社等	4
合計		127

（出所） 金融庁資料等より，筆者作成．

味で使用したと語っている[1]．そこでは，単に財産を管理するというだけではなく，機関投資家のより能動的な役割が期待されていることがわかる．

金融庁から出された《日本版スチュワードシップ・コード》[2]の冒頭には，コードを履行するために必要とされる「スチュワードシップ責任」の定義が書かれている．「機関投資家が，投資先企業やその事業環境等に関する深い理解に基づく建設的な『目的を持った対話』（エンゲージメント）などを通じて，当該企業の企業価値の向上や持続的成長を促すことにより，「顧客・受益者」の中長期的な投資リターンの拡大を図る責任を意味する」とされている．

このコードで指摘される「スチュワードシップ責任」は，従来の「受託者責任」とは明らかに異なる[3]．受託者責任では，様々な責任の果たし方（短期的な投資や長期的な投資）が許容されるが，「スチュワードシップ責任」の果たし方は投資先企業の成長にまで関心を持つ運用手法という点でより限定である．つまり，スチュワードシップ・コードに準拠した機関投資家・運用者は，単に運用パフォーマンスを期待されているだけではなく，投資先企業の持続的成長への貢献まで期待されているのである．この

---

1) 日本コーポレート・ガバナンス・フォーラム（2001）．
2) 金融庁（2014）．
3) 神作（2014），p. 13 も参照．スチュワードシップ責任と受託者責任の比較を行っている．

条件を満たす投資スタイルは,企業と対話する(必要のある)長期志向の投資に限定される.

資本市場システムとスチュワードシップ・コード導入の意味

スチュワードシップ・コード導入は「資本市場システム」に大きな変容を迫る.北川は「資本市場システム」とは「動的情報交換を構成者間(企業IR,アナリスト等)で行い,脈略のある"まとまり""新たな意味形成"が形成される過程(=資本市場ネットワーク)が,円滑に行われるための制御機構を含んだ重要な社会機構の1つ」[4]としている(図4-1参照).

この「資本市場システム」の目標は「公平で効率的運用の維持」であった.これまでも,企業と投資家の円滑な関係維持と投資行動を促進するため,証券関連諸法の改正等など,様々な施策が取られてきた.これに対し,今回のスチュワードシップ・コード(および,これに続く,コーポレートガバナンス・コード)は罰則を伴わないソフト・ロー(ハード・ローと異なり,法的拘束力を有しない)ではあるが,企業と投資家の関係性,さらに言えば,その対話の仕方や投資行動にまで踏み込むという点で,これまでのルールとは明らかに一線を画す.

スチュワードシップ・コード導入は「資本市場システム」の「制御目標」である「公平で効率的運用の維持」に,「スチュワードシップ責任」を追加し,ネットワークを構成する主体間の関係自体を変化させる,という点でより"根本的"なものである.この「制御目標」の追加は,当然のことながら主体間の関係の変化を通じ,システムの構成者(企業IR,アナリスト等)の行動自体にも大きな変化を迫ることになる.これがスチュワードシップ・コード導入の本質的な意味である.

2 日本版スチュワードシップ・コードの要諦

日本版スチュワードシップ・コードの導入にあたっては,2010年に世界で初めて策定された英国版スチュワードシップ・コード[5]が参照され

---

4)北川(2007),pp. 175-176.

図4-1 変容する資本市場システム

（出所） 北川（2007），p.178に基づいて筆者作成．

た．ただし，各原則の細目や解釈においては異なる点がある（表4-2を参照）．例えば，英国版「原則5：機関投資家は，適切な場合には，他の投資家と協調して行動すべき（いわゆる，Collective Engagement）」は日本版にはない．一方，日本版には独自の「原則7：スチュワードシップ活動に伴う判断を適切に行うための実力を備えるべき」が追加されている．英国版スチュワードシップ・コードを参考としつつ，日本の資本市場の実情を踏まえたうえで策定されていることがわかる．

原則4の建設的な「目的を持った対話」とは

「スチュワードシップ責任」とは，"建設的な「目的を持った対話」（エン

5） Financial Reporting Council, Sep 2012.

表4-2　日本版スチュワードシップ・コードとスチュワードシップ・コード（英国）

日本版スチュワードシップ・コード		スチュワードシップ・コード（英国）	
原則1	機関投資家はスチュワードシップ責任を果たすための明確な方針を作成し、公表すべきである。	原則1	基本，同意
原則2	機関投資家はスチュワードシップ責任を果たす上で管理すべき利益相反について、明確な方針を策定し、公表すべきである。	原則2	基本，同意
原則3	機関投資家は投資先企業の持続的成長に向けてスチュワードシップ責任を適切に果たすため、当該企業の状況を的確に把握すべきである。	原則3	基本，同意
原則4	機関投資家は、投資先企業との建設的な「目的を持った対話」を通じて、投資先企業と認識の共有を図るとともに、問題の改善に努めるべきである。	原則4	基本，同意
		原則5	機関投資家は、適切な場合には、他の投資家と協調して行動すべきである。
原則5	機関投資家は、議決権の行使と行使結果の公表について明確な方針を持つとともに、議決権行使の方針については、単に形式的な判断基準にとどまるのではなく、投資先企業の持続的成長に資するものとなるよう工夫すべきである。	原則6	原則5と、基本同意
原則6	機関投資家は、議決権の行使も含め、スチュワードシップ責任をどのように果たしているのかについて、原則として、顧客・受益者に対して定期的に報告を行うべきである。	原則7	原則6と、基本同意
原則7	機関投資家は、投資先企業の持続的成長に資するよう、投資先企業やその事業環境等に関する深い理解に基づき、当該企業との対話やスチュワードシップ活動に伴う判断を適切に行うための実力を備えるべきである。		

（出所）　金融庁資料等より筆者作成．

ゲージメント)"を通じ，企業価値向上を促す責任である．この意味で，日本版スチュワードシップ・コードにおいて最も重要な原則は，建設的な目的を持った対話を促すことを目的とした「原則4」である．

　この「原則4」で示される「対話」とは，企業行動に変化をもたらし，企業価値向上に結びつける効果的な「対話」のことである．もちろん，投資家からの一方的で，強引な押し付けではない．企業と投資家が対等の立

図4-2 日本版スチュワードシップ・コードの要諦

```
            ┌─────────────────────┐
            │     （原則4）        │
            │ 建設的な目的を持った対話 │
            └─────────────────────┘
                ↑             ↑

┌─────────────────────┐  ┌─────────────────────────────┐
│   （原則3）          │  │   （原則7）                  │
│ 当該企業の状況を的確に  │  │ スチュワードシップ活動に伴う判断を │
│ 把握すべき           │  │ 適切に行うための実力を備えるべき   │
└─────────────────────┘  └─────────────────────────────┘
           ↕
     ┌──────────────┐
     │ ESGにより把握  │
     └──────────────┘
```

（出所）筆者作成.

場に立ったうえで話をし，企業サイドをも納得させうる高いレベルでの対話を意味する．この対話を行う前提として，企業活動に対する深い理解が必要となる．企業のことを知らない投資家は，企業価値向上を目的とした建設的な対話など到底できないであろう．また，企業サイドもそのような投資家からの対話内容には納得感もないため，企業行動の変化にはつながらないであろう．

結局，「スチュワードシップ責任を果たす」ためには，「原則3：当該企業の状況を的確に把握する」「原則7：スチュワードシップ活動に伴う判断を適切に行うための実力を備える」の確実な実施が不可欠であり，この「原則3」と「原則7」をしっかり実行することが，「原則4：建設的な目的を持った対話」の履行につながるのである．

第5章で詳細に議論を行うが，この「原則3」の企業の状況の的確な把握には，財務情報のみならず，経営理念・経営戦略・ステークホルダーとの関係などの非財務情報（決算数値など会計情報ではないが，投資判断に資する情報）やESG情報などへの理解を通じ，企業活動全般を包括的に把握することが必要となる（ESG情報については，第7章でも議論）．グ

ローバルの機関投資家（特に，アセット・オーナー）がESG情報を投資に積極的に統合している背景にも，このような要因があるものと考える．

第2節 日本版スチュワードシップ・コード導入の背景とその意義
―― 株式会社に関わるグローバルな課題

　安倍政権は，日本経済・産業競争力の復権に向けて，大胆な金融政策（第1の矢），機動的な財政政策（第2の矢）に次ぐ，第3の矢として，2013年6月に「日本再興戦略」を発表した．「グローバル競争に勝ち抜ける製造業を復活させ，付加価値の高いサービス産業を創出すること」を1つの大きな目標として目指し，この実行プランとして日本版スチュワードシップ・コードも誕生した．

　スチュワードシップ・コードには「資本提供を通じた企業・産業の成長サポート」という目的が組み込まれているが，そもそも金融の教科書にも記載されているように，この目的は，本来的には投資家（金融）の役割のはずである．なぜ，改めて，今，このようなコードが必要になったのであろうか．

　グローバルに眼を転じると，スチュワードシップ・コードは英国起源のものであるし，米国でも投資家の行動を律するものとして，議決権行使の指針となるエイボン・レターなどがある．つまり，コード導入に関わる課題は，日本だけではなく，グローバルな課題であることを示している．本節では，スチュワードシップ・コード導入の背景にある"根源的な課題"について考える．

1 永遠の課題（「自由vs社会」）

　スチュワードシップ・コード導入の思想の背景には，古くて新しい課題がある．「自由vs社会」である．その議論の系譜は，最近では「ハーバード白熱教室」で著名なマイケル・サンデル教授，古くは，近代経済学の父・ケインズ，経済学の父・アダム・スミスまでさかのぼる．

　アダム・スミスは，『国富論』において，当時の重商主義を批判，「利己

心にもとづいた個人の利益追求行動を"見えざる手"により社会全体の利益につなげるため，政府による市場の規制を撤廃し，競争を促進する．これによって豊かで強い国を作るべき」とした．自由競争こそが社会富の最大化につながるという考え方である（一方で，『道徳感情論』では，自由競争の前提として社会全体のことを考える経済人を想定したとの分析もある）[6]．

しかし，現実には，自由競争の行き過ぎは，様々な弊害を生んだため，自由を尊重しつつ，その弊害部分の是正を求める考え方も出てきた．マクロ経済運営におけるケインズ的な総需要管理政策や日本の産業政策（仕切られた競争）[7]，社会保障分野における救済措置など，日本の戦後経済史を取り上げただけでも様々な場面で確認することができる．

その思想の根底にあるのは「経済的な行動の自由は重要であるが，社会全体の厚生と齟齬をきたす場合がある．また，マーケット・メカニズムさえ歪めることがある」という認識である．ケインズも『自由放任の終焉』の中で「個人的利益と社会的利益が常に一致する様に，上から治められてはいない．個人利益が啓蒙されると常に公共の利益の中に作用すると云う事は，経済学の原理から正しい推論ではない」[8]としている．このような「自由vs社会」の対立が生じた場合の問題解決方法は，市場の一段の自由化ではない．それは，むしろ逆効果となろう．処方箋は，社会的厚生価値最大化の観点から見た適正な行動（本来あるべき姿）への是正（国家・当局による指導・ルール改正）となる．

2 投資家の役割と社会的存在意義

「Comply or Explain」のルールがあるとはいえ，投資行動の再考を促すという，スチュワードシップ・コードの施策に対し，資本市場参加者の中には居心地の悪さを感じる方もいるかもしれない．しかし，そこにはコードが目指す本来あるべき「投資家の役割」と「投資家の社会的存在意義」

---

6) 堂目（2008）．
7) 村上（1992），第8章．
8) ケインズ（1953），p.44.

にかかわる問題がある．実際，金融商品取引法などにより，決算情報等の（投資家に対する）開示制度が定められているが，これは投資家への投資情報提供とそれに伴う「投資家と企業との対話」が社会的に意義があると判断されているためである．スチュワードシップ・コード導入の意義を考えるには，まず，社会における「企業と投資家の役割」を確認する必要があろう．

①企業の役割：事業の目利き
　企業は企業価値最大化という目的達成のため，日々，全力で事業拡大に取り組んでいる．「事業の目利き」である企業は，ビジネス・チャンスをライバル企業より一瞬でも早く見つけ，見極め，投資を行い，事業拡大をはかる．この事業拡大成功時には，企業は，雇用拡大（失業率の低下），利益増加による納税額増という経路を通じ，国富拡大・社会に貢献することになる．

②投資家の役割：企業の目利き
　一方，このような企業サイドの事業拡大に向けた動きをファイナンス面から支えるのが投資家である．投資家は投資情報の分析を通じ企業の発掘を行う．いわゆる，「企業の目利き」である．そして，有望な企業を発見した場合には，応援（投資）し，成長をサポートする．経営方針について投資家としての意見を伝えることもある．この結果，投資した企業が順調に成長すれば，成果を「投資リターン」という形で収穫し，資金の拠出者である「年金資金・個人等の受益者」に還元し，その財産を増加させることになる．このように，企業の成長サポート，国民の財産拡大を通じ，投資家もまた，国富の拡大・社会に貢献していることになる．

企業と投資家の架け橋となる"企業と投資家の対話"
　社会的富を最大化するには，「企業の役割」と「投資家の役割」をうまく噛み合わせ，循環させる必要がある．この企業と投資家の活動をつなぐ架け橋が「企業と投資家との対話」となる．しかし，この架け橋であるは

図4-3 企業と投資家の対話

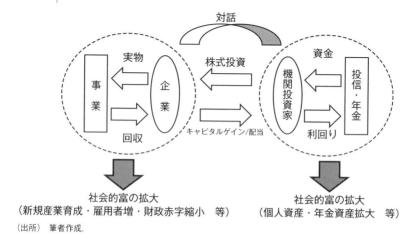

（出所）筆者作成.

ずの「企業と投資家の対話」が噛み合わなくなり，投資家の本来あるべき社会的な役割（企業の目利き）の履行も難しくなっていたのである.

3 スチュワードシップ・コード導入の根源的課題
―― "株式会社" の抱える自己矛盾

実は，スチュワードシップ・コード導入につながる課題の1つには "株式会社" という組織の自己矛盾がある．株式会社は，オランダの東インド会社をその起源とするが，その組織形態は，①共同出資によりリスク分散が可能，②出資の証明書である株式譲渡により必要な時に換金可能，③有限責任（無制限に責任を取らなくてよい），などの優れた点を持っていることから，他の会社形態を圧倒し，その採用は飛躍的に広がった．資本主義における最大の発明とも言われる.

一方，産業革命に続く産業化の進展の中，大規模な生産設備への投資とその投資をファイナンスする資金調達が必要とされた．株式会社という組織の巨大化と大規模な資金調達は，株式所有権の分散（希薄化＝モノ言える大株主の消滅）と組織運営の技量を持ったプロの経営者の登場という現象を招く.

この現象を早期の時点で指摘したのは，バーリ教授とミーンズ教授であ

った．組織の巨大化とそれを追認する形での国家の自由放任主義（定款の許認可制からの脱却）・法人格（corporate entity）の付与により，「利潤追求が産業財産の所有者に財産の効率的な利用をするための刺激になるという，古い仮説の基礎を破壊する．結果として，産業企業における個人の主体的行動を説明してきた経済原則の根本的な見直しがせまられる」[9]とし，アダム・スミスや古典派経済学が前提とする「利潤動機」のみではもはや企業組織が動かないことを指摘した．この「経営者支配」の理論は，その後も，「組織された資本主義」（村上）[10]など，様々な識者に論じられている．皮肉にも，株式市場に依拠するはずの"株式会社"の発展自体が株式市場の社会的存在意義を低下させる，という事態を招いたのである．

　一方，投資家サイドも，組織化された"株式会社"との距離が開いてしまったこと，情報技術進歩による株式市場の発展により，短期売買でも利益を獲得する機会が増えたこと等から投資姿勢が短期志向となり，企業との建設的な対話への意識が薄れた．このような企業と投資家とのお互いの動きが，「企業の活動」と「投資家の活動」のつながりを希薄化させ，前述した，本来あるべき「投資家の役割」を果たせない，あるいは，果たさない状況を作り上げたのである．

　今，このよう状況を是正する機会が生じている．資本市場の論理で動く年金基金などのプロの投資家の台頭である（株式市場の「機関投資化現象」）．日本の株式市場でも「機関投資家（年金資金等＋海外資金）」の株式保有比率は，1990年には10％程度しかなかったが，最近では40％超にまで上昇する一方，金融機関や事業法人，個人の保有比率は減少している（図4-3参照）．

　スチュワードシップ・コード導入は，このような株式保有構造の変化を背景に，企業と対話できる能力を持った機関投資家の役割の再活性化をはかり，本来あるべき資本市場の機能を取り戻そうとする施策と考える．

---

9) Berle and Means (1932), p. 10.
10) 村上 (1984), pp. 343-354.

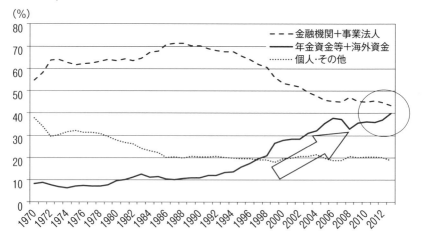

図4-4 日本の株式保有主体別動向

(注)「年金資金等+海外資金」=年金・投資信託+外国法人等.
(出所) 東証データを筆者加工.

第3節 伊藤レポートの主張
―― 伊藤レポートが企業と機関投資家に求めるもの

　伊藤レポートは日本版スチュワードシップ・コードに遅れること約半年を経て開示された．日本版スチュワードシップ・コードが機関投資家向けに対するメッセージであったの対して，伊藤レポートの正式名称は「持続的成長への競争力とインセンティブ――企業と投資家の望ましい関係構築」プロジェクトとなっている．この名称からわかるように「企業と投資家」にウイングを拡げている．レポートを読み進むとインベストメント・チェーン全体にからめて非常に広いスコープで論が進められていることがわかる．企業と機関投資家のあるべき関係を探求してゆくうちに，チェーン全体の問題として捉えることになったためである．

　なお当プロジェクトには筆者（3～5節担当）も参画しているが，すべて私見であることをお断りしておく．

　伊藤レポートの主張をまとめると以下のようになる．

1) 企業に対して

① 日本企業は総体として持続的成長力を失っているのではないか，という仮説を持っている．

② 持続的成長を図るためにはM&Aによる成長を図る必要もあり，成功事例を研究する必要がある．

③ 日本企業の収益性は低い．ROEは国際的に見て相当低く，3要素分解で見るとマージン（売上高当期純利益率）が大きく劣後していることが主因である．

④ ROEは少なくとも株主資本コスト（株主が求める最低限の投資収益率）を上回る必要があるが，それを認識している企業の経営者（CEOやCFO）は少ない．

⑤ ROEの使途，適正水準との関連で見ると，企業において高水準に積みあがった手元流動性について，投資家に明確に説明していない企業も多い．使途が定まらない余剰資金は，ROE低下の要因となる．

⑥ ⑤の点も含めて，日本の企業は財務政策・資本政策についての説明が貧弱である．これは企業においてCFO人材が欠如しているために起こっていると想定される．

⑦ ①〜⑥までの指摘を是とするならば，企業は長期的に企業価値，具体的には時価総額やROEを上げることに邁進しなければならない．ただし，その時間軸はあくまで長期である．

⑧ 情報開示（IR）活動はしたがって，長期的企業価値をいかに上げてゆくかの説明が重要となる．

2) 機関投資家に対して

⑨ 投資家の過度な短期志向化は問題である．それを助長していた阻害要因を除去する必要がある．

⑩ その要因の1つはアセット・オーナーのスタンスである．顧客であるオーナーが短期評価志向を持てば，機関投資家の運用スタンスも短期にならざるをえない．機関投資家を顧客に持つ証券アナリストのリサーチが短期的事象に焦点を当てるのもやむをえないと言うことになる．

⑪こういう状況では，企業と長期的企業価値の向上のために対話するというインセンティブは起こらない．したがってインベストメント・チェーンの元締めとも言える年金基金の意識革命が必要となる．一定規模以上のアクティブ長期運用の拡大，マネジャー・セレクションにおける長期的視野（長期の運用力を算定する）が必要となる．

⑫⑪の条件が整ったところで機関投資家の視点は長期になり，長期企業価値の算定を行うことが必須となる．対話による，いわゆる「持続的成長への競争力企業と投資家の関係構築」ができることになる．

⑬また機関投資家は同時に，保有銘柄については株主権を行使することが可能である．日本版スチュワードシップ・コードの原則の1つにもあるように，議決権行使にあたって企業価値を底上げするような意思決定を行わなければならない．

さらにポイントを絞って言えば，
- 機関投資家はショート・ターミズム（短期主義）を排し，企業から出された長期企業価値の向上策を吟味して十分に対話すべきである
- 企業側は長期企業価値向上策を様々なツール（説明会，WEBサイト，アニュアル・レポート）を通じて発信し，理解を求めるとともに，機関投資家とのベクトルに離齬が生じないために彼らと対話を重ねるべきだ

とするものである．

伊藤レポートでは，この対話を促進するべくこのように述べている．
「個別企業ごとに対話・エンゲージメントが促進されることも重要であるが，現時点での対話・エンゲージメントの実態を棚卸し，対話・エンゲージメントのより望ましい姿を模索し提言するような場の設定も重要となる．そうした場として経営者・投資家フォーラム（Management Investment Forum：MIF）の創設を提言したい．メンバーの選抜の仕方は検討する必要があるが，経営者側と投資家側が定期的にフェース・ツー・フェースで対話・エンゲージメントのあり方を進

化させてゆく場として期待したい」[11]

いわゆるMIF構想である．これがどのような性格の機関になるのか非常に注目されるところである．私見によれば，英国FRC（Financial Reporting Council）のような自主規制機関であることが望ましい．そして必ずこのような機関には，中立的な学識のある経験者が入るべきであろう．少なくとも機関投資家が上から目線で経営者を教育・啓蒙する機関として位置づけられるべきではないであろう．

第4節 高質の対話とは何か
―― 協創の意義

対話という言葉が伊藤レポートにおけるキーワードである．これはすでに述べた日本版スチュワードシップ・コードにおいてもそうであった．

さらに伊藤レポートでは「高質な対話」[12]という表現も使用している．それでは高質な対話とはどのような状況を具体的に指しているのであろうか．

ある機関投資家はこのように表現している．

「投資先企業と認識を共有できるよう継続的に対話を行います．対話の相手先としては，投資先企業に問題がない場合には，投資先企業のIR部門との対話が基本になると考えます．期待どおりの経営が行われている場合には，経営者は経営に専念する時間を確保すべきであり，決算説明会等の機会を活用することで，IR活動の繁忙でマネジメント業務が停滞することのないよう配慮します．一方で，投資先企業に問題が生じうる可能性があると認識される場合，特に，企業価値毀損のおそれがあると各担当アナリストないしファンド・マネジャーが判断した場合においては，以下の内容に関して，投資先企業の経営

---

11) 経済産業省（2014），p. 8.
12) 経済産業省（2014），p. 7.

者との対話を積極的に求めていくこととします．なお，対話の機会としては，個別ミーティングのみならず，経営者とのスモール・ミーティング等も活用していきます．
(1) 事業戦略における戦略転換の必要性等について
(2) 事業環境の急速な悪化への対応等について
(3) 財務戦略における資本政策の見直し等について
(4) 反社会的行為，業績への影響と事後対応，再発防止策等について」[13]

このような機関投資家側の反応を，企業側は真摯に受け止めなければならない．しかし留意点も多い．おそらく企業側も実際の対話の際に戸惑うのではないか．

3つ問題点がある．第1は長期機関投資家の時間軸は一様でないということである．企業評価を行うにあたり2年程度のスパンで考える投資家（これでも長期投資家と称している機関投資家は多い）もいれば，5年程度の投資家もいる．なかには7年，10年のスパンで考えている投資家もいることを考慮しなければならない．インハウスで専任のアナリストを保持していない運用機関には，そもそも対話する能力がないとみなすことができよう．

具体的に言えば，2年先のROEを議論するのか，5年先，10年先のROEなのかということである．激しい競争状況下にある企業が，市場で高い地位を得るために配当を犠牲にして多大な投資をしなければならない期間が5年間続き，その成果が6年目以降に得られると思われる時には，投資家間での当該企業の評価は大きく異なったものとなるだろう．

重要なのは，企業自身がタイム・スパンを明確にして将来像を率直に語ることである．20年先というのはあまりに遠いとしても，7年先，10年先は十分に抱負を語るに相応しい時間軸である．7年先，10年先のビジョンを掲げつつ，当面どのようにステップを踏むかの説明も行えばよい．すな

---

13) 東京海上アセットマネジメント（2014）．

わち対話はまず企業側が先手を打つべきである．

　その際には，経営戦略・財務戦略に関し論理的矛盾をきたさない説明が求められる．現状，ROEが10％であるとして，10年後に20％を目指すという目標は，おそらくは機関投資家から絶賛されるものであろう（もっとも，その目標値を投資家に必ずしも詳細に明示する必要はない）．

　そのために企業側で売上・シェアをどう伸ばすか，収益性をどう上げていくのか，資本効率をどう上げていくのか（手元流動性水準），投資水準，リストラクチャリングの計画，M&Aのターゲッティング，配当政策などについても，それらのニュアンスが機関投資家に伝えられることになるが，ここで重要なのは先にも述べたとおり具体的数値を掲げる必要は必ずしもないということである．このサジ加減を心得ている経営者は少ない．

　不確実な将来に対して，確定した数値で答えることは必ずしも誠実ではない．方向性を示し，定性的な問題について議論することのほうが重要である．対話は双方にメリットがなければならない．まさに一緒に企業価値を上げていくという同志でなければならない．

　数値で答えることの怖さと副作用について考えてみよう．企業側が従来の慣習にとらわれて精緻な中期経営計画を立てたとしよう．ROEは現状8％であるが3年後には10％を目標とする．このための売上・利益・投資・配当政策などに関する詳細な数字を公表したとしよう（このような企業が日本ではきわめて多い）．

　これに対して投資家の大勢が，同業他社水準で10％の目標水準は低すぎ，国際水準である12％を目指すべきであるとの意見を出したとしよう．例えば設置が予定されているMIF等ではそのようなルールが原則となり，いわゆる実質的なコレクティブ・エンゲージメント[14]がなされるようになった時には，このようなことは日常化するかもしれない．

　これらの投資家群は，余剰資金の総資産の割合が多い企業に対して，配当・自社株買いで株主に還元してROEを引き上げるか，あるいはM&Aを強力に行うことなどを推奨することになるだろう．あるいは事業部門で

---

14) 英国のケースについては，大崎（2014）を参照．

一時的に不採算であるところについては，いつまでに売却するかを強力に迫ることになるであろう．聖域と言われている研究開発の削減も迫るかもしれない．

筆者は，企業はこのような議論を戦わせる状態になってはいけないと思う．欧米企業の中にも，投資家に促されて焦ってM&Aを行い失敗したケースは枚挙にいとまがない．また事業分割を行った部門が，売却後には高収益企業に変身したケースも多い．

企業側に求められるのは，投資家との対話にあたって，コンプライアンスと一緒で仕方なく取り組むのではなく，プロアクティブ（能動的）に取り組まなければならないことである．まず対話の時間軸を5年から10年に設定する．そのうえで具体的数値の開示で上げ足を取られることなく，それでありながら真に長期投資を旨とする機関投資家が得心できる説明を行うことである．これは煙に巻くということではない．心ある長期機関投資家はこれで満足なのではないか．

筆者が運用機関にいた時のバイサイド・アナリストとしての経験から判断するならばそのような姿勢で十分であると思う．筆者の場合には，7年間程度の予想を立てていた．孤独な作業ではあるが，反面でこんな楽しい仕事もなかった．

例えば医薬品企業のケースであるが，アナリストはまず売上予想にあたり主力製品の動向を予想しなければならない．もちろん企業側は詳細なコメントをしない．それを算定するのは投資家側の責任だからである．

個々の製品の売上動向を予想するのは実は大変な作業である．15品目あるとして（その中には新製品もある），それぞれが世界の様々な企業と競争をているわけであり，とりわけ新薬の評価は難しい．あらゆる専門誌を紐解き，自らの予想を立てなければならない．主戦場でもあり最も審査の厳しい米国FDAの動向を企業側が把握しているか否かについても対話によって把握することになる．

また新薬の科学的な評価だけでなくマーケティングの能力などにも目配りをしなければならない．このように様々な局面から定性的な側面をイン

タビューすることも重要である．インサイダー情報などはまったく必要ない．

　もちろんコーポレートガバナンスやCSRの観点からのインタビューを試みることもある．これも長期的企業価値算定の観点から必要である．ある社外取締役の選任にあたり形式的な独立性のみで事足りず，企業価値を向上させる観点からいかなる意味があるかについて聞くこともあった．またCSRは投資家というステークホルダーにとって非常に重要になりつつある．医薬品企業の寄付行為，新薬承認審査データの作成には，高い倫理観とそれを実現する組織が必要となるが，その有無についても問うことになる．

　これら当該企業に絡まる様々なことを聞くことになる．このような話をすることで，経営者から嫌がられたことはない．「英語で歯ごたえのある著書を読む時には，まず著書の気持ちになって懸命に読み込め」ということがよく言われるが，そのとおりである．

　伊藤レポートでは「協創」という言葉が使われているが，まず浮かんだのが上記で述べた筆者の経験であった．素直に経営者の身になって企業行動を受け止めることが大事だということである．

　そしてできれば対話によって企業のCEOから感謝されるというのが理想であろう．だいぶ以前になるが，筆者のアナリスト時代の同僚（ニューヨークとロンドンのバイサイド・アナリスト）が定期的に来日して，日本の医薬品企業を訪問していた時期がある．日本の医薬品企業を直接には担当していなくても，開発品等の動向を把握することは彼らにとっても非常に意味がある．

　その折，彼らは単に日本企業から情報を得るだけでなく，企業経営者から質問を受けるとグローバルな産業動向について丁寧に自らの持論を披瀝していた．後ほど筆者が経営者から感謝されたことは言うまでもない．「協創」という言葉についてこのようなエピソードを思い出す次第である．

第5節 2大プロジェクトの行方
──モニタリングの必要性

　スチュワードシップ・コードに賛同し署名した機関は，2014年8月末で160である．そのうち機関投資家は136にものぼる．日本に長期投資家がこれほど多かったのかというのは驚きである．しかし実際に本書が規定する本来の長期投資家と呼べるのは，10機関程度でないだろうか．それはインハウス・リサーチ部隊を持ち，ベテラン・アナリストを多く有し，5年以上の長期業績予想と一定の投資評価手法（DDM，DCF等）を組織的に活用しており，ポートフォリオ構築にあたりアナリストの意見が尊重されていると言う意味である．

　しかし大半の機関投資家にはそうした備えがないとすると今後どのような事態が予想されるであろうか．

　大きな懸念がある．日本版スチュワードシップ・コードに署名をしたことを理由として，今後機関投資家から経営幹部との個別ミーティングの設定を依頼されることになろう．その場合に，彼らの関心がどこにあるかを考えてみよう．

　①中期経営計画目標の達成可能性
　②比較的低採算，あるいは不採算部門の売却の提案
　③余剰人員の早急な整理
　④聖域である研究開発費の節減．アウトソーシングの活用の提言
　⑤余剰資金の株主へのペイバック

　機関投資家の中には，時間軸としては1年間，長くて2年間程度の期間でアクションを起こすことを要求するところもあろう．しかしこうした単純な議論はMBAでファイナンスを勉強した人であれば，公表資料をもとに財務分析すればすぐにできる．一部の機関投資家の中には，「我々はスチュワードシップ・コードに署名した」という印籠を持ってミーティングを要求することがあることが予想されよう．この場合に，企業はどう対処すべきなのであろうか．企業自身が有識者を集め「情報開示フォーラム」

を組織化し対処法を議論するのも一案であろう．

　またこれらの機関投資家が行う議決権行使とは，どのようなものになるのであろうか．インハウスにアナリストがいない運用機関の議決権行使は，議決権行使サービス会社の一部がそうであるように，形式基準に流されるのではという恐れがある．

　社外取締役の選任にあたり企業価値向上に寄与するか否かの観点より，形式的独立性があるかどうかのみを問われる可能性があるのではないか．独立性は必要条件の1つであり，それだけでは十分条件にはならない．社外取締役の再任評価にあたり取締役会への出席率を重視などの形式基準を重視することになる可能性が懸念される．

　一方で代表取締役社長の選任にあたり，本来の長期投資家から見れば就任してから比較的短い時間軸での業績での評価が企図されないかという点も心配である．

　そういった意味でも，2大プロジェクトのモニタリングが必要である．資本市場システムには様々な思惑を持った参加者がいてよい．しかし崇高なプロジェクトの理想が埋もれてしまっては何にもならない．

参考文献

A Review of Corporate Governance in UK Banks and Other Financial Industries, Nov. 2009.

Berle, A. A. and G. C. Means（1932）*The Modern Corporation and Private Property*, Harcourt（森杲訳『現代株式会社と私有財産』北海道大学出版会，2014年）.

Sandel, M. J.（2012）*What Money can't Buy*, Center Point Pub.（鬼澤忍訳『それをお金で買いますか』早川書房，2012年）.

The UK Stewardship Code Sep 2012, Financial Reporting Council.

The UK Corporate Governance Code Sep 2012, Financial Reporting Council.

井口譲二（2013）「財務諸表利用者はIR情報をどう評価するか」『企業会計』Vol. 65.

大崎貞和（2014）『英国スチュワードシップ・コードの運用実態について』日本版スチュワードシップ・コードに関する有識者検討会資料より．
　http://www.fsa.go.jp/singi/stewardship/siryou/20130918/02.pdf

神作裕之（2014）「コーポレートガバナンス向上に向けた内外の動向——スチュワードシップ・コードを中心として」『商事法務』No. 2030, pp. 11-24.

北川哲雄（2007）『資本市場ネットワーク論』文眞堂，pp. 169-186.
金融庁（2014）『「責任ある機関投資家」の諸原則《日本版スチュワードシップ・コード》』.
経済産業省（2014）『伊藤レポート「持続的成長への競争力とインセンティブ──企業と投資家の望ましい関係構築」プロジェクト最終報告書』.
東京海上アセットマネジメント（2014）『責任投資原則』.
　http://www.tokiomarineam.co.jp/company/stewardship_code#stewardship
堂目卓生（2008）『アダム・スミス──「道徳感情論」と「国富論」の世界』中公新書.
内閣府（2014）『「日本再興戦略」改訂2014──未来への挑戦』.
日本コーポレート・ガバナンス・フォーラム編（2001）『コーポレート・ガバナンス──英国の企業改革』商事法務研究会.
村上泰亮（1984）『新中間大衆の時代』中央公論社.
村上泰亮（1992）『反古典の政治経済学（下）』中央公論社，第8章.
ケインズ, J. M. 著／山田文雄訳（1953）『自由放任の終焉』社会思想研究会出版部.

コラム 4-1　長期的な企業価値算定の難しさ

　医薬品会社Aでは，8年ほど前にある米国機関投資家B社が筆頭株主に躍り出た．医療用新薬専業メーカーであるA社はそれまで画期的新薬治療薬の数品の開発に成功した実績を有し，1995年当時は160億円程度であった営業利益は，8年前の2006年度には530億円と急増した．配当性向は，1995～2006年度平で均16％程度であった．その結果，A社の総資産5,048億円のうち約81％の4,064億円が余剰資金として残されていた．当時のPBRは1倍強であったが，営業利益については300～400億円程度はその後5年程度にわたって維持されるであろうというのが2006年当時アナリストのコンセンサスであった．

　B社はA社に対し，大幅増配を主張したと言われる．その結果であろうか，A社の配当性向は2008年度から毎年70～90％となっている．1株当たり配当金を見ても，1999年当時1株当たり13円であったが，2008年度以降は180円を継続している．

　A社の営業利益は2013年度は313億円と，特許切れ製品が相次いだ2008年度以降は減益傾向が続いている．しかし同社の株価は2012年度あたりから上昇し，3年間で2倍となった．2008年度当時は配当利回りが3.6％というのが魅力であったが，最近では成長株としての評価が高まってきたからである．

　これはA社の経営政策・財務政策が奏功したためであると評価できる．B社のみならず多くの投資家は，A社の決算説明会等で大幅増配とM&A戦略を強く迫った．そしてA社は，大幅増配のみには応じたものの，配当性向は100％を超えないところにとどめた．100％を超えると，それまで蓄えた資金の流出となるからである．また果敢なM&A戦略は身の丈に合わないとして，プロダクトごとの導入・導出戦略のみを行った．その成果は着実に表れた．特にA社が最も重視したのは自社開発力の充実であった．2006年度には280億円程度だった研究開発費は，2013年度では約450億円に達し，対売上高比率の実に33％である．営業利益は最盛期に比べ200億円ほど減少しているが，実は研究開発費の増加分を考慮すると30億円程度の減益なのである．うがった見方をすれば，形だけの高い配当性向を維持するために，利益を圧迫するとともに本業である基礎開発力を強化したと言えないこともない．

　この一見綱渡りのような経営戦略は実り，今，画期的抗がん剤を開発しつつある．2013年度現在はROEは6％であるが，10年後には22％になると予想するア

ナリストもいる.

　一部の投資家に後押しされる形で海外大型M&Aに走った医薬品企業は多いが，辛酸をなめている企業も多い．投資家はある意味無責任である．M&Aをけしかけておいて，いざM&Aを行うとプレミアムが高すぎて失敗する確率が高いとも言う．事実，失敗する以前に見放す（EXITする，すなわち売却する）ことも多い．A社の場合は，投資家の提言に対し一応耳を傾けつつも，自社の経営資源をわきまえて長期的企業価値の拡大を辛抱強く行った企業として特筆されよう．こういった事例を考えると，投資家がスチュワードシップ精神を発揮することは容易でないことがわかる．

コラム 4-2 最強のガバナンス企業の条件

　日本版スチュワードシップ・コードにおいては，すべからく機関投資家は長期的企業価値を考慮した議決権行使を行うことを要求されている．現在進行形のコーポレートガバナンス・コードにおいては，日本企業のガバナンスがどうあるべきかについての議論も活発に行われており注目されている．

　バイサイドのベテラン・アナリストは，担当企業の実態は当然のことながらよく把握している．委員会設置企業（現，指名委員会等設置会社）にいち早く移行し，日本で最も進んだガバナンス・システムを持つと豪語していた企業が今や苦境に陥っているのは周知のとおりであるが，ベテラン・アナリストの目を誤魔化すことはできない．このようなベテラン・アナリスト陣を保有する機関投資家の場合には，議決権行使にあたって，アナリストが精査しつつリサーチ経験の豊富なコーポレートガバナンス・オフィサーが協議することになる．ここでは外形性よりも実質性の議論をすることになると言われる．

　当然先進的企業として一般的には有名な企業であっても，バイサイド・アナリストがガバナンス体制に非常に厳しい評価をくだすこともある．CEOのみの取締役在籍年数が圧倒的に長い一方で，他の取締役は3～4年で辞任するという慣習があるケースなどは要注意である，とあるアナリストは言う．通常は，社外取締役は少なくとも5年から6年は務めるケースが多い．これに比べて，あまりに短いからだ．しかも当該業界に精通した社外取締役はいないというのも問題であるとそのアナリストは指摘している．

この点に気づく機関投資家は少ないと思われる．ベテラン・アナリストを抱えていて初めてできることであろう．

そういった意味で，ガバナンス・システムにつきバイサイド・アナリストの評判の良い企業の特徴をあげると以下のようになる．

①指名委員会等設置会社か監査役設置会社であるかということは関係ない
②社外取締役は2名以上であれば問題ない
③ただし，その2名が明らかに当該企業の企業価値を向上させる人と判断できること．利益相反はたいした問題ではない．無色透明の人だから良いとは言えないからである．
④最低5〜6年は社外取締役として貢献してほしい．
⑤指名委員会と報酬委員会は社外取締役のリードで進めてほしい．
⑥他の企業との社外取締役の兼務は2社までとする．3社以上兼務してできるほど生やさしいものではない．
⑦社外取締役のメッセージがアニュアル・レポート等に掲載されていることが大事である．
⑧ガバナンス・システム構築の変遷をアニュアル・レポート等に掲載している．

最後の⑧は説明を要するであろう．今日バイサイド・アナリストからの評価の高い企業は過去15年ほどにわたって自社に合ったガバナンス・システムとは何かを自問して充実させてきたからである．

第5章

企業価値向上のイメージを描写する情報開示[*]

前章で議論したように,スチュワードシップ・コードの時代においては,中長期視点での対話が重視される.本章では,長期投資家の運用手法を踏まえ,「対話の焦点が中長期化するに従い,非財務情報(ESG情報)の重要度が高まること」「ESG情報が長期投資家の判断に大きな影響を与えていること」「今後,統合(的)報告が重要となること」「ESG情報の中でも,特に"コーポレートガバナンスに関する情報(説得力のあるガバナンス情報)"が不足していること」を確認し,望ましい「企業価値向上のイメージを描写する情報開示」について考察したい.

第1節 中期展開力を示す開示能力
―― 長期投資家に必要とされる投資情報

企業と投資家の間で,中長期視点の対話が重視される中,投資家サイドは企業との対話が可能なレベルまで対話能力を高める必要がある.また企業サイドは中長期の対話に資する投資情報の提供を行う必要がある.

IFRS(国際会計基準)の「概念フレームワーク」でも「一般財務報告の目的は……企業への正味キャッシュ・インフローの見通しを評価するの

---

[*] 筆者が担当した本文およびコラム等に示された見解はすべて筆者の個人的見解であって,筆者が所属または関係する企業・組織を代表する見解を示すものではない.

に役立つ情報」(OB3) との一節があるが,長期投資家にとって,中長期の投資情報は将来業績を予想するために必要不可欠な分析対象となる.本節では,運用会社の投資プロセス(主に長期投資家),調査活動を経て獲得した投資情報の活用方法と長期投資家が必要とする投資情報について考える[1].

1 長期投資家の運用フィロソフィーとは
——情報フィルター・変換機能

運用会社(特に,年金資金を運用する運用会社)には各社ごとの「運用フィロソフィー(運用哲学)」が存在する.この運用フィロソフィーは,国家でいうと憲法のようなものであり,運用者の投資判断の仕方,企業との対話の仕方を規定する.簡単に言えば,短期的な売買を繰り返すことを「運用フィロソフィー」とする運用会社の運用者・アナリストは,四半期決算数値や月次数値などの非常に短期の情報に注目することになる.一方,長期的な視点を「運用フィロソフィー」とする運用者・アナリストは,四半期決算に注目するよりも,企業との対話を通じ,中長期的な視点で企業価値を分析し,投資判断を行うことになる.

運用フィロソフィーには,投資情報を取捨選択するという点で〈情報フ

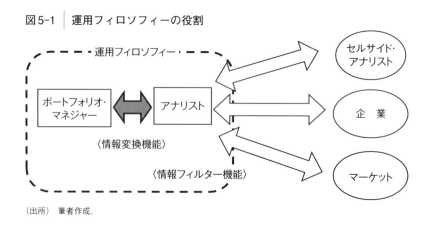

図5-1 運用フィロソフィーの役割

(出所) 筆者作成.

---

1) 井口 (2013a) に詳しい.

ィルター機能〉，獲得した投資情報の解釈を通じ，投資判断を行うという点で〈情報変換機能〉がある．図5-1のように，運用者・アナリストは，企業/セルサイド・アナリスト/マーケットと対話を行い取得した様々な情報を「運用フィロソフィー」を活用し，有用な情報と不要な情報に取捨選択後，当該情報を解釈し，投資判断に活かしているのである．

　ただし，各運用会社は受託者責任を果たすために最適な運用体制・フィロソフィーを選択しているのであり，どの運用フィロソフィーが良いというつもりはない．ただ，企業サイドは長期的にじっくり企業を分析する投資家を歓迎する一方で，短期的な投資家との情報のやりとりには戸惑っているように思える．グローバルで見ても，短期志向の投資（いわゆる，ショート・ターミズム）は同様の問題をはらんでいる．

　以下，スチュワードシップ・コードにおいて重要性を高めるであろう長期投資家の投資行動に焦点を絞り，話を進める．

2　長期投資家の運用手法
──超過収益の源泉となる"非財務情報の分析・解釈"

　長期投資家の投資プロセスは，①財務情報の分析，②将来業績予想，③企業価値評価分析と投資判断，の3つのステップから構成される．ここでは，長期投資家の投資プロセスを確認するとともに長期業績予想の決定要因である"非財務情報"の重要性について考察する．

〈ステップ1〉財務情報（決算情報）の分析

　財務情報とは企業の過去のパフォーマンス（業績）を示す情報である．決算時に公表される財務諸表などの決算数値がこれに相当する．長期投資家にとって最も重要なタスクは「企業価値評価分析」である．理論的に言えば「企業価値は将来キャッシュフローの現在価値の総和」であるため，「会計情報はお化粧のようなもので，企業価値に影響を与えない．大事なのは，（フリー）キャッシュフローである」となるが，現実には，アナリストはキャッシュを直接に予想できない（しない）．まず，企業の過去の財務業績の分析を行うことが長期業績予想の出発点となっている．この意味で財務情報は有用である．

決算分析において，最も大事な分析のポイントは「収益ドライバーの特定（どのファクターが業績を牽引しているか）」「足元で生じている収益性・成長性の変化の兆しの察知」「真の収益力（営業利益率・ROEなど）の見きわめ」である．最後の「真の収益力」の評価は，一時的な特別損益などのノイズを消した業績（ノーマライズド・アーニング（normalized earning））に調整したベースで行う必要がある．例えば，ある企業の決算に対する以下のアナリストコメントなどはその例にあたる．「今年度実績は売上前年比＋〇％，営業利益〇億円（黒字転換）となり，急回復を示した形となっているが，昨年度の構造改革費用，減損費用，自然災害影響および為替影響の減少分を除いた増益額は〇億円にとどまり，実質的な増益額は高い水準とは言えない」．

〈ステップ2〉 将来業績予想──**重要な非財務情報の分析・解釈**

ステップ1で分析した財務分析を基礎として将来の業績予想を行う．将来の長期予想（例えば5年）を行うにあたっては，財務分析のほか，非財務情報の分析・解釈が重要となる．次節で詳細に議論するが，非財務情報とは，財務数値ではないが，投資家の長期業績予想に大きな影響を与える情報のことである．重視されるものとしては「外部経営環境」「企業理念」「企業価値創出の仕組み（ビジネス・モデル）」「経営戦略および執行方法・能力」「従業員などステークホルダーとの関係」等（ESG情報も含む）といったものがある．

長期投資家は，企業との対話を通じ獲得した非財務情報をモザイクのようにストーリーとして組み立て投資判断につなげる．図5-2は非財務情報がどのような場面で重要となるのかを示している．横軸が企業分析あるいは投資判断の時間軸，縦軸が投資判断における情報の重要度を表している．簡単に言うと「次に良い決算が出るぞ」ということにかける短期的な投資スタイルでは四半期決算数値のような財務情報のみが重要となる．しかし，投資の視点が長期化するにしたがって，財務情報だけでなく"非財務情報"が重要となってくるのである．

図5-2 長期的な投資判断・企業分析と非財務情報

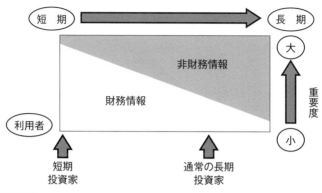

(出所) 筆者作成.

〈ステップ3〉「企業価値評価分析」と「投資判断」

アナリストは，長期の業績予想を行うと，次に，この予想とDCF (Discounted Cash Flow) モデルを活用し，適正株価（フェア・バリュー）の算出を行う（正確には，DCFモデルから算出された，企業価値から負債を控除する）．

$$企業価値 = \frac{FCF_1}{(1+DR)^1} + \frac{FCF_2}{(1+DR)^2} + \frac{FCF_3}{(1+DR)^3} + \frac{FCF_4}{(1+DR)^4} + \frac{FCF_5}{(1+DR)^5} + \cdots$$

図5-3はイメージ図であるが，今後5年間の将来予想において，マーケット（「市場コンセンサス (T+5)」）は，現状からほぼ変わらずのフラットの業績予想を行っている．一方，この担当アナリストは，成長率・資本収益率において，マーケットより強めの業績予想（「アナリスト将来予想 (T+5)」）を行っていることを示している．このアナリストの業績予想を基にした適正株価は高い水準に設定され，投資機会（「超過収益」）が生まれることになる．

この長期投資家の投資判断において決定的に重要となるのは，アナリストの作成する長期業績予想であり，長期業績予想を構築する際に考慮され

図5-3 長期投資における超過収益の獲得

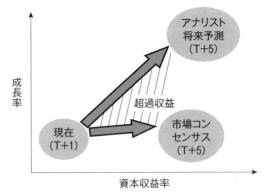

(出所) 筆者作成.

た"ESG情報を中心とする非財務情報に対する分析・解釈"である.この非財務情報の分析・解釈が市場コンセンサスとの乖離を生み,超過収益獲得の機会を生むのである.その分析・解釈が正しければ運用成績にプラスに寄与し,間違っていればマイナスに寄与することになる.

3 長期投資家の期間別情報の利用方法

前項では,長期投資家にとっての非財務情報の重要性について確認した.ここでは長期投資家の期間別(月次・四半期・年度・中期)情報の利用方法について考える.

企業から提供される投資情報には期間別に表5-1のようなものがある.

表5-1 期間別の投資情報の内容と確認ポイント

期間	内容	確認ポイント
中期	計画・考え方	中長期の姿
年度	決算	中長期の姿への進捗
四半期	決算	年度決算の進捗
月次	指標	事業環境の確認

(出所) 筆者作成.

この中で，長期投資家にとって最も重要な期間は"中期"である．中期の情報といっても中期経営計画のみを意味しない．ここで意味するのは，経営者によるメッセージ等の企業の"中期的な姿"に関する情報である．

　もちろん，企業の考え方をすべて信じるというわけではない．その考え方を理解することにより，どのような方向に企業が進もうとしているのかを知ることができる．一方，アナリストも，外部経営環境，ライバルとの競合環境，経営陣の執行力への評価などを踏まえ，自らの長期業績予想を構築する．その予想と企業の考え方とに差異がある場合には，それが何に起因するかを調査する．その結果，自らのシナリオに自信を深めた場合に，その差異が投資機会となりうるのである．この意味で，企業の中期の考え方は，"企業と投資家の対話のツール"として重要である．

　年度決算も重要な開示情報であるが，その位置づけは中期の進捗状況を把握することにおいてである．いくら単年度決算が増益であったとしても，中期に向けた進捗が遅ければ，アナリストは長期業績予想を引き下げ，ターゲット・プライスおよび投資判断も引き下げることとなる．一方，単年度の決算が会社計画に届かなかったとしても，それが何らかの特殊要因である場合には（株価は短期的には下がるかもしれないが），長期志向のアナリストにとっては投資判断変更にはつながらず，株価も中期的に低迷することはない．

　この年度決算の進捗度合いを見るために四半期決算が存在する．同様に四半期決算が上下したとしても一時的な要因であり年度決算に大きな影響を与えなければ，ある程度の期間では株価に中立となろう（そもそも，四半期決算は投資家の短期志向を助長するという点において不要と考える）．

第2節　ESG投資と非財務情報

　前節では，長期的な企業価値評価分析において非財務情報への考察が不可欠であり，この解釈が長期投資の成否を分けることを述べた．本節では再度，非財務情報の重要性を強調するとともに，非財務情報とESG・長

期投資との関係,非財務情報（ESG情報）の投資判断に与える影響について考察する．

1 非財務情報・ESG・長期投資の関係

「非財務情報」とは，定量的な数値では表現されないが将来業績予測に資する情報であり，企業が「論理的」に，企業価値創造プロセス，ビジネスの機会/リスクなどを投資家に伝える際に使用する情報群である．もう少し概念的に言うと，「非財務情報」とは企業活動全般を包括的に表す定性情報である，と言うこともできる．

前節でも議論したように，長期投資家はこの非財務情報を受け取ることにより，将来業績予想（シナリオ）をイメージすることができるようになる．実は，企業とアナリストとの対話の中や日本企業のアニュアル・レポートなどを通じて，多くの非財務情報がすでにやりとりされている．投資家にとって重要な非財務情報には以下のようなものがあろう．

〈企業として目指す方針（経営理念)〉
・中長期的な企業価値創造の考え方との整合性
〈ビジネス・モデル〉
・企業価値創出の仕組み，優位性
・外部環境の変化が与える影響，その対応方針
〈コーポレートガバナンス〉
・投資家との対話姿勢
・資本効率への意識，的確な事業戦略，執行能力
・ステークホルダー（従業員・地域住民・顧客等）との関係

非財務情報とESG情報

この非財務情報を投資の観点から整理・分析するためのツール（枠組み）として注目されているのが，E：Environment（環境），S：Social（社会），G：Governance（ガバナンス）の頭文字をとった"ESG"である．また，この枠組みを用いて整理・分析された非財務情報が"ESG情報"

図5-4 投資情報と非財務情報・ESG情報との関係

（出所）筆者作成.

である．この意味では，非財務情報とESG情報はほぼ同意であり，「長期的な企業価値評価分析において，『非財務情報』への考察は不可欠である」ということを「長期的な企業価値評価分析において，『ESG情報』への考察は不可欠である」と表現を換えることも可能と考える．

ESG投資

この"ESG情報"を用いた投資であるESG投資とSRI（社会的責任投資）はまったく異なるものである．SRIでは，投資先企業が社会・倫理・環境などの項目で社会的責任を果たしているかどうかが重要な投資基準となる（タバコ・ギャンブルに関連する企業には投資禁止など）．また，宗教的な配慮が基準に含まれることもある．

一方，ESG投資では長期的な投資パフォーマンスに重点が置かれる．ESG投資を推進する国連の責任投資原則（PRI：Principle for Responsible Investment）[2]にも「機関投資家が，ESG課題を投資の意思決定や株主としての行動に組み込み，長期的な投資パフォーマンスを向上させ，受託者責任をより果たすことを目的としています．そして，責任投資の実践は，投資行為を通じて持続可能な社会に貢献し，社会的な利益とも整合すると考えられます」[3]とある．ESG投資は「長期投資を通じ，まずは，（顧客のために）"長期的なリターン"の最大化を目指す．そして，その投資行動

---

2) PRI：法的拘束力のない任意の原則であり，国連環境計画（UNEP）の金融イニシアティブ（UNEP_FI）並びに国連グローバル・コンパクトにより策定された．
3) PRI（2013），p. 1.

が，究極的には持続可能性（sustainability）へのサポートという形で，社会貢献にもつながる」という投資手法なのである．

経営学の分野で，マイケル・ポーター教授が，企業の社会的貢献に対し，従来の寄付的な概念から脱し，事業と社会が価値を共有し事業活動を通じ社会貢献も可能とする「CSV（Created Shared Value）」[4]を提唱しているが，この資産運用版がESG投資と考えてよいのかもしれない．

2 ESGのメインストリーム化
——長期投資プロセスへのESGの統合

既存の年金運用等において，「ESG」という分析枠組みを投資プロセスの中に統合（integrating）し，運用パフォーマンス向上を目指すことを"ESGのメインストリーム化（mainstream）"と言う．SRI（社会的責任投資）のように"特別"なチーム・運用者と運用商品を設定する手法とは一線を画す．

ESGのメインストリーム化の例

長期投資プロセスにおけるESGの統合とは，非財務情報をESGの観点から分析・評価し，その結果を長期業績予想に活用，企業価値評価分析（バリュエーション評価）と投資判断につなげるプロセスのことである．このプロセスの中で"ESG評価"は中核に位置し，長期業績予想と不可分の関係となる．ここでは，ESGのメインストリーム化を具体的に説明するため，架空のA社を取り上げ，簡単ではあるがA社における，①ESG評価，②長期業績予想，③企業価値評価分析・投資判断という一連のプロセスを確認する．

〈①ESG評価〉

A社のESG評価を見ると，
（E：環境 評価）　今後の環境規制動向を踏まえると，当社の対象とするマーケットは大きく拡大することに加え，他社より優れた環境技術を活か

4）ポーター（2008）．

図5-5　A社を例としたESG評価と長期業績予想

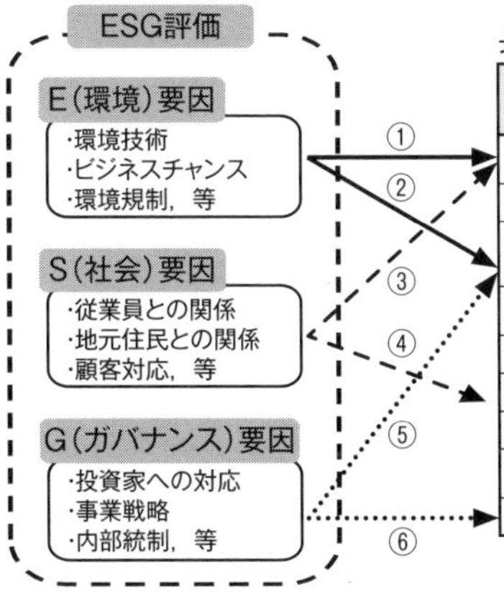

ESG評価

E（環境）要因
・環境技術
・ビジネスチャンス
・環境規制，等

S（社会）要因
・従業員との関係
・地元住民との関係
・顧客対応，等

G（ガバナンス）要因
・投資家への対応
・事業戦略
・内部統制，等

長期業績予想（A社）

	2014年 (見込み)	2015年 (予)	2016年 (予)	2017年 (予)	2018年 (予)
売上高	1000	1100	1210	1330	1460
（成長率）	5%	10%	10%	10%	10%
売上原価 （減価償却費）	745	800	850	900	950
粗利	255	300	360	430	510
（利益率）	26%	27%	30%	32%	35%
人件費	100	110	120	130	140
その他	50	50	60	70	80
営業利益	105	140	180	230	290
（利益率）	11%	13%	15%	17%	20%

（出所）　筆者作成．

し，マーケットシェア拡大も期待できる．
（S：社会　評価）　工場の所在する地元住民・役所との関係も良好であり，同業他社より迅速に設備拡張が可能．また，従業員との関係も良く，増産にもかかわらず，モラル高く働き，人件費はコントロール可能．
（G：ガバナンス　評価）　投資家や資本市場の声にも耳を傾け，経営にも活かしている．経営陣は明確な事業戦略を打ち出し，経営資源の投入にも，資本効率の観点からメリハリをつけている．

　このように，A社の場合には，E・S・Gのすべての項目で，ESG要因はA社の収益・企業価値創造にプラスの影響を与えうる，ということが判断される．

〈②長期業績予想〉

　この高いESG評価を受け，A社の担当アナリストは，高い売上高成長率（2桁），利益率の上昇，増益基調継続という，市場コンセンサスより強めの長期の業績予想を行うこととなる．

　売上高長期予想，コストコントロール予想，利益予想を導き出すESG評価は図5-6のとおりである．対応関係を図5-5の矢印①〜⑥で示す．

図5-6 ｜ A社を例としたESG評価と主要予想項目

(ESG評価)

- E評価（矢印①）
今後の環境規制動向を踏まえると，マーケットの大きな成長が見込まれる一方，当社は優れた環境技術を有している
- S評価（矢印③）
工場の所在する地域住民・役所とも関係は良好であり，同業他社より早く需要に見合った増産は可能

(売上高長期予想)
- マーケット拡大とマーケットシェア獲得から2ケタの増収を予想

(ESG評価)

- G評価（矢印⑤）
経営陣は長期的な成長と株主還元のバランスを常に考えており，設備投資時にも常に投資効率を考える
- S評価（矢印④）
従業員との関係は良好．モラル高く働き，増産対応も可能．人件費もコントロールできる

(コストコントロール予想)
- 人件費，減価償却費など主要経費はコントロールされる

(ESG評価)

- G評価（矢印⑥）
経営陣は，明確な事業戦略による売上高拡大，コストコントロールに加え，部門別の採算・収益性も常に監視し，経営資源投入についてもメリハリをつける

(長期利益予想)
- 収益性（利益率）向上，増益基調継続を予想

(出所) 筆者作成．

〈③企業価値評価分析・投資判断〉

この長期業績予想と企業価値評価分析モデル（DCFモデル）を用い，適正株価（ターゲット・プライス）を算出する．高いESG評価を反映し，市場マーケット・コンセンサスに比べて強い業績予想となっているため，適正株価も現在の株価水準から十分なアップサイドを生むこととなる．このアップサイドは投資判断の重要な判断材料となるため，アナリストは"買い"の投資判断を行うことになろう．

このように，ESGが統合された長期投資プロセスにおいては〈ESG評

価⇒長期業績予想⇒企業価値評価・投資判断〉がシームレスなプロセスとしてつながっている．また，この投資プロセスの最初の段階にあるESG評価が正しくなければ，投資判断も誤り，運用成績にもマイナスの効果を与えることになる．ESG評価が長期投資成功の鍵とも失敗の原因ともなるのである．

非財務情報（ESG）がアナリスト長期予想に及ぼす影響

次に，実際のデータで，非財務情報（ESG情報）が「企業価値評価」へ与える影響を確認する．分析対象となるのは筆者の属するニッセイアセットマネジメントのアナリスト・チームだが，分析結果は長期投資家の投資判断として納得感のあるものであり，一般化できるものと考える[5]．

将来5期間の業績予想（T+1からT+5まで）をESG（評価）レーティングごと（1（良）～4（悪））に集計して，非財務情報が業績予想に与え

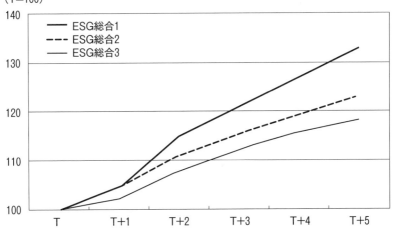

図5-7 非財務情報が業績予想に与える影響(1)──売上高の予想推移

(注) T：2011年度（主に，2012年12月時点の予測）．
(出所) 井口「非財務情報（ESGファクター）が企業価値評価に及ぼす影響」『証券アナリストジャーナル』Vol. 51, Aug 2013.

---

5) 井口（2013a）に詳しい．

図5-8 非財務情報が業績予想に与える影響(2)
――EBITDA利益率の改善予想度合い

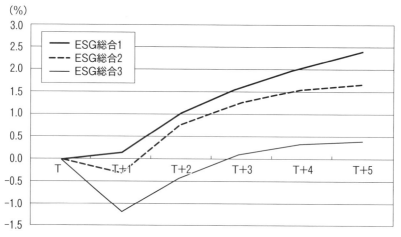

(注) T：2011年度（主に，2012年12月時点の予測）．
(出所) 井口「非財務情報（ESGファクター）が企業価値評価に及ぼす影響」『証券アナリストジャーナル』Vol. 51, Aug 2013.

る影響を見る．図5-7のように，企業価値創造のキー・ドライバーである「売上高成長率」「利益率の改善」項目の業績予想においてESG評価が最も高いレーティング1銘柄群（ESG総合1）では，他のレーティング銘柄群を上回る業績が予想されていることがわかる．前のA社の例で示したように，ESG評価の高い企業に対するアナリストの業績予想は強めとなる傾向があることが実際の数値でも確認できる．

このように非財務情報・ESG情報はアナリストの長期業績予想・企業価値評価分析に大きな影響を与えており，両者は不可分の関係にあるのである．

3 様々なESG評価と評価の構造変化
―― ユニバーサル・オーナーズの仮説

「長期投資を通じ，まずは，（顧客のために）"長期的なリターン"の最大化を目指す．そして，その投資行動が，究極的には持続可能性（sustainability）へのサポートという形で社会貢献にもつながる」というのが，

"ESGのメインストリーム化の考え方"である．しかし，ESGのメインストリーム化を実施している機関投資家の間でも，その具体的な取り組みにおいては異なる行動を取る場合がある．

例えば，ESGの中から「環境（E）」項目を取り上げよう．海外大手公的年金基金は「気候変動（Climate Change）を引き起こす二酸化炭素排出は重大な問題である」とし，社会的にも行動を開始している．一方，長期志向の運用会社にとって「気候変動」という要素は素材産業などの一部の業種を除けば長期業績予想への織り込みが難しく，重要性（materiality）に乏しい場合がある．

この両者の行動の差異を説明するものとして「ユニバーサル・オーナーズ（Universal Owners）仮説」がある．超長期の投資期間を持ち，かつ，グローバルで大きな運用残高を保有する投資家にとっては，個別の銘柄だけでなく，市場全体，それを支える社会全体を良くする必要がある．したがって，株式市場あるいは企業価値に取り込まれていない"負の外部性（negative externalities）"をも低下させる必要があるというものである．運用会社の年金運用では長期といってもその投資期間は5年程度がせいぜいであろう．一方，海外大手公的年金基金の投資期間は10年を超えよう．この投資ホライズンの差により，重要となる投資情報が異なり，ESGメインストリーム化の中でも，具体的な投資行動に差異が生ずるのである．ESG投資もその投資目的，期間等により様々な態様が見られる．

4 | 今後の課題
——投資家と企業の間での非財務情報コミュニケーション

本節では，スチュワードシップ・コードの時代においては，非財務情報，ESG情報の重要度が高まることを議論してきた．「非財務情報」を理解するということは多面的な企業活動を包括的に理解することである．また，「企業」自体を理解することでもある．ドラッカー氏は見事にその「企業」の実態を喝破し，バランスのある見識を示している．

「企業が代表的組織である産業社会においては，企業たるものは，第1に，事業体としての機能を果たしつつ，第2に，社会の信条と約束の実現に貢献し，第3に，社会の安定と存続に寄与しなければならな

い．企業と社会の関係に関わるこれら3つの側面は，今日あまりに軽視されている．それらの側面のいずれか1つの解決をもって了とする考えが猛威を振るっている」（中略……）しかし「社会的良心に従い，企業の利益に反することを行うよう要求することも笑止である」[6]

　企業と投資家の間で，このバランスの取れた見識に基づいた建設的な対話を促進させるにはお互いのコミュニケーションの幅を広げることが必要となる．しかし，現状は図5-9のとおり，企業サイド，投資家サイドともコミュニケーション・チャンネルが整備されていない．左の「企業」サイドでは，IR担当，議決権行使を担当するSR担当，社会的責任を担当するCSR担当とそれぞれ組織が分かれ，情報が分断されており，投資家に対し，財務数値・持続的成長・ガバナンスに関する情報を統合的に提供可能な体制とはなっていない場合が多い．一方，投資家サイドも，財務数値中心のヒアリングに偏り，IR担当者とのみコミュニケーションを取っているケースが多い．また，投資意思決定者（ポートフォリオ・マネジャー，

図5-9　企業と投資家の対話におけるESGギャップ

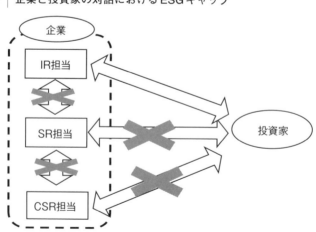

（出所）　UNEP-FI "Translating ESG into Sustinable Business Value," March 2010 を基に筆者作成．

6）ドラッカー（2005），pp. 15-16．

アナリスト）とは別の担当者（例えば議決権行使担当者）が企業のSR担当者やCSR担当者とコミュニケーションを取るため，投資行動とは異なった議決権行使行動を取るなど，運用会社も意思決定において整合性がとれない事態を招いている．

このような状況を打破し，企業と投資家のコミュニケーションの幅を広げる役割を期待されるのが「統合報告（Integrated Reporting）」である．次節では，統合報告について議論を行う．

第3節 統合報告と統合（的）報告書への期待
―― アニュアル・レポートの発展

今後，中長期に焦点を当てた企業と投資家との対話の高度化が重要となる．1つのポイントなるのが統合報告（Integrated Reporting）であり，その報告書としての統合（的）報告書（Integrated Report）である．統合（的）報告書を作成することにより，企業サイド・投資家サイドともに統合報告に基づいたコミュニケーションが可能となる，報告書作成過程を通じ，統合思考（integrated thinking）が企業に根づき，企業経営自体の競争力強化にもつながる効果も想定されるなど，統合（的）報告書に対する期待は大きい．

1 企業価値創造につながる統合報告

アニュアル・レポートは，有価証券報告書のような法定開示の資料とは異なり，任意の開示資料としてすでに数多く発行されている．中長期の視点で企業価値創造プロセスを描写することが可能であり，また「任意の開示資料」という特徴を生かして，企業が創意工夫し，読者目線で作成できるといった利点から，企業と投資家の対話の重要なツールとなっている．

スチュワードシップ・コードの時代，対話のツールであるアニュアル・レポートにおいても，より中長期の視点が重視されるため，これまで以上に投資に資する非財務情報の発信が求められるものと考える．悪化していく環境問題や厳しくなる環境規制にどう対応していくのかという「E：環

図5-10 アニュアル・レポートの今後の発展

- 運用業界を取り巻く環境は変化
- スチュワードシップ・コード，コーポレートガバナンス・コードの導入
- 中長期の視点での投資家への情報発信が重要に

- 統合報告（中長期視点での対話）
- 統合(的)報告書（統合報告書）

(出所) 筆者作成.

境」の問題，最近，国内での人手不足や企業活動のグローバル化に伴い，海外社員比率が高まっているが，その中で経営理念をどう維持し，発展させていくかというステークホルダーとの関係性「S：社会」，事業経営に関する「G：ガバナンス」の話題などが重要なトピックスとなろう．

このように，財務情報に加え，環境（E）や社会（S），ガバナンス（G）（いわゆるESG情報）にも言及しつつ，企業価値創造プロセスについて報告することを「統合報告（Integrated Reporting）」と言う．また，それを報告書にした"長期志向のアニュアル・レポート"を「統合（的）報告書」と言う．近年，この「統合（的）報告書」の1つの完成形として「統合報告書」が話題となっている．

2 統合報告書，国際統合報告フレームワーク

「統合報告書」も，スチュワードシップ・コードと同様に英国で誕生した．リーマン・ショックの反省に立ち，短期での投資，短期での企業経営に対し反省を促し，長期の視点の重要性を見直すという発想がその根本にある．

この統合報告の普及を推進する国際統合報告評議会（IIRC）は，2013年12月に，統合報告書に関する「国際統合報告フレームワーク」を発表した．

図5-11 企業活動とステークホルダーの関係

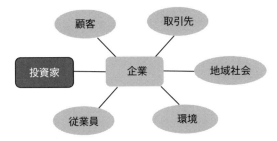

（出所）　筆者作成.

その中では，統合報告書の主たる目的は，

「財務資本の提供者に対し，組織がどのように長期にわたり価値を創造するかを説明することである．統合報告書は……（中略）……組織の長期にわたる価値創造能力に関心を持つすべてのステークホルダーにとって有益である」[7)]

としている．

　フレームワークでは，企業を取り巻く様々なステークホルダーに配慮しながらも，主要な報告対象者は企業の長期にわたる価値創造に注目する財務資本提供者（つまり，長期投資家）であると位置づけ，長期の視点に立ってレポーティング（企業報告）を行うことの重要性を強調している．

　企業価値創造における「（企業の）ステークホルダーに対する配慮」について補足する．現実の経営において，企業は投資家のほか，顧客，取引先，地域社会，従業員など，様々なステークホルダーに囲まれている（図5-11参照）．持続的に企業価値を高めていくには企業はこれらのすべてのステークホルダーとも上手く協業していかなければならない．したがって，長期的な視点で企業を分析する投資家が，企業の持続的成長力を見極めるには，必然的に企業とステークホルダーとの関係を分析・評価するこ

7）IIRC（2014），p.4.

とが必要となる．フレームワークの中でも 2B「組織に対する価値創造と他者に対する価値創造」の中で「組織自身に対する価値創造能力にとって，これら（ステークホルダー）の相互関係，活動，および関係性が重要性を持つ場合，統合報告書に含まれる（2.7）」とされている．

課題はガバナンス情報の開示，価値創造のプロセス

日本のアニュアル・レポートのレベルは，内容・表示面において飛躍的に向上している．「統合報告書」とは名乗らないが，フレームワークに示される項目の多くを満たす好レポートも多い．このような中，残された課題は「ガバナンス体制」をどう描写し，報告するかである．

国際統合報告フレームワーク[8]に掲載されている「価値創造プロセス（通称：オクトパス・モデル）」の図（図 5-12 参照）は，投資家が重視する「ガバナンスの役割」を的確に描写している．図のほぼ中央部の「使命とビジョン」（経営理念）のもとに「ガバナンス」があり，「ビジネス・モデル」を大きく包含する形となっている．これは，企業価値を創造してい

図 5-12 価値創造のプロセス

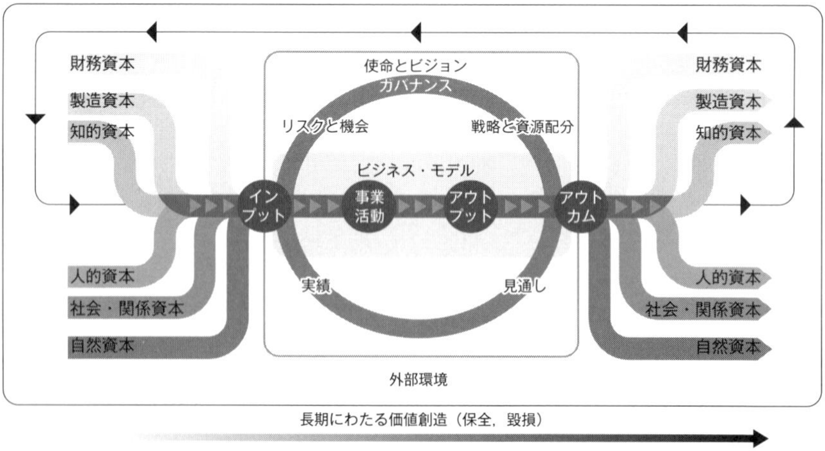

（出所）国際統合報告フレームワーク．

---

8) IIRC（2014），p. 15.

く「主体」がガバナンスであること，そして，そのガバナンスが，事業体の許容できうるリスク・投入可能な経営資源を考慮したうえで，最適なビジネス・モデルを選択し，左方にある6種類の資本を使い，企業価値を創造する，というプロセスを示す．海外企業の場合には「ガバナンス」の選択によりビジネス・モデル自体が変わってしまうケースもある（例えばノキア）．これらは極端な例であるにしても，日本でも企業活動において「ガバナンス」の役割が重要であることは論をまたない．

　ここで言う「ガバナンス」とは，よく議決権行使で取り上げられる"形態"ではない．企業価値創造を牽引することができる「ガバナンス」か否かである．統合報告のフレームワークでも「ガバナンス構造は，どのように組織の短，中，長期の価値創造能力を支えるのか」[9]を記述するように指摘されている．

　この「ガバナンス」をストーリー性を持って描き切ることが，企業と投資家の対話において重要である．英国のコーポレートガバナンス・コード[10]では，企業価値創造の観点から，ガバナンス評価を行い，強みを認識するとともに，弱点には対処する旨が記載されている．企業と投資家との対話やアニュアル・レポートにおける効果的な「ガバナンス情報」の提供は，日本において今後の課題と考える．この点については次節で詳述する．

統合（的）報告書作成を通じた企業変革

　筆者は「（投資家にとって）優良な企業は良いアニュアル・レポートを作成することができる」と考えている．これは，アニュアル・レポートで企業の中長期的な成長を語るためには，投資家が望む明確な経営理念・経営方針が必要となるからである．また，私は「良い統合（的）報告書の作成は企業の競争力を強化する」効果があるとも考えている（図5-13参照）．

　国際統合報告フレームワークの中でも「統合思考（integrated think-

---

9) IIRC (2014), p. 28, 4B.
10) The UK Corporate Governance Code Sep 2012, B6.

図 5-13 企業価値創造プロセスと企業報告

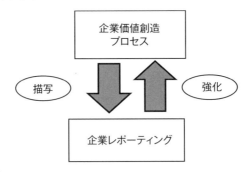

(出所) 筆者作成.

ing) が……(中略)……より自然な形で,マネジメントにおける報告,分析および意思決定において,情報の結合性が実現されることになる」[11]とされている.統合(的)報告書を作成する作業を通じて,今までは頻繁に情報交換されていなかった部署間の対話(例えば,投資家の窓口であるIR担当部署,様々なステークホルダーとの接点があるCSR担当部署,株主総会などコーポレートガバナンス関係を担当する法務・総務部等の間の対話)が促進される.経営方針を対外的に打ち出す際に社内的な議論が喚起され,経営方針が明確化され,ガバナンスに好影響を与える.あるいは,社内での議論を通じ,経営理念や戦略が企業全体に定着することによって一体感が生まれ,企業競争力が増すという効果も期待される.統合(的)報告書に対する期待は大きい.

第4節 ガバナンス情報の充実への課題

前節でも説明したように,今後の日本のアニュアル・レポートにおいて最も充実させなければならない情報の1つは「ガバナンス情報」である.また,これはアニュアル・レポートの記述のみにとどまらず,投資家と企

---

11) IIRC (2014), p.2.

業との対話にとっても同じことが言える．実際，スチュワードシップ・コードの時代に重要度を高める非財務情報（ESG情報）の中でもガバナンス情報は投資家にとって最も有用な情報である[12]．本節では，どのようなガバナンス情報を発信することが投資家に企業価値向上のイメージを描写させることができるのかを考える[13]．

1 説得力のあるコーポレートガバナンスの実践

"コーポレートガバナンス（以下，「ガバナンス」）"と言うと，一昔前までは議決権行使にかかわる話であった．しかし最近では，投資家が評価し，非財務情報として長期業績予想・企業価値評価に活用できる「ガバナンス」が注目されている．望ましい「ガバナンス」とは，企業価値向上を実現し，かつ，それをしっかり投資家に伝える「（ストーリーのある）説得力のあるガバナンス」である．楠木[14]は，ストーリーに必要なのは「論理と実践」である，と指摘している．つまり，ガバナンスの企業価値への貢献を「論理的に説明できる」こと，そして「実践する」ことが重要となる．

ガバナンスの情報は「非財務情報」として投資家の企業の将来業績予想に大きな影響を与える．重視されるガバナンスのポイントとして4点をあげる．1つ目が「持続的な企業価値拡大への注力」，すなわち長期的な視点を持ち，企業価値向上へ向けた取り組みが行われているか否か，2つ目が「経営陣への信頼度」で企業の提示する中期的な姿およびそれに対する進捗状況について投資家に熱意を持って説明を行っているか否か，3つ目は「事業戦略の妥当性」適正な事業戦略が練られているかどうか，最後は「資本効率の意識」余剰キャッシュ・運転資本・負債の管理などが的確に行われ，バランスシートが適正に保たれているか，といった点である．

---

12) 井口（2013a）．全業種平均ではESG項目の中ではG（ガバナンス）が最も重要である．ただし，業種ごと，企業ごとにESG各項目の相対的重要度は異なる．医薬・サービス業などではS（社会）項目が重要となる．素材産業ではE（環境）項目が重要となる．
13) 井口（2014）も参照．
14) 楠木（2010），p.1.

ただ，注意をしなければならないのは「必要とされるガバナンス」は，企業の成長段階，あるいは直面する課題によって異なるということである．例えば，粉飾決算があった企業にとって大事なガバナンスは，やはり信頼回復のための監視機能を重視した「守りのガバナンス」となろう．最適なガバナンス形態は企業の置かれた状況により異なる．

2 説得力のあるガバナンスの具体例

ここまで「ガバナンス情報の重要性」について論じてきたが，続いて，実際に「説得力のあるガバナンス」を実践し，投資家に対し的確なガバナンス情報の発信を行っている例を取り上げたい．

海外企業の好例

英国のコーポレートガバナンス・コードには，企業価値創造の観点からガバナンス評価（evaluation）を行い，強みを認識するとともに，弱点に対処する旨が記載されていることから，そのガバナンス情報発信において多くの好例が見られる．ここではグローバル製薬会社のGSKの例を取り

図5-14 グローバル製薬会社GSKのガバナンス評価

（出所） GSK Annual Report, 2012.

上げる．

　図5-14は，アニュアル・レポートのコーポレートガバナンスの頁からの抜粋である．（図左方で）最初に，社外および社内取締役のSkill（技量）とExperiences（経験）を確認し，現状のボード（取締役会）の持つ能力を明確化している．続いて，（図右方で）会長（Chairman）が，企業の中期的な方向性はグローバル化であり，新しくボード（取締役会）に求められる能力はグローバル経験・新興国でのビジネス経験がある人材の補強であると評価を行っている．そして最後に，実際に人材の入れ替え・補強を通じてボード機能の強化を実施したことが語られている．

　会社が目指す中期の事業戦略をガバナンスがしっかりサポートしていることがわかる．このようなメッセージを受けたアナリストにとっては，企業が提示する"中期の姿"への確信度が上昇し，長期業績予想にもグローバル分野における成長を強く織り込む可能性が高まるだろう．

　日本にもいくつかの好例がある．ここでは，日立製作所，三菱重工，オムロンの例を取り上げる．

日立製作所のコーポレートガバナンス

　日立製作所が優れているのは，事業の進展に合わせた，適切なガバナンス体制を選択している点にある．同社では2008年に大きな赤字を出し，経営改革が始まった．経営のスピードアップと責任体制の明確化のためにカンパニー制を導入し，同時に「IRデイ」を開始している．「IRデイ」とは，各カンパニー長が投資家の前に出て「我々のカンパニーはこのようなことをしている」と説明するミーティングである．これは各事業部門のマーケットへのエクスポージャーを高め，アカウンタビリティを高める素晴らしい施策である．そして，カンパニー制度の定着に伴い，グローバルで勝てる会社に一段と飛躍するために，取締役に海外人材を登用するとともに，社外取締役の数を過半数以上とし，ガバナンス体制のグローバル化も実行している．

　図5-15でも確認できるように，その時々の「経営課題」と「必要とされるガバナンス」の動きが一致している．投資家にとっては，日立製作所

図5-15 | 日立製作所のストーリーのあるガバナンス

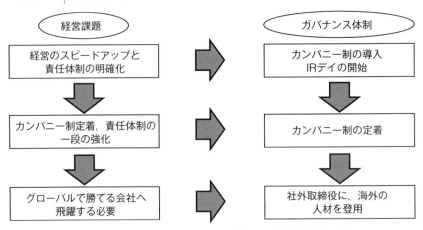

（出所）井口（2014）「ストーリーのあるコーポレートガバナンス」『商事法務』No. 2030.

の中期ビジョンの達成確度を高めるという意味において，「ガバナンス情報」は業績予想をする際の大きなプラスの非財務情報になると考える．

三菱重工のコーポレートガバナンス

三菱重工では，中期経営計画「2012事業計画」で事業規模5兆円の高収益企業へと飛躍するために「グローバル展開の加速」「戦略的事業評価によるポートフォリオ・マネージメント」「企業統治・業務執行における経営革新」などの戦略を提示している．注目されるのは，グローバル展開への資源投入と事業間の適正な経営資源配分には，全部門の状況の的確な把握と部門を超えた迅速な意思決定が不可欠なため，ガバナンス改革も計画に組み込んでいることである．三菱重工のガバナンス改革は，事業戦略の達成度を高めるうえでも重要な改革であり，また投資家に対する説明力を高める効果もあると考えられる．同社は，実際にドメイン制に移行（9事業部門を4事業部門に集約），経営資源を成長性の高い分野にタイムリーに投入することで事業規模拡大を実現した．また，従来は部門代表が集まる場でもあった取締役会の規模適正化により意思決定スピードを上げ，

図5-16 | 三菱重工におけるガバナンス改革

（出所）三菱重工「アニュアルレポート2013」.

「事業改革とガバナンス改革」を同時に推し進めている．

　ここでも会社の目指す事業改革をガバナンス面で確実に執行できる体制を構築していることが示されており，投資家に対し，今後とも企業価値創造に向けた事業構造変革が継続することを確信させる内容になっているものと考える．

オムロンのコーポレートガバナンス

　オムロンの「アニュアル・レポート2011」には，当時会長の作田久男氏と社外取締役兼社長指名委員会委員長の冨山和彦氏が，対話形式で現社長の山田義仁氏がどのようなプロセスで社長に選任されたかについて語る特集が掲載されている．一般に，投資家はアウトサイダーであるため，取締役会でどのような議論がされているか，社長選任がどのようなプロセスで行われたかについてはまったくわからない．しかし，このような情報発信により，取締

オムロンのアニュアル・レポート「新社長誕生秘話」

役会が非常に透明化され，経営課題解決に適した方が取締役として選ばれていること，取締役会に規律が効いていることを確信することができる．この場合も，将来の長期業績予想の際には，非常に大きなプラスの非財務情報となろう．

3 今後のコーポレートガバナンスのポイント

「ガバナンス情報」のストーリー性（説得力）を強めるという意味では，インセンティブのある役員報酬制度の仕組み作りも，今後，重要なポイントとなろう．すでに一部の企業では導入されているが，中期計画のコミットメント度を高める，あるいは，投資家に対してコミットメント度を示すという意味で，グローバルに見ても重視されるものと考えている．

本節では，ガバナンスが「議決権行使のため」から「投資家との対話のため」と位置づけが変化する中で，企業価値創造を牽引するガバナンスをストーリー化し，投資家に伝えることが重要であり，このような「（ストーリーのある）説得力のあるガバナンス」は，非財務情報として投資家の投資判断にも大きな影響を与えることを説明した．

日本版スチュワードシップ・コードの誕生により，今後はガバナンスに関する対話も重要となることが予想される．また投資家にとっては，長期の視点で企業と対話し，ガバナンスを含めた非財務情報を正確に解釈し，運用パフォーマンスにつなげることがますます重要になるものと考える．

参考文献

The UK Stewardship Code Sep 2012, Financial Reporting Council.
The UK Corporate Governance Code Sep 2012, Financial Reporting Council.
IIRC（2014）「国際統合報告フレームワーク日本語訳」．
PRI（Principle for Responsible Investment）（2013）「ESG投資基準の導入」．
井口譲二（2013a）「非財務情報（ESGファクター）が企業価値評価に及ぼす影響」『証券アナリストジャーナル』Vol. 51，Aug.
井口譲二（2013b）「財務諸表利用者はIR情報をどう評価するか」『企業会計』Vol. 65，July.
井口譲二（2014）「ストーリーのあるコーポレートガバナンス」『商事法務』No. 2030.

楠木建（2010）『ストーリーとしての競争戦略』東洋経済新報社.
ドラッカー，P. F. 著／上田惇生訳（2005）『企業とは何か』ダイヤモンド社.
日本コーポレート・ガバナンス・フォーラム編（2001）「コーポレート・ガバナンス──英国の企業改革」商事法務研究会.
ポーター, M., クラマー, M. R.（2007）「競争優位のCSR戦略」『Harvard Business Review』1月号.

コラム 5-1　中期経営計画の意義

　中期経営計画の発表を実施する日本企業は着実に増加しており，インベストメント・チェーンの中にもその存在が定着した感がある．「伊藤レポート」においても中期経営計画のあり方やダブル・スタンダード経営の限界が指摘されるなど，企業経営者および投資家の関心はきわめて高い．

　中期経営計画の課題は大きく分けて2点ある．第1は，その数値目標そのものが抱えている課題である．現在では3年程度の売上，営業利益（経常利益），純利益などの目標値を掲げて投資家に明示することが慣例となっているが，その達成度合いについては総じて芳しいものではなく，投資家サイドからは常にあてにならないとの批判が高まっている．しかし，3年後の数値を目標値として掲げ，その数値がほぼピッタリと達成できることのほうが奇跡的である．経営者は内部者として，外部者である機関投資家には理解しえない情報を多く有しているが，そうであったとしても3年後の損益計算書の指標を予測するのは難しいであろう．つまり，経済情勢や外部環境の，経営者がコントロールしえない外部要因によってこれらの数値は影響を受けるからである（経営者は外部環境に応じて経営を適応させることが求められるが，それでも達成が困難になることは自然なことである）．それであれば，十分な前提条件を開示して，その条件が変われば当然数値は変わるということを経営者は率直に投資家に伝達し，投資家はそれを受諾しなければならない．中期経営計画目標値の達成度合いにこだわる投資家や経営者も多いが，それは計画発表の本質ではない．

　第2の課題は，売上，利益，配当（性向）などの特定の数値，特に損益計算書上の数値に目標値が偏っていることである．一度発表した数値目標は「コミットメント」と日本の経営者は解釈する傾向が強い．それにもかかわらず達成確率が全体としてみれば低いのは何とも皮肉なことではあるが，コミットメントはいったん発表されると，次期中期経営計画，そしてその次へと受け継がれていく．長期的視野における経営の一貫性と言えば聞こえはよいが，企業も生き物であるから経営の局面に応じて重要な戦略やそのKPIは変化することもあろう．売上，利益，配当が常に最重要経営指標であるとは考えられず，それがほとんどの企業にあてはまるとも考えにくい．フリー・キャッシュフロー創出力を徹底的に磨くための3か年という位置づけもあれば，M&Aを積極化し市場支配力で圧倒的に競合他社との差を広げるための3か年という位置づけもある．投資が一段落した

ので，有利子負債の削減，株主還元強化により，資本政策を再構築するための3か年という位置づけもあるだろう．

では，このような紋切型の数値目標にこだわる中期経営計画は，日本企業の経営者の特徴と言えるのだろうか．この回答は比較的簡単である．なぜならば，数値目標が入った中期経営計画の発表自体が欧米では非常に少数派だからである．日本で投資家が目にする中期経営計画は日本でしか見られないものである．しかしながら，この事実はあまり多くの日本の企業経営者や投資家には知られていない．

欧米の投資家は企業経営者にどのような情報を求め，企業経営者はどのような中長期のビジョンを発信しているのだろうか．先ほど少し実例をあげたが，経営者がどのような事項に優先順位を置いて今後3〜5年を捉えているかなどはきわめて重要な情報である．部門別に，例えば赤字事業を抱える場合には，その部門の業績見通し（つまり部門売上と利益の目標値）よりも，リストラを行うのか投資を継続するのか，その根拠は何か，その方針を変更する場合のトリガーと判断の時間軸は，といった定性的情報がより重要となるだろう．つまり，投資家にとっては時間軸が長くなればなるほど，財務情報の重要度は低下し，非財務情報の重要度が増加する．3年程度の中期経営計画で（前提条件を詳細に議論することなく）目標数値を詳細に議論すること自体にあまり意味はない．長期投資家に必要なのは，より定性的な経営者の優先順位であり，戦略の背景や経営観そのものである．

では，中期経営計画の意義は何だろうか．企業側にも相当なコスト負担を強いたうえで中期経営計画は作成されているため，いっそのこと廃止してしまったほうがよいであろうか．答えは明確にノーである．現状を踏まえれば，数値目標でもないよりはあったほうが圧倒的によい．なぜならば，数値目標は投資家にとって，本当に必要となる定性的な非財務情報を経営者から得るための有用な材料となるからである．数値がなくなってしまえば，非財務情報を引き出すことがよりいっそう難しくなってしまい，長期投資が今まで以上に難しくなってしまうと考えられる．本来は，経営者から中長期の投資家の判断材料として必要な非財務情報が効果的に発信されれば，現在の売上や利益といった数値目標を中心とした中期経営計画は不要となるかもしれない．しかしながら，そのような段階への移行期に日本の資本市場があると考えれば，現在の中期経営計画も必要であろう，というのが筆者の考えである．

コラム 5-2 注目すべきアニュアル・レポートの内容例

第5章では,アニュアル・レポートの発展形として統合報告書を取り上げた.ここでは,アニュアル・レポートの役割と現状について説明したい(法的に作成が義務化されている米国や英国とは異なり,日本ではアニュアル・レポートは任意作成となっている).

アニュアル・レポートは「会社案内」とは異なる.現状(売上高・従業員数等)を説明するだけではなく,長期的な企業価値創造プロセスを投資家に伝える役割がある.また,有価証券報告書のように数字の羅列ではなく,ストーリー性があり,楽しい読み物となっている

良いアニュアル・レポートを読むと,主に以下の点がわかる.1つ目は企業のヒストリーである.ヒストリーから企業の癖を知ることは将来収益予想においても重要である.2つ目は中期経営計画などの経営の方向性,3つ目は経営計画を執行する経営陣の考え方・思い,最後に,会社における経営者の考え方の浸透度である.以上の情報により,中長期の経営の方向性がおおまかに予想でき,企業価値もイメージできる.ただし,アニュアル・レポートの良さは,その状況に応じて各社が創意工夫をして投資家に伝える点にあり,その様式は様々である.具体例として,2013年度の「アニュアルリポートアウォード」で最優秀賞を受賞した伊藤忠商事を取り上げる.

伊藤忠商事のアニュアル・レポート――強いリーダーシップ

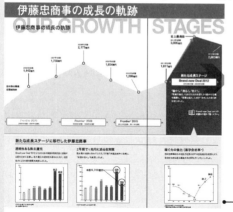

伊藤忠のアニュアル・レポートの特徴は,資源株と見られがちな"商社株"のイメージを払拭するために,投資家の目線を長期に合わせようとしていることである.もう1つの特徴は,経営者のリーダーシップを強調していることである.以下,レポートから3頁ほど抜粋する.

「成長の軌跡」の頁では,2006

年以降の中期経営計画と利益の推移が示されている．資源ビジネスの影響から変動はあるが，着実に利益水準を上昇させてきたことがわかる．

「特集」の頁では「非資源 No. 1 商社」を目指し，利益変動の高い資源分野から非資源分野に経営資源を移し，利益成長をより確実なものとする中期的な経営の方向性が示されている．

最後に，「経営者からのメッセージ」の頁である．「私」と大きく書かれているが，経営者の人柄，熱い思いを，この頁で理解することができ，経営計画の実現度に対する信頼が増す．ただし，このレポートも伊藤忠の現状を表現するのに最適なアニュアル・レポートなのであり，各社ごとにその特徴を活かしたベストなレポートがあるだろう．

中外製薬のアニュアル・レポート──事業哲学からの経営の一貫性

中外製薬のアニュアル・レポートでは「すべての事業は患者さんのために」という事業哲学を前面に出し，この哲学に基づいて，すべての経営戦略が策定されることを示している．投資家は，企業が打ち出す経営戦略に一喜一憂するわけであるが，同社のレポートを読むことにより，哲学に基づいたぶれない経営を実感することができ，安心して経営を見守ることができるだろう．

第6章

経営者とのスチュワードシップ関係を追求する機関投資家像[*]

第1節 2つの異なる経営者像
―― 性善説と性悪説

　筆者は1992年から現在に至るまで，一貫して機関投資家の運用担当者として投資の世界に身を置くこととなったが，外国株式のファンド・マネジャーおよびアナリストを経た後，2004年から日本株式のアナリストとして国内企業の経営者の方々と接する機会を持つようになった．2008年以降は日本株式のいわゆるエンゲージメント型運用のファンド・マネジャーとして，企業経営者との意見交換の機会はよりいっそう増加している．エンゲージメントとは，投資家および株主と経営者との間の対話を指し，エンゲージメント型運用とは，このような対話を通じて向上した企業価値の増加を主な投資リターンの源泉とする運用手法である．経営者ごとに直面している経営課題は異なるが，その解決法を投資家と経営者が「長期的企業価値の増大」という共通のゴールに向けて協調的に取り組んでいくプロセスがこの運用では重要となる．
　2004年当時，外国株式と国内株式では，株式アナリストの企業経営者への接し方に大きな差があったことは大変印象的である．

---

[*] 筆者が担当した本文およびコラム等に示された見解はすべて筆者の個人的見解であって，筆者が所属または関係する企業・組織を代表する見解を示すものではない．

筆者が外国株式ファンド・マネジャーおよびアナリストとして経験した経営者への接し方は，相互の意見交換そのものである．投資家あるいは株主は自己の分析結果・結論を経営者に率直に提言し，経営者の意見を真摯に受け止める．経営者もまた投資家の意見を受け止め，異なる考え方を有する際は自己の見解を投資家にぶつけていた．一般的に企業経営者と比較して機関投資家のアナリストは企業経営の経験がまったくないか，経験があったとしてもきわめて少ないため，アナリストが企業経営者から学ぶ機会のほうが圧倒的に多いと思われた．企業経営者は一貫して投資家に対して自己の熱い経営への思いや考え抜いた経営戦略の妥当性を投資家が理解するまで丁寧に説明しており，企業経営者がアナリストを育成するという側面はおおいに存在したと思われる．一方，企業経営者は，厳しい競争を勝ち抜き生き残ったファンド・マネジャーとの対話から新たな経営のヒントを得る機会にも恵まれており，この意味で経営者・株主の「共生」が実現しており，インベストメント・チェーンが好循環に作用していると強く感じられた．

　国内株式担当となった直後の日本における企業経営者と投資家の間のコミュニケーションは何よりも一方的であった．経営者との個別ミーティングのような「閉ざされた場」においても，アナリストをはじめとした投資家は経営者に質問をただ繰り返すのが通常であり，自己の意見を述べることはほとんどなかったように思われる．また，スモール・ミーティング等の「開かれた場」においては，長期の時間軸で経営を考える経営者に対して，ここ1カ月程度の受注や売上の動向を繰り返し質問するアナリストに筆者も遭遇し，経営者のうんざりする顔を何度となく見てきた．このように，外国株式運用での経験と比較して，日本では投資家や株主と企業経営者の建設的な対話はけっして十分には行われてきたとは言い難く，その少なからぬ部分は投資家側，株主側の責任であると筆者は考えている．

　では，国内企業の経営者はどうだろうか．筆者は，これまでのエンゲージメント型運用の実践を通じ，株主の声に真摯に耳を傾ける前向きな経営者と，（本音の部分では）株主の声や利害からできるかぎり身を遠ざけたいと願う，後ろ向きの経営者に大きく二極化している印象を受けている．

日本は国全体として見れば，グローバル平均と比較して低い利益率，余剰資金を抱える現状など，株主価値を重視した経営が行われてきたとは言い難い．しかしながら，経営のサステナビリティを強く意識し，長期的視点から成長を追求する経営者も少なからず存在し，そのような経営者は総じて自らの意思で投資家・株主の声に耳を傾け，その声を経営へと反映させている．株主の利益を最優先するかどうかという議論ではなく，長期的な経営の中で株主の利益拡大もまた重要と位置づけて経営を実践する経営者かどうかということである．一方で，株主に対する意識が希薄であり，会社の利益（経営者自身の利益というわけでは必ずしもない）と株主の利益は相反するものであるとの考え方や，株主は短期的な視点からのみ意見を投げてくるので耳を傾けるには値しないとの信念を持っている経営者に出会うこともけっして少なくないのが現状である．

　筆者は，日本のコーポレートガバナンスの現状は，従来のメインバンク制や株式持ち合いを中心とした「内部型ガバナンス」から，機関投資家や社外取締役を中心とした「外部型ガバナンス」へと移行している転換期に位置しており，ちょうど「ガバナンスの空白」が生じていると認識している．その「空白期」において経営者が，自らの意思で株主や投資家の見解を積極的に取り入れようとする経営者（株主から見れば善人型の経営者）と，（ガバナンスの空白を利用して）株主の声から逃れようとする経営者（株主にとっては悪人型の経営者）に二極化するのはむしろ自然なことと言えるのではないだろうか．

　第6章では，善人型と悪人型の経営者像がそれぞれ想定されている2つの理論，つまり性善説にあたるスチュワードシップ理論と性悪説にあたるエージェンシー理論について簡単に論じ，2つの異なるタイプの経営者の特徴や相応しいエンゲージメント手法，機関投資家のタイプやスキル・セットについて考察する．その後，「機関投資家はいかにして『高質な』対話を実施できるのか」について論じ，スチュワードシップ理論で想定される機関投資家像について議論を進めていくこととする．

1 エージェンシー理論とエージェント型経営者

　株主（投資家）による企業経営者の規律づけとその枠組みを取り扱うコーポレートガバナンスの研究分野においては，エージェンシー理論が経営理論として米国のビジネス・スクールを中心に圧倒的な支持を受けている．Jensen and Meckling（1976）が提唱したエージェンシー理論は，経済学にルーツを持ち，経営者はエコノミック・マンとして自己の効用（利益）を最大化しようと合理的に行動する人間として想定される．経営者は株主（プリンシパル）の代理人として株主利益の実現を図るべき存在（エージェント）であるが，経営者は自己の利益を最大化しようと行動するため，株主と経営者の利益は必ずしも一致しない．つまり，エージェンシー理論で想定されている経営者像は株主から見れば「悪人」となる．したがって，エージェンシー理論では2者間の利害を一致させることが重要となり，その手段として取締役会や株主による経営者のモニタリングや，経営者に対する金銭的インセンティブの付与等のあり方が議論の中心となる．

　日本の現状においても，経営者が長期的な企業価値の拡大へ向けた経営を志向するよう，その監視の枠組みや動機づけのあり方に関する議論が高まっており，金融庁と東京証券取引所が中心となって現在導入が検討されている日本版コーポレートガバナンス・コードはそのような取り組みの一環であると捉えることができる．エージェンシー理論で描かれたエージェント型経営者は，フリー・キャッシュフローを手にした際に低採算のプロジェクトにも投資を行って事業拡大を目指し，企業価値の減少を招く行動を取ると例示されることが多い．日本の経営者に見られるエージェンシー問題は，例えば事業会社との株式持ち合いを通じた経営者の保身（entrenchment）や，過剰な現預金の保有を通じた過度な経営の安全性確保（ともに経営効率の低下を招き，長期的企業価値の毀損につながる），内部から昇進した社内取締役の頂点に立つ社長に対して取締役会が「ノー」と言えない状況が醸成されるなどの，広範囲な問題が対象となる場合が多い．

2 スチュワードシップ理論とスチュワード型経営者

一方，エージェンシー理論と対極的な経営理論として，性善説に基づく経営者を想定するスチュワードシップ理論（Donaldson and Davis, 1991）が存在する．スチュワードシップ理論は心理学と社会学にルーツを持ち，比較的新しい経営理論のため，特に日本ではなじみが薄いのが現状であるが[1]，日本でもスチュワードシップ・コードの導入に伴い「スチュワードシップ」や「スチュワード」といった言葉への認知度は少しずつではあるが高まりつつある．これらは従来キリスト教の用語であり，神から与えられた素質，才能，能力といった賜物を忠実に自己管理し，自発的に最大限活用して社会へ貢献するという考え方や，そのような考え方を持つ人物を示す．つまりスチュワードシップ理論の背景には，「人は神のスチュワードとして生きる」との考え方が背景にあり，この考え方をアセット・オーナーと機関投資家（運用者）の関係にあてはめたものがスチュワードシップ・コードであり[2]，株主（機関投資家）と企業経営者の関係にあてはめたものがスチュワードシップ理論となる[3]．

所有と経営の分離が前提となる現代の経営において，所有者である株主から経営を委託された経営者は自己の素質，才能，能力を最大限に活用し，自己実現を目指して合理的に行動する組織人であるとスチュワードシップ理論では想定される（Argyris, 1973）．経営者は自己実現を通じて自らの効用を高めようとするので，企業業績の最大化等の企業・組織目的達成に自発的に邁進する．「善人」であるスチュワード型経営者は，利己

---

[1] 学術的にはスチュワードシップ理論を丁寧に整理した先行研究として，柏木（2005）がある．また，運用実務においては2005年に開始したニッセイアセットマネジメントの運用が「スチュワードシップ」の基本理念を取り込んだ最初の運用と推察される．その運用の内容は三瓶（2006）によって紹介されている．
[2] アセット・オーナーがプリンシパル，運用会社がスチュワードの関係となり，アセット・オーナーから委託を受けた運用会社はその資金を忠実に管理（運用）し，その結果を運用リターンという形でアセット・オーナーに還元する．
[3] スチュワードシップ理論は一般的に任意の2者間で成立するが，ここでは株主がプリンシパル，企業経営者がスチュワードの関係を想定して議論を進める．この場合，株主から委託を受けた経営者は忠実な企業経営を通じて出資金を利益に結びつけ，その結果を業績リターン（配当や株価上昇）という形で株主に還元する．

的あるいはご都合主義的な行動を取るエージェント型の経営者とは異なり，集産的・組織的に行動し，動機づけはマズローの欲求段階説の高次元の欲求，つまり成長，達成，自己実現等の内発的要因によって実現される．また，経営者は「善人」であるため，経営者の利益と株主の利益は一致する傾向にあり，取締役会や株主による監視は必ずしも必要がない．むしろ過度な監視は経営者のモチベーションを低下させ，企業目的達成に逆効果となる可能性が存在する．

　ここで重要となるのは，「善人」の経営者であっても「株主利益の最大化」を唯一の目的として経営しているかどうかは問題ではないという点である．経営者が株主資本主義の立場を取ろうが，ステークホルダー主義の立場を取ろうが，結果として長期的視点から株主利益の拡大も重要な経営目標となる．また，筆者は，日本ではスチュワード型経営者の実例はけっして少なくないが，一般的な世間の認知度はあまり高くないとの印象を受けている．これは，経営者が株主，従業員，取引先等のステークホルダーの利益を高めるよう合理的な行動を取るため，自らの自己顕示欲だけにかられてマス・メディアに頻繁に露出する傾向が少ないためであろう．自己実現を追求するが組織人であることが重要であり，自らの価値の最大化を第一義的に考える経営者ではないという点を強調しておきたい．

　このような2つの異なる経営理論に基づく2つのタイプの経営者が存在することについては，Davis et al. (1997) が，2つの理論の構成要素を表6-1のように整理し比較している．彼らは，2つの理論を，人間の行動モデル，行動パターンのみならず，心理的要因（動機づけ，同一化・コミットメント，影響力の行使）および状況的要因（経営理念，文化）の視点から論じている．

3 プリンシパルとマネジャーの間の関係性

　前述のように，エージェンシー理論およびスチュワードシップ理論においては，想定される人間の行動が大きく異なり，人間がエージェントとスチュワードのどちらとして行動するのかは，心理的要因や状況的要因によって影響を受ける．つまり，経営者がエージェント型経営者となるのか，

表6-1 エージェンシー理論とスチュワードシップ理論の比較

	エージェンシー理論	スチュワードシップ理論
人間の行動モデル	エコノミック・マン（経済合理的に行動する人間）	スチュワード（自己の潜在能力を最大限に発揮する人間）
行動パターン	利己的／自分勝手／ご都合主義	集産主義／組織主義

〈心理的要因〉

動機づけ	低次元の欲求（生理的欲求，安全，経済的欲求） 外発的動機づけ	高次元の欲求（成長，達成，自己実現） 内発的動機づけ
社会的比較	他のエージェントとの比較	プリンシパルとの比較
同一化	価値コミットメントが低い	価値コミットメントが高い
権力	組織／制度による力（合法的権力，強制力，報酬の力）	個人の力（専門家としての力，指示力）

〈状況的要因〉

経営理念 　リスク志向性 　時間軸 　目的	コントロール型 　コントロールの仕組み 　短期 　コスト・コントロール	参加型 　信頼 　長期 　成果の向上
文化	個人主義 権力格差が大きい	集産主義 権力格差が小さい

（出所）　Davis, Schoorman and Donaldson（1997）を基に筆者作成.

スチュワード型経営者となるのかもまた，これらの要因によって影響を受けることになる．

しかしながら，任意の2者（ここではプリンシパルとマネジャー）がそれぞれエージェントあるいはスチュワードとして行動するかによって，2者間の関係性が異なったものとなり，その結果，2者間の交渉結果の成否もまた異なってくるという点が重要となる．つまり，プリンシパルである株主とマネジャーである経営者の間の関係性や，2者間の交渉結果が，それぞれエージェントとして行動するのかスチュワードとして行動するのかによって変わってくることが理論的に証明されている．

Davis *et al.*（1997）は，2者間の関係性選択は「囚人のジレンマ」に似ていると論じている．具体例としてプリンシパルとマネジャーがそれぞれエージェンシー関係を選択した場合には，お互いが満足できるプリンシパ

図6-1 プリンシパル・マネジャーの間のモデルの選択

プリンシパルの選択

		エージェント	スチュワード
マネジャーの選択	エージェント	潜在的コストの最小化 相互的なエージェンシー関係 ケース1	マネジャーは利己的に行動 プリンシパルは怒る プリンシパルは裏切られる ケース2
	スチュワード	プリンシパルは利己的に行動 マネジャーは苛立つ マネジャーは裏切られる ケース3	潜在的パフォーマンスの最大化 相互的なスチュワードシップ関係 ケース4

(出所) Davis, Schoorman and Donaldson (1997) を基に筆者作成.

ル＝エージェント関係が構築されることになる．エージェントとしてのマネジャーの利己的行動はプリンシパルによって監視され，潜在的損失（エージェンシー・コスト）は最小化される（図6-1：ケース1）．

また，プリンシパルとマネジャーがともにスチュワードシップ関係を選択した場合はプリンシパル＝スチュワード関係が構築され，潜在的パフォーマンスが最大化される．マネジャーはスチュワードの心理的側面を有し，組織目標の達成を通じて自己の効用を高める．一方のプリンシパルは参加型の経営モデルを導入し，マネジャーへと権限を委譲していく．この場合には，スチュワード型経営者の潜在的パフォーマンスは最大化され，プリンシパルである株主の効用もまた最大化される（ケース4）．

一方，ジレンマが発生するのは，2者間でお互いが異なる関係を選択した場合である．プリンシパルがエージェンシー関係を，マネジャーがスチュワードシップ関係を選択した場合は，マネジャーはプリンシパルによって裏切られたと感じ，苛立つことになろう．つまり，本来はスチュワードである経営者は，株主によってあたかもエージェント型経営者のように監視され，厳しい規律を要求され，そして成長や自己実現といった内発的な報いを得られない（ケース3）．

また，プリンシパルがスチュワードシップ関係を，マネジャーがエージェンシー関係を選択した場合は，マネジャーは利己的に行動し，プリンシ

パルは裏切られる．プリンシパルである株主はエージェント型経営者であるマネジャーを信頼し，あたかもスチュワード型経営者のように扱うことになる．この場合，マネジャーは与えられた経営環境を利用し，組織やプリンシパルの代償の上に自己の効用を満たす（ケース2）．

このように，2者間の関係において好ましい結果が得られる選択は，お互いがエージェンシー関係（ケース1）か，スチュワードシップ関係（ケース4）を選択した場合に限定される．相互的なスチュワードシップ関係が選択された場合には（ケース4），潜在的なパフォーマンスと互いの効用が最大化される．一方で相互的なエージェンシー関係が選択された場合には（ケース1），お互いが裏切られる（損失を被る）というリスクを最小化できる（つまりエージェンシー・コストを最小化できる）．したがって，2つの関係のどちらを選択するかは，相手を信頼したいと思う気持ちの強さと裏切られるリスクに対する許容度によって決まってくる．また，どちらか一方の人間が個人主義的な傾向である場合には（相手がどのような選択肢であるかにかかわらず），最良の選択はエージェンシー関係となり，お互いが集産主義的な考え方で一致する時にのみスチュワードシップ関係が最良の選択肢となる（Davis et al., 1997）．

では，この関係性を実際の投資家・株主と企業経営者とのエンゲージメントにあてはめてみよう．投資家は経営者を信頼できるかどうか，またその逆に，経営者が投資家を信頼できるかどうか，という点がきわめて重要になり，相互信頼が成立する場合にのみ，長期的に持続的な成長に向けた真に意味のあるエンゲージメントが可能となることがわかる．この場合，投資家は企業経営者をスチュワード型経営者として十分に信頼し，経営者はスチュワード型経営者として扱われることを信じて投資家の声に耳を傾けることになる．一方，投資家から不満の声が聞こえてくる関係性は，投資家が経営者をスチュワードと信頼したが，実際にはエージェントであることが認識されて，後に裏切られたと感じるケースであろう．その反対に，経営者から投資家の態度に不満の声が聞こえてくるケースは，本来はスチュワード型の経営者に対して，投資家がエージェント型経営者のような扱いを行ったケースであると推察される．最後に，投資家と経営者がと

もにエージェント関係を望んだ場合には，エンゲージメントは成立するであろうか．筆者は，投資家と経営者が交渉の落としどころを探る「確信犯的」な行動を取り，投資家は短期的な株価上昇という利益を獲得する一方，経営者は自らの報酬増大を実現する（例えば大幅なリストラ等を実施する見返りとして，自らの保有株式の値上がり益を享受する）というようなエンゲージメント（あるいは交渉）は可能であろうと判断する．この場合，本来は2者の利害は相反していることを両者が認識し，潜在パフォーマンスの最大化ではなく，エージェンシー・コストの最小化に向けた交渉が行われるため，短期的な結果を求める傾向が強くなり，結果として企業経営のサステナビリティに重大な問題を引き起こすリスクを内包していることになるだろう．いずれにせよ，投資家と経営者の間のエンゲージメントの成否は，相互信頼感が醸成されているかどうかが大きなポイントとなる．

第2節　スチュワード型経営者と共生する機関投資家像

1　スチュワード型経営者に対する適切なエンゲージメント手法

　前節において，投資家と企業経営者の間のエンゲージメントが成功する要件として，お互いがスチュワードシップ関係を志向する重要性と，その基盤となる相互信頼関係が醸成されていることの重要性を論じた．本節ではスチュワード型の経営者を前提とし，その経営者に対してどのようなエンゲージメントを実施するのが望ましいのかについて論じていく．

　繰り返しになるが，スチュワード型経営者に対しては，投資家として経営者からの信頼を勝ち得ていることがきわめて重要であり，議決権行使の基礎となる株式の保有比率は重要ではない．例えば発行済み株式数の5％超を保有し大量保有報告を出している機関投資家であっても，経営者との相互信頼が確立されていなければこのタイプの経営者に対するエンゲージメントは難しい．このタイプの経営者は，集産主義的な行動を取るため幅

広く他者の意見を聴く傾向にはあるが，外発的な動機づけが弱く，あくまでも内発的な自らの意思決定によって行動するため，自らが「腑に落ちた」ことのみを積極的に行動に移しがちである．したがって，エンゲージメントを行うことができる機関投資家は経営者の意思決定の触媒の機能を果たすことになるが，それは経営者の信頼を勝ち得た運用会社に限られると思われる．投資家にとっては，経営者，企業経営，業界動向，企業価値評価等の卓越した理解が不可欠であり，経営者から見て対話に応じることが有益だと感じさせることができるファンド・マネジャーやアナリストが担当者として適任となる．また，保有比率や数の論理で経営者を動かすわけではないので，その企業のインサイダーとなる必要は必ずしもない．アウトサイダーの立場からエンゲージメントを実行することは十分可能である．

また，投資家はスチュワードである経営者のみを厳選し，信頼関係を確立しながらその経営をサポートしていく立場を貫くが，その選択から外れた経営者や銘柄は「保有しない」という判断となる．このため通常のアクティブ運用よりも厳選された，少数の保有銘柄を対象としたエンゲージメント（集中投資）が実施されることになる．長期志向の経営者をサポートしていくため，長期型エンゲージメントを通じて潜在的なパフォーマンスの最大化が図られる．アジェンダは成長戦略が中心となるが，概してスチュワードの企業は高収益体質であり，将来のキャッシュフローをいかに適切に株主に還元していくかという長期的資本政策がアジェンダとして取り上げられることもある．エージェンシー理論でのエンゲージメントの成果がイベント・ドリブンの傾向があるのに対して，スチュワードシップ理論では「最高益更新」等の長期的な業績成長によってその効果が持続的に現れることが多く，エンゲージメントを通じた株主の貢献はあくまでも経営者の動機づけの触媒として機能するに過ぎないため，エンゲージメントの効果を明確に示すことは難しいと言える（表6-2）．

2 経営者から信頼を勝ち取る機関投資家の要件

では，どのような機関投資家がスチュワード型の経営者から信頼を勝ち

表6-2 エージェンシー理論とスチュワードシップ理論における
エンゲージメントの視点と形態

	エージェンシー理論	スチュワードシップ理論
経営者の行動モデル	エコノミック・マン	スチュワード
行動パターン	利己的／自分勝手／ご都合主義	集産主義／組織主義
動機づけ	外発的	内発的

〈企業・経営者の類型〉

	エージェンシー理論	スチュワードシップ理論
経営者が望むガバナンス	内部ガバナンス	内部ガバナンス／外部ガバナンス
投資家が望むガバナンス	外部ガバナンス	内部ガバナンスでもかまわない
企業経営の特徴	短期主義	長期主義（サステナビリティ経営）

〈投資家側の対応──エンゲージメント手法〉

	エージェンシー理論	スチュワードシップ理論
エンゲージメントの論拠	議決権（保有比率が重要）	経営者・株主間の相互信頼（保有比率は重要でない）
エンゲージメント担当者	議決権行使担当者 ファンド・マネジャー	ファンド・マネジャー（アナリスト）
エンゲージメント手法	管理，圧力，規律づけ インサイダー化が必要なケースも（役員派遣等）	協調，同意，動機づけの触媒 アウトサイダーでも可
エンゲージメント対象となる企業数	少数（集中投資） 多数（議決権行使中心）	少数（集中投資）
エンゲージメントの時間軸	短期	長期
エンゲージメント・アジェンダ	大幅な株主還元増 リストラクチャリング 経済的インセンティブの導入（エージェンシー・コストの最小化）	成長戦略 適切な資本政策（潜在的利益の最大化）
エンゲージメント効果	イベント・ドリブン	長期業績成長
必要なスキル・セット	企業再生 有効的な圧力（集団的エンゲージメント含む） バリュー・バイアス	経営者評価（スチュワード） 企業価値評価（長期業績予想に基づく） クオリティ（グロース）・バイアス

(出所) 筆者作成.

取ることができ，エンゲージメントを成功裏に収めることができるのであろうか．信頼感とは言わば，経営者と投資家の「相思相愛」の状況を示すものであり，まずその前提として，投資家にはスチュワードを見きわめる能力，つまり適切な経営者評価能力が必要となる．本来はエージェント型の経営者であるにもかかわらずスチュワード型経営者として投資家が接した場合には，投資家は裏切られることになるため，両者間の信頼感の醸成はきわめて困難となろう．筆者の経験からは，この経営者選択の段階（通常はリサーチ・プロセスの一環として前工程に分類される）で，この後のエンゲージメント（後工程）の成否の8割以上は決まってしまう．経営者選択に失敗すると，後工程で挽回できる余地はきわめて限定的となる．また，スチュワード型経営者に対するエンゲージメントは短期ではなく，比較的長期間にわたり経営や意思決定に影響を及ぼしていく戦略となる．このため株式の長期保有を前提とした銘柄選択が必要となり，バリュー・バイアスではなく，クオリティ（グロース）・バイアスの素養が重要となる．

　次に，経営者から信頼を勝ち取る必要条件は，とりも直さず「長期機関投資家」としての姿勢，責務，スキル・セットということになり，これらは「日本版スチュワードシップ・コード」や「伊藤レポート」でも議論されている項目である．企業経営者から対話のパートナーとして信頼を勝ち取るためには，少なくとも経営者と同じ目線に立ち，経営者に新しい気づきを提供できる（あるいは経営者の戦略をより理論的・実践的にサポートできる）投資家である必要がある．同じ目線という観点からは，短期ではなく中長期の時間軸で企業価値を語れる投資家である必要があり，そのためには運用会社内部に「長期の業績（キャッシュフロー）予想」に基づく「企業価値評価手法」を確立しており，その手法に基づいた「適正株価（フェア・バリュー）」を算出する能力があることが必須となろう．この際の「長期」というのは四半期や1〜2年では明らかに短すぎ，最低でも3年（中期経営計画は3年以上で論じられることが多い），通常は5年以上の業績予想となる．5年以上の業績予想となれば，財務情報よりもむしろ非財務情報の重要性が高まってくるため，非財務情報の一環としてESGのファクター（環境・社会・ガバナンス）を真摯に分析し，業績予想に反映さ

せることが望ましい．したがって，このようなリサーチを可能とする運用会社の場合，比較的大規模なリサーチ・アナリスト部隊を運用会社内部に抱え，その1人ひとりのアナリストをつなぐ共通の哲学・ものの見方として，企業価値評価システムを有しているというのが望ましい姿となろう．

　スキル・セットの範疇で議論を続けると，企業経営の経験はやはりないよりはあったほうが望ましい．ファンド・マネジャーやリサーチ・アナリストといった投資のプロフェッショナルであれば，投資先企業やその業界の深い知識を有することは簡単ではないかもしれないが十分に可能であろう．しかしながら，企業経営を実際に行って初めて理解できるノウハウやスキル・セットも確実に存在する．一方で，運用会社の運用部門やリサーチ部門では特化型のブティック型運用会社を除いて，通常は企業経営の経験者はきわめて少ない．このため，経験者を外部から採用する，あるいはアドバイザーとして招聘するといった方策が考えられ，実際にエンゲージメント型運用の現場の多くで，このような人材が活躍している．

　最後に，誰が実際に企業経営者と対峙し，エンゲージメントを実施するのかという点を議論する．筆者は，スチュワード型の経営者に対しては，その経営者あるいは企業を「保有する」という意思決定を行ったファンド・マネジャーがエンゲージメントを実施するべきであると考えている．前述したように投資家と経営者が「相思相愛」の状況においてはじめて，スチュワードシップ関係は成立する．例えば，議決権行使担当者，あるいはファンド・マネジャーやリサーチ・アナリストの素養を持たない議決権行使を専門としてきた人材がエンゲージメントを実施した場合には，その経営者あるいは企業を選択したという思い入れはほとんどなく，規律づけ

4） ファンド・マネジャーと議決権担当者は，自らが株式売買の意思決定を行うかどうかという点で決定的に異なる．ファンド・マネジャーは自らが企業経営や経営者を評価し，その銘柄を「保有する」という意思決定を経たうえでエンゲージメントを行うので，スチュワードシップ理論に傾倒する傾向が強い．一方，議決権行使担当者は銘柄自体への思い入れはなく，議決権行使基準に従い経営者と対峙するため，規律づけや圧力がより重要なエージェンシー理論に傾倒する可能性が大きい．堀江（2014）は英国の機関投資家の事例をあげ，ポートフォリオ・マネジャーとコーポレートガバナンス部門間で議決権判断が異なった事例に言及したが，これは2つの理論に対する受容度が2人の担当者間で異なるために生じたと考えられる．

や圧力といった側面がより重視されるエージェンシー関係の側面が経営者に対して押し出されるリスクは一般的に大きいと思われる[4]。経験豊かなアナリストがエンゲージメントを行うケースも考えられるが，最終的には顧客資産の運用パフォーマンスに直接的に責任を負うファンド・マネジャーが直接エンゲージすることが望ましいであろう[5]。

このように，上記で議論した条件がそろった時に，機関投資家として経営者の信頼を勝ち取ることができる可能性が広がると言えるだろう．

3 経営者のパートナーとしての機関投資家の覚悟

これまでスチュワード型経営者に対する適切なエンゲージメント手法や，経営者から信頼を勝ち取る機関投資家の要件について論じてきたが，これらだけでは機関投資家はスチュワード型経営者と「共生」できない可能性がある．経営者のパートナーとして逃げない覚悟が機関投資家にどこまであるのか，という点がさらに重要となる．

企業経営者にとっては，その機関投資家がまず日本という市場に根を下ろして中長期的にパートナーとして存在するかどうかという確信が必要である．スチュワードシップ・コードの導入に伴い，エンゲージメント型運用が1つの収益機会と捉えている投資家や，金融危機などが起こった場合に日本から撤退をする可能性が高い投資家などは，経営者の信頼を勝ちえないのではないだろうか．また，エンゲージメント型運用の専業運用会社である必然性はないものの，その運用会社にとってその運用戦略が会社の中核的な位置づけであるかどうかも重要となろう．

また，企業経営者と真摯な対話を協調的に継続していくということにな

---

[5] 運用会社において，リサーチ・アナリストはファンド・マネジャーに対して銘柄の売買推奨を行い，真摯な議論を経た後で，ファンド・マネジャーが自己の責任において売買を決定し執行する．このため，一部の有能なアナリストで，その企業への投資や経営者に思い入れの大きい場合には，アナリストが直接経営者に対してエンゲージメントを実施するという選択も考えられる．しかしながら，筆者はファンド・マネジャーの投資の決定責任は重く，アナリストへエンゲージメントを任せる，あるいはアナリストが主導的に実施するといったことは控えるべきとの見解を有している．一方，ファンド・マネジャーが主導的であるかぎりにおいて，エンゲージメントの場にアナリストが同席することはむしろ望ましいと考えている．

ると，かつて日本ではメインバンクが果たしていた役割の一部を担うことになる．これまでプライベート・エクイティやベンチャー・キャピタルの分野を除けば，機関投資家や運用会社がそのような役割を果たした経験はほとんどないと言ってよいが，そのような役割を担う覚悟を投資家として有しているかどうか．この機関投資家の覚悟こそが経営者を動かす原動力になると思われる．

第3節 米国アクティビスト投資家とエージェンシー理論の関係

1 米国アクティビスト投資家と大手公的年金基金

　前節では日本におけるエンゲージメント活動のあり方として投資家と企業経営者間のスチュワードシップ関係の可能性を論じてきた．本節では，米国のアクティビスト投資家と企業経営者の関係を中心に論じていく．アクティビスト投資家に対する従来の典型的なイメージは，短期利益志向で，会社や他の投資家，他のステークホルダーの犠牲の上に自らの利益を追求する「強欲主義」の存在であっただろう．2000年代後半に日本を席巻したアクティビスト投資家もそのようなイメージを強く残したことは確かであり，日本では企業経営者のみならず機関投資家をはじめとする投資家コミュニティからもけっして歓迎される存在とは言えなかった．企業の事業内容に対する理解は総じて不十分であり，短期的な利益を求めて日本企業のバランスシートに積み上がる余剰資金の還元を経営者に迫る手法は支持を集めることはなかった．

　一方，米国で現在活躍しているアクティビスト投資家の実態は，上記の従来のイメージとは随分と異なったものである[6]．その特徴は，「洗練化」と「大手公的年金基金によるサポート」の2点に集約できよう．「洗練化」に関しては，リサーチ体制の充実がその基盤となっている．自社の各業種

---

6) 米国のアクティビスト・ヘッジファンドの動向に関しては，田村 (2014) に詳しい．

別のアナリストに加えて，投資銀行や証券会社，あるいは企業経営の経験者等の外部専門家をケースごとに招き入れ，投資先ごとにベスト・イン・クラスの専門チームを形成することができる．事業内容や企業経営に対する理解は結果として深くなり，経営者と対等に対峙することができるため，要求内容は単なる株主還元の強化にとどまらず事業内容に関するエンゲージメント内容も多い．

また，「大手公的年金基金によるサポート」に関しては，カルパース，カルスターズ，オンタリオ教職員といった大手公的年金基金が，これらの洗練されたアクティビスト投資家に対して運用資金および議決権の集団的行使を提供している．これらの機関投資家は本来，長期投資に値する企業のみを選別し投資すべきであり，経営に課題を抱える企業は非保有，あるいは売却とするべきである（いわゆる「ウォールストリート・ルール」の適用）．しかしながら，これらの投資家は巨大な規模の資産を保有しており，これらの株式を売りたくても実際には売れないという状況に置かれている．非保有あるいは売却が非現実的であるならば，洗練されたアクティビスト投資家を活用して，運用パフォーマンスの向上を図るのはきわめて合理的な動きである．アクティビスト投資家にとっては，これらの巨大な資産を有する大手公的年金基金から大口の資金の運用を受託することにより，徹底したリサーチやエンゲージメントにかかるコスト負担を解消できるというメリットがある．したがって，洗練されたアクティビスト・ヘッジファンドと大手公的年金基金の利益は一致しており，両者が手を組んで企業経営者を動かす構図は必然の流れであると捉えることができる．

2 米国アクティビスト投資家とエージェント型経営者

米国のこのようなアクティビスト投資家の動きは，前述したスチュワードシップ関係ではなく，エージェンシー関係に基づくエンゲージメントと解釈することができる．つまり，アクティビスト投資家は企業経営者を自らの利益を追求するエコノミック・マンと想定し，長期の相互信頼関係よりも保有比率や議決権を梃子に経営者と対話を行い，圧力や規律づけを通じたエンゲージメントを行う．エンゲージメントの時間軸は短期であり，

アクティビスト投資家は投資先への投資内部収益率（IRR）を意識しながら行動を起こすことが多い．アジェンダは企業再生を目指した大幅なリストラクチャリングや保有現金の株主還元となり，イベント・ドリブンとなる傾向がある．企業経営に大きな課題を抱える企業を対象とすることが多いため，アクティビスト投資家にはバリュー・マネジャーの素養が特に求められる（前述の表6-2参照）．

3 ゴシャールによるビジネス・スクール教育への批判

第1節で議論したDavis et al.（1997）のプリンシパル・マネジャー間の選択モデルにもう一度戻ってみよう．株主がエージェンシー理論のみを前提としてコーポレートガバナンスのあり方を論じた場合には，どのようなことが起こるのだろうか．この場合は，エージェンシー理論に関する理解がその社会あるいはそのコミュニティに深く根ざしており，デファクト・スタンダードとなっているということである．経営者は株主からエージェントとの認識を当然のごとく押し付けられるので，スチュワード型経営者として株主に認識されることをもはや期待しなくなるだろう．この時には，エージェントであった経営者のみならず，本来はスチュワードであった経営者もまたエージェント型経営者へと変貌していくことが予想される．つまり，スチュワード型経営者で居続ける損失（失望や怒りを含む）が大きくなり，エージェント型経営者へと変貌することが経済合理的な判断となるからである．

この時には，株主・経営者間のエージェンシー問題はさらに深刻化し，経営者の規律づけのためのインセンティブ付与の強化と，利己的行動の監視強化が議論されるが，この結果がさらに経営者のエージェント化を促進させることになる．経営者の目を株主利益に向けさせるために支払うコスト（インセンティブ付与）は高騰し，株主権の強化が際限なく図られる．この悪循環をここではエージェンシー問題の罠と呼ぶことにする．

このような視点から米国のビジネス・スクール教育を批判したのが，戦略論や国際マネジメントの研究で有名な故スマントラ・ゴシャール教授である．Ghoshal（2005）は，利己的な利益を追求する経営者像を前提とし

たエージェンシー理論をビジネス・スクールでデファクト理論として学生たちに教えるため，実際にその学生たちが卒業後にエージェント・タイプの経営者となってしまう可能性を指摘している．もっとも，これらの理論そのものは，複雑な現実を単純化しモデル化すること自体に意義があるのだが，現実のコーポレートガバナンスの課題を取り扱う際には，2つの理論をもう少しバランスよく取り上げていく姿勢が重要となる．つまり，エージェンシー理論はすでにこれまで数多くの実証研究を経て特に米国ではデファクト理論化しているのだが，ゴシャールの批判はいまだにエージェント理論がデファクト理論化していない日本においては，より重要な意味を今後持ってくるものと思われる．

4 米国アクティビスト投資家の新しい動き
―― 2つの顔を持つアクティビスト

　上述のゴシャールの主張に呼応するように，米国のアクティビスト投資家の中に新しい動きが見られるようになってきた．リレーショナル社のホイットワース氏やバリューアクト社のアッベン氏らに代表される新しいアクティビスト投資家は，パブリシティを派手に利用する従来の手法とは対極的にロー・キーを貫いており，経営者との水面下での交渉を基本とする．株式のショート（売り持ち）戦略を採用せず，特筆すべきは中長期的な企業価値向上を経営者と協調的に目指す点である．彼らの基本戦略は経営陣との間の信頼関係の構築を重視しており，圧力や規律づけを全面に出すことをしない．つまりこの点においては，経営者とのスチュワードシップ関係の構築を標榜しているものと推察される．

　しかしながら，経営者と長期的な企業価値向上に向けた関係構築や取り組みが困難であると判断された場合には，彼らの顔は従来のアクティビスト投資家，つまりエージェンシー関係に基づくエンゲージメントを行うアクティビスト投資家へと変貌する．その場合，パブリシティの活用や，他の投資家との集団議決権行使といった経営者への圧力や規律づけを重視することになる．彼らの戦略は，スチュワードシップ関係からエージェンシー関係へと大転換を遂げることになる．

　筆者は，彼らの戦略はきわめて洗練化されているものの，従来の米国で

のデファクト化された経営観，つまりエージェンシー理論に基づくエンゲージメント戦略であろうと考える．つまり，経営者との交渉——当初はスチュワードシップ関係を目指したものであったとしても——が決裂した場合には，このような米国アクティビスト投資家はエージェンシー関係へと軸足を移す投資家であり，そのことは経営者にとって周知の事実となっている．つまり，「いずれは従来のアクティビスト投資家のような強硬手段に出ることをいとわない」とわかっている投資家に対して，経営者が真の信頼関係を築けるのかどうか，という点がおおいに疑問である．2つの異なる顔を持つ投資家に対して，経営者がどのように認識し反応するのか，という点が重要である．

ゴシャールが指摘するように，米国ではエージェンシー理論がデファクト理論化されており，投資家・経営者間で共有化されている場合，軸足をエージェンシー関係に置きながらもスチュワードシップ関係を当初より経営者に垣間見せる行動は，戦略論的にはきわめて有効であると考えられる．経営者との交渉が決裂し，議決権争奪戦などが必要となった場合には，運用者としてアクティビスト投資家が負担すべきコストは一気に跳ね上がる．一方，水面下の個別交渉の時点で経営者と折り合いを見つけて合意することができれば，エンゲージメントのコストはきわめて小さいものにとどまる．エンゲージメントの後半に「強硬なアクティビスト投資家の顔」を垣間見せることで，コスト負担なしに当初より圧力や規律づけを効率的に行使できることになるからである．

5 日本におけるエージェント型経営者とのエンゲージメント

日本ではエージェント型経営者と，どのようなエンゲージメントを行うべきであろうか．これはエンゲージメント型運用の実践において，きわめて難しい問題である．これまで日本では，この課題を効率的に解決し成功した運用者はほとんどいないと思われる．筆者が運用しているファンドをはじめとして，日本で比較的成功しているエンゲージメント型運用はほぼスチュワードシップ関係の構築を志向しているものと推察されるが[7]，エンゲージメントが決裂した場合，つまりスチュワードシップ関係の構築を

望んだが,経営者がエージェント型経営者であると判明した(あるいは変貌した)場合には,エンゲージメントの中止,つまり株式の売却という判断を下すことが多いのではないだろうか[8]。

　新しい米国アクティビスト投資家には,前述のようにスチュワードシップ関係をエージェンシー関係へと,エンゲージメントの中身を180度切り替える投資家が現れている.筆者のファンドでその戦略を採用できるかと言われると,率直なところきわめて困難であり,また採用すべきではないだろうと考える.最大の理由は前述のとおりであるが,スチュワード型経営者と真のスチュワードシップ関係を構築するうえで,「この投資家は交渉が不成立となった途端に態度を一変させる」という認識が大きなマイナスとなると考えられるからである.また,エンゲージメントの相手がスチュワード型経営者とエージェント型経営者では,投資家に求めるスキル・セットやエンゲージメントに適任な人材などが大きく変わってくるため,人的リソースの面で非効率となるだろう.

　日本の経営者の現状を考慮すると,長期投資を通じて機関投資家としてサポートすべき企業と,非保有という判断で関与しない企業の二極化を今まで以上に進めるべきである.長期投資の対象となる企業に対しては,株式の保有,経営リソースとしての資金の提供,そしてエンゲージメントによる経営のサポートの提供を実施する.保有の対象とならない企業には投資家としてのサポートはないという,単純なウォールストリート・ルールを市場全体として推進させることで,保有対象から漏れた企業の経営者の自覚を促すことが期待される.日本の株式市場では,これまで長期投資家による企業の選別があまりになされてこなかったというのが筆者の意見で

---

7) 明示的にスチュワードシップ関係の構築を主張している運用者は少ないため,当事者は無意識にそのような戦略を取っている場合も含まれるものと推察される.
8) エンゲージメントの相手がエージェント型経営者だと判明して株式の売却を実施する場合には,期待収益率どおりのリターンをその企業への投資から得られないままイグジットすることを意味するため,投資としては失敗となる.集中投資において定常的に高いリターンを獲得するためには,このような失敗事例を減らすことが重要であり,スチュワード型経営者の見きわめの成否とそのスキル・セットが運用者の競争力となる.

ある.

　一方で，日本でも集団的エンゲージメントを積極的に推進し，それを通じてエージェント型経営者に対する改善を促すべきとの声も上がっている．この点に関しては，次節において議論を進める．

第4節　集団的エンゲージメントの意義

1　集団的エンゲージメントと議決権行使

　日本版スチュワードシップ・コードは，先行した英国版スチュワードシップ・コードを研究，参照した後で公表されたが，集団的エンゲージメントの指針を示した英国版の「第7原則」は日本版では採用されなかった．英国版「第7原則」では，会社との当初の議論は非公開で行われるべきだが，会社が建設的に対応しない場合には，他の機関投資家との協調や，意見公表，株主提案提出，取締役変更提案等も含め，圧力をエスカレートする方針を検討すべきであることや，問題が大きい場合には他の機関投資家と協調する集団的エンゲージメントを考慮することが望ましいとの見解が述べられている．

　ここにも明示されているように，対象となる経営者はエージェント型経営者であり，その手段としては対話よりも圧力が重視される．経営者との信頼関係ではなく，議決権や保有比率という数の論理が優先されるのである．

　したがって，集団的エンゲージメントは，本来日本版スチュワードシップ・コードが想定していたと思われる，協調や共生といった概念や理念とは少々かけ離れた，圧力，規律づけをどのように有効に機能させるのかという側面が強くなる．筆者の個人的な見解であるが，この点が考慮された結果，日本版スチュワードシップ・コードには英国版「第7原則」が採用されなかった可能性があるのではないだろうか．

2 機関投資家はなぜ一枚岩になれないのか？

　日本では機関投資家間の意見が異なり一枚岩ではない，との指摘をしばしば耳にすることがあり，実際に企業経営者と接して「何が投資家の意見かわからない」との指摘を受けることがある．このことが企業経営者にとって厄介な問題となっており，真に信頼できる投資家，パートナーとしてエンゲージメント関係を築きたい投資家を求める動機となっている．

　機関投資家間の運用哲学や意見の違いはまた，前述した集団的エンゲージメントを困難なものとしていると思われる．しかしながら，この問題は日本だけではなく，英国においても長い間議論が続いているのが現状である．英国は日本と比較して均一性が高くクオリティの高い機関投資家層が存在しており，投資家が企業経営に与える影響力は大きい．その英国でも集団的エンゲージメントに関しては，投資家は必ずしも一枚岩ではない[9]．この問題は単に機関投資家層の均一性や成熟といった要因から発生したものではなく，より本質的な問題である可能性が高いことを示している．

　協調的なエンゲージメントについても2種類が存在する．エージェンシー理論に基づいてあくまでも協調的に経営者との妥協点を探る短期的利害調整型のエンゲージメントと，スチュワードシップ理論に準拠して経営者との信頼関係に基づき潜在的パフォーマンスの最大化を図る長期関与型エンゲージメントである．後者を志向する長期投資家にとって，集団的エンゲージメントは議決権の集団行使に過ぎず，圧力により短期的に妥協点を探る活動と捉えられるため，概して受け入れ難い傾向がある．一方，集団的エンゲージメントの推進者にとっては，長期投資家はきわめて非協力的であると不満の目が向けられる可能性がある．経営者をどのように捉えるのかという哲学・理念に加えて，どのようなアプローチが最適であり，どのようなスキル・セットを有するのかという方法論が投資家間で大きく異なるために，集団的エンゲージメントは進展しないのではないだろうか．

9）例えば大崎（2013）を参照されたい．

この問題はけっして機関投資家の均一性や実力の話ではなく，2つの理論に基づいたエンゲージメントが併存する市場ではどこでも起こりうる．したがって，お互いの主張とそのもととなる理論を機関投資家間で正しく認識し，理解を深めたうえで議論を進めることが重要となる．集団的エンゲージメントの対象企業，対象経営者は，投資家間の立場を超えて簡単に理解に至るわかりやすい対象である必要があり，具体的にはどのような基準で検討しても「不適切な経営判断やその執行により長期的な企業価値を毀損している」と判断されるケースに限定される．筆者はこのような共通認識のもと，はじめて集団的エンゲージメントの議論は現実性を持つと考える．

3　集団的エンゲージメントをめぐる今後の展開

　前述した集団的エンゲージメントは，従来のスチュワードシップ関係に基づくエンゲージメントでは捕捉することが難しいエージェント型経営者に対する取り組みとして機能する可能性が高く，ここにその意義があるものと考えられる．つまり，スチュワード型経営者に対するエンゲージメントと，エージェント型経営者に対する集団的エンゲージメントの2つは互いに補完的であり，双方が相乗効果を及ぼしながら，日本の資本市場の効率性および潜在成長性の向上に寄与する可能性がある．

　すでに議論したように，ロング・オンリーの長期株式投資家は経営者のポジティブな面を評価する傾向にあり，それに応じたスキル・セットを保有している．中長期的な業績予想に基づいた企業価値評価は長期投資家の存在意義そのものであるが，一方で投資家間で意見が一致しやすい「誰の目から見ても明らかな企業価値の毀損」に対しては，アルファの源泉や彼らの付加価値と捉えない傾向がある．議決権行使担当者や（従来型の）アクティビスト投資家の役割と捉える向きが多いものと推察される．また，スチュワード型経営者へのエンゲージメントを行う投資家にとって，エージェント型経営者に対する「建設的かつ協調的」なエンゲージメントは，その実効性に疑問を有していることが多く，圧力・規律づけの側面が強調されるため，自らがその分野に踏み込めば，従来のスチュワードシップ関

係に悪影響を及ぼすと考えても不思議ではないであろう.

　現在,投資家フォーラムの創設が議論されているが,どのような投資家の集団となり,そこでどのような議論がなされるのであろうか.筆者は,そこでの対象は集団的エンゲージメントや,企業価値を毀損している経営者に対するエンゲージメント等,エージェンシー関係が色濃いものとなる可能性が高いと感じている.今後,企業経営者とのエンゲージメントを通じて,機関投資家が日本経済の持続的な成長に寄与することを目指すのであれば,まずは各々の機関投資家の役割を正確に把握し実行したうえで,その立場や機能,役割を乗り越えた議論の進展が不可欠であると思われる.

参考文献

Argyris, C. (1973) "Organization Man: Rational and Self-Actualizing," *Public Administration Review*, pp. 354–357.

Davis, J. H., F. D. Schoorman, and L. Donaldson (1997) "Toward a Stewardship Theory of Management," *Academy of Management Review*, Vol. 22, No. 1, pp. 20–47.

Donaldson, L. and J. H. Davis (1991) "Stewardship Theory or Agency Theory: CEO Governance and Shareholder Returns," *Australian Journal of Management*, Vol. 16, No. 1, pp. 49–64.

Ghoshal, S. (2005) "Bad Management Theories Are Destroying Good Management Practices," *Academy of Management Learning & Education*, Vol. 4, No. 1, pp. 75–91.

Jensen, M. C. and W. H. Meckling (1976) "Theory of the Firm: Managerial Behavior, Agency Costs and Ownership Structure," *Journal of Financial Economics*, Vol. 3, No. 4, pp. 305–360.

Kay, J. (2012) *The Kay Review of UK Equity Markets and Long-Term Decision Making*, Final Report〔ケイ報告書〕.

Kinoshita, Y. (2014) "Corporate Governance Reform and Shareholder Engagement Strategy in Japan," 19th Annual Local Authority Pension Fund Forum (UK) Conference Speech, 4th December.

Learmount, S. (2002) *Corporate Governance: What Can Be Learned From Japan?* Oxford University Press.

Lee, P. M. and H. M. O'Neill (2003) "Ownership Structures and R&D Investments of US and Japanese Firms: Agency and Stewardship Perspectives," *Academy of Management Journal*, Vol. 46, No. 2, pp. 212–225.

Mallin, C. A. (2004) *Corporate Governance*, Oxford University Press.
Maslow, A. H. (1943) "A Theory of Human Motivation," *Psychological Review*, Vol. 50, No. 4, pp. 370–396.
Muth, M. and L. Donaldson (1998) "Stewardship Theory and Board Structure: A Contingency Approach," *Corporate Governance: An International Review*, Vol. 6, No. 1, pp. 5–28.
Sundaramurthy, C. and M. Lewis (2003) "Control and Collaboration: Paradoxes of Governance," *The Academy of Management Review*, pp. 397–415.
Westphal, J. D. (1999) "Collaboration in the Boardroom: Behavioral and Performance Consequences of CEO-Board Social Ties," *Academy of Management Journal*, Vol. 42, No. 1, pp. 7–24.
大崎貞和（2013）『英国におけるスチュワードシップ・コードの運用実態』内外資本市場動向メモ，7月22日．
大崎貞和（2014）「日本版コード成功の条件（特集 日本版スチュワードシップ・コードがもたらす投資家行動の変化）」『企業会計』Vol. 66, No. 8, pp. 1176-1180.
柏木仁（2005）「スチュワードシップ理論：性善説に基づく経営理論：理論の解説，先行研究の整理，今後の研究の方向性」『経営行動科学』Vol. 18, No. 3, pp. 235-244.
木下靖朗（2014）「投資家と企業経営者の関係性と望ましいエンゲージメントのあり方」『日本ディスクロージャー研究学会第10回研究大会研究報告要旨集』，pp. 20-21.
金融庁（2014）『「責任ある機関投資家」の諸原則《日本版スチュワードシップ・コード》――投資と対話を通じて企業の持続的成長を促すために』．
経済産業省（2014）『伊藤レポート「持続的成長への競争力とインセンティブ――企業と投資家の望ましい関係構築」プロジェクト最終報告書』．
三瓶裕喜（2006）「コーポレートガバナンス・ファンドの役割――企業経営者と投資家の建設的対話を原動力として（特集 資本市場におけるファンドの役割）」『証券アナリストジャーナル』Vol. 44, No. 12, pp. 49-58.
田中一弘（2014）『「良心」から企業統治を考える――日本的経営の倫理』東洋経済新報社．
田村俊夫（2014）「経済・産業・実務シリーズ アクティビスト・ヘッジファンドと企業統治革命――『所有と経営の分離』の終わりの始まり？」『証券アナリストジャーナル』Vol. 52, No. 5, pp. 56-68.
林順一（2013）「委員会設置会社導入の有無と企業の現金等保有高の関係分析――スチュワードシップ理論は日本企業の状況を適切に説明できるか」『マネジメント・ジャーナル』Vol. 5, pp. 53-65.
堀江貞之（2014）「日本版スチュワードシップ・コードの重要性――目的を持った対話の必要性（特集 スチュワードシップ・コード）」『証券アナリストジャーナル』Vol. 52, No. 8, pp. 6-16.

コラム 6-1　エージェント型経営者を動かす議決権行使

　金属加工機械メーカーのＡ社は2014年5月，今後2年間の株主還元政策を発表した．2年間の純利益の全額を株主に還元するというのである．株式市場参加者は驚きをもって受け止め，株価は発表日（ザラ場発表）を含む2日間で24％上昇するなど，総じてこの発表を好意的に受け止めた．

　もちろん単に株主への還元を多くすればそれでよいというわけではなく，その企業の置かれた状況により最適な資本政策は異なってくる．Ａ社の場合は，すでに1,000億円以上の現金をバランスシートに抱える，いわゆる「実質無借金キャッシュ・リッチ企業」であった．Ａ社の業況は景気変動の影響を受けやすいシクリカルな業績構造を有しており，業績悪化時の備えとして現金を手元に置いておきたいという経営者の考え方は理解できる．しかし，その水準は過剰な水準であった．したがって，今後2年間はこれ以上の余剰資金をバランスシートに積み上げることはしません，という会社側のメッセージは資本市場におおいに好感されたのだろう．

　また，今回のＡ社の資本政策の変更は，ROE向上の意識と直接結びついており，この点が特に重要である．Ａ社のROEはリーマン・ショック後の直近6年間は3％を超えたことがない水準で推移しており，過去18年間の最高値は2008年度の6.7％である（図6-2）．この18年間はROEが資本コストを上回ることは

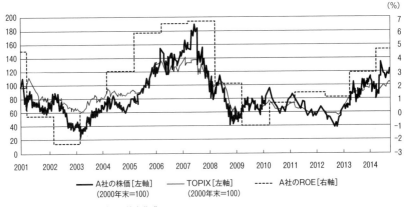

図6-2　Ａ社の株価とROEの推移

（出所）　ブルームバーグより筆者作成．

一度もなかったと思われ，典型的な株主価値破壊企業であった．投資家がA社を長期投資の対象と捉えることは難しく，極端に割安となった局面に買い入れ，株価上昇があれば売却するという，典型的な短期投資の対象となっていた．しかしながら，A社はそのROEの目標値（2年後7％）を掲げて，これまでの低ROE体質の改善を図ると表明した．そして，その改善策の1つとしてこれ以上の余剰資金の積み上げを抑制し，ROEの分母である株主資本の増加を抑制すると発表したのである．

　では，A社の経営者，経営陣はなぜ今回の資本政策の時限的変更，ROE目標値の発表に踏み切ったのであろうか．『日本経済新聞』はその理由について，「JPX日経インデックス400に選ばれなかったことも課題として明示した」（2014年5月17日朝刊），「背中を押したのは，ROEなどを基準にしたJPX日経インデックス400に採用されなかったことにあった」（2014年5月23日朝刊）と論じた．また，2014年5月29日の電子版では，A社の社長が自社の株式が当指数に採用されていない事実を認識し，焦りの表情を見せたことが描写されている．『日本経済新聞』の一連の報道により，JPX日経インデックス400が企業経営者の意思決定を動かした事例として，このケースは外国人投資家にも広く認識されることになった．

　しかしながら，筆者はこの一連の報道に少々違和感を抱いている．過去10年間のROE平均値が約3％の企業経営者が当指数に不採用であることを知った際，「本当に不採用なのか？」と疑問に思うものだろうか．相対的に低いROEや，積み上がる余剰資金の問題は，多くの株主から今までも指摘されてきたことである．エージェント型経営者を動かすには，圧力や規律づけといった手法がより効果的であり重要である，というのが筆者の見解である．筆者は，A社の株主総会において社長選任の賛成票比率が年々低下してきたことが課題視され，それに対する対応策として今回の施策を発表したのではないかと考えている．

　A社の社長選任の賛成票比率の推移は図6-3に示されているとおりであり，2013年6月総会では選任比率が63％台まで低下した．その危機感を背景に2014年5月の一連の対応策を発表し，その結果，同年6月の賛成票比率の急回復につながった（88％台）と見るべきではないだろうか．A社は対応策の一環として，2014年度から1名の独立社外取締役を導入した．A社は少なくとも1名の独立社外取締役の導入が，外国人投資家等に対して議決権行使を助言する議決権行使助言会社の社長選任基準で定義されていることを意識したうえで1名の導入を決定

図6-3　A社株主総会議案における取締役選任の賛成票比率の推移

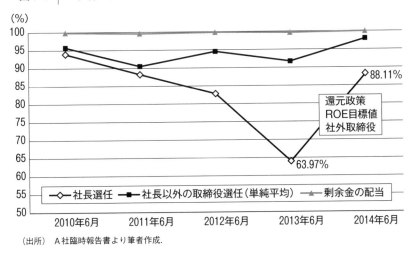

（出所）A社臨時報告書より筆者作成．

したと思われる．ちなみに，JPX日経インデックス400指数の採用基準において，定性的な要素の加点項目として2人以上の独立した取締役の選任が定義されている．A社が当指数への採用を意識したのであれば，独立社外取締役の人数は1名ではなく，2名としたほうが合理的ではなかっただろうか．

さて，A社社長の選任の賛成票比率は急回復しており，当面の圧力は緩和された格好となっている．A社経営陣がスチュワード型経営者であれば，2年間にとどまらず持続的な成長に向けてより長期の資本政策のビジョンを示すはずである．ROE水準も7％にとどまらず，分子項目の利益をいかにサステナブルに拡大していくのかをより真摯に考慮し，企業価値拡大に資する水準のROE目標値を発表して達成することが期待される．一方，エージェント型経営者の場合は，株主はより有効な圧力や規律づけを与え続けなければならないことになる．自らの経営者としての地位を担保したエージェントは，利己的な利益の追求を最優先し，その結果，企業価値あるいは株主利益の追求は後回しにされる可能性がある．折しもA社は社長交代を発表したばかりであり，これから数年間は，A社およびA社新社長の真価が問われよう．

コラム 6-2 スチュワード型経営者を動かすエンゲージメント

　不動産サービス企業のD社は，2014年4月の2013年度決算発表説明会において，それまでの配当性向50％の目標値に加え，30％分の自社株買いを実施することで，80％の総還元性向を目標値として設定することを発表した．それまでもD社は直近3年間平均では30％を超えるきわめて高いROEを達成しており，もともと製造業と比較して大きな設備投資や資産を必要としない，労働集約的なビジネス・モデルであったため，株主還元政策が適切でないと（株主への還元が不適切であると），すぐに現金がバランスシートに積み上がるという特性も有している．そして，この現金預金の積み上がりが現状の高ROEの低下要因として働くことを経営者は十分に理解しており，今回の発表となった．

　D社の総還元性向の目標値の発表は，前述のA社の発表と比較するとメディアで報じられる頻度は圧倒的に少なく，一般的な認知度はそれほど高くないかもしれない．しかしながら，D社経営者による決定は，スチュワード型経営者の典型的な行動として認識され，それを支えるエンゲージメント活動の重要性もまた同時に認識できる．

　まず，D社の株価とROEの推移（図6-4）を見ると，同社の経営がこれまで超過利潤をコンスタントに生み出し，企業価値をコンスタントに向上させてきたことは想像に難くない．D社は顧客へ付加価値の高いサービスを提供し，それを利益の獲得という形で株主価値へと結び付けてきたのだが，近年では社会的責任や超長期にわたる経営のサステナビリティといった点へも経営の視点が拡大している．自社の利益だけを考え社会を顧みない企業では経営のサステナビリティは担保されず，社会とどのように利益を共有し共存共益を実現するのか，社会からD社のみならず業界全体がどのように認知され受け入れられるのか，といった点を大変重視している．また，いわゆるモーレツ営業の典型であるD社は，営業職の従業員の離職率（回転率）の高さも課題視しており，営業の効率性と従業員の満足度ややりがいをいかに両立させるのか，長期的にどのような営業の文化を構築していくべきか，といった課題にも目を向けている．そして，これらについては，筆者が機関投資家として継続的に企業側とエンゲージメント活動を行っている点である．

　D社の経営者や企業文化はスチュワードシップ型である．もっと付加価値を生み出し競合と差別化できる経営にするためには何が必要か，株式市場のみならず

図6-4 D社の株価とROEの推移

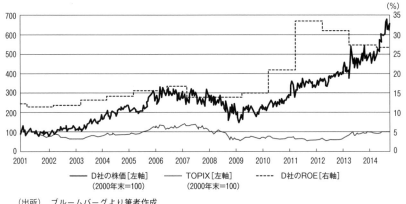

（出所）ブルームバーグより筆者作成.

社会全体にもっと認められ尊敬される企業へと少しでも近づくためにどのようなことが必要か，サステナビリティ経営を確立して次世代の経営者に事業を継承するためには何が必要か，という経営者の思い入れが伝わってくる．また，大変オープン・マインドで株主の意見にも真摯に耳を傾けてくれる．企業外から外部者の目で見てこそ認識できる課題などを指摘すると企業側から歓迎されることが多い．このようなスチュワード型経営者に対しては，圧力は不要である．過度な規律づけも不要である．独立社外取締役も導入されているが，その社外取締役からどのような意見を吸い上げるべきかを常に意識した経営が実行されている．形式要件で社外取締役を導入しているわけではない．

　そのような企業の経営者であれば，現行の株主還元政策を継続するとROEの低下要因として働くという現状を放置することはできなかったのだろう．このような決定は，経営者に圧力がかかった結果ではなく，自発的な決定である．また，企業のサステナビリティや企業価値を強く意識した決定であり，経営者自身の保身や組織の特定の目的のために行われたわけでもない．このようなスチュワード型経営者は日本に少なからず存在する．そして，そのような企業を動かすのは株主とのエージェンシー関係ではなくスチュワードシップ関係であり，スチュワードシップ関係に基づいた継続的なエンゲージメントが重要な役割を果たすのである．

第7章

ESG投資と それをプロモートする アセット・オーナーの存在

第1節 海外におけるESG投資の普及とその背景

1 スチュワードシップ・コードによるESG投資の要請

　2014年2月，金融庁は，2010年に英国で初めて導入されたスチュワードシップ・コードをモデルとして，日本版スチュワードシップ・コードを導入した．日本版スチュワードシップ・コードには，機関投資家の最終的な目的が，顧客・受益者のために運用パフォーマンスを中長期的に最大化することであることを確認したうえで，中長期的な視点から投資先企業やその事業環境について深く理解し，株式の売買だけでなくエンゲージメントや議決権行使といった手段を活用して，投資先企業の企業価値向上と持続的成長を促すことが必要であるという認識が示されている．全体を通じて強調されているのは，投資行動を行うにあたって，短期的な視点だけでなく中長期的な視点を取り入れることの必要性であり，言い換えれば長期投資を行うことが要請されている[1]．

---

[1] 長期投資という言葉について，保有期間が長い投資のことと解されることもあるが，ここでは投資判断において常に中長期的な見通しを考慮することと定義する．中長期的な見通しは時として変化することがあるため，長期投資は保有期間が長いことを必ずしも意味するものではない．

図7-1 　投資の時間軸により異なる情報イメージ

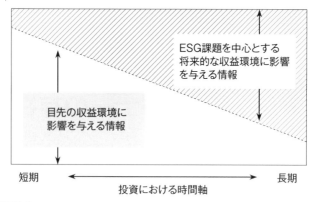

(出所) 筆者作成.

　ここで，短期的な時間軸での投資判断に必要な情報と，長期的な時間軸での投資判断に必要な情報の違いを確認しておきたい．短期投資においては，今期や来期の目先の業績予想が重視される．そこでは，当該企業の販売動向・受注動向，市場シェア，原材料費の動向，為替相場や景気等のマクロ経済動向といった，当該企業の目先の収益環境に影響を与える情報を考慮する比重が必然的に高くなる．

　他方，長期投資においては，今期や来期の業績予想だけでなく，より将来の業績予想も重要となる．そこでは，目先の収益環境には直結しないものの，将来的な収益環境に影響を及ぼす情報の比重が増す．将来的な収益環境に影響を及ぼす情報は，例えば気候変動，資源枯渇，人口動態，貧富の格差拡大等の環境・社会に関する諸課題に企業がどのように対峙するかといった情報や，経営のリーダーシップ，組織文化等の企業のガバナンスに関する情報などが含まれる．環境（Environment）・社会（Society）・ガバナンス（Corporate Governance）にかかる諸課題（以下，「ESG課題」）に関連した情報が，長期的な収益環境に影響を及ぼす情報の多くを占めているのである．

　つまり，今日において，ESG課題を投資判断において考慮することを抜きにして，長期投資を実践するということは難しくなってきている．

図7-2 機関投資家の運用資産に占めるESG投資の地域ごとの比率

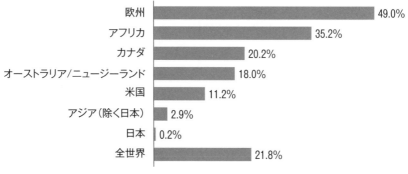

(出所) GSIA (2013) より筆者作成.

こうした前提を踏まえ本章では，ESG課題を考慮した投資（以下，「ESG投資」）の概要をその背景思想とともに解説する．また，ESG投資にかかわるプレイヤーの中でも特に重要な役割を果たしているアセット・オーナーの考え方や，ESG投資の具体的手法について解説する．さらに，ESG課題に対する企業側の認識や，企業と投資家とのESG課題をめぐるコミュニケーションの事例などについても取り上げる．

2 長期投資として広がるESG投資

ESG投資への支持は急速に拡大しており，地域差はあるものの，2012年時点において全世界の機関投資家が運用する運用資産の約22％を占めるまでに拡大している（GSIA, 2013）．

ESG投資がここまで拡大したきっかけは，2006年に策定された国連責任投資原則（Principles for Responsible Investment：PRI）[2]による貢献が大きい．特に，PRIが投資運用においてESG課題を考慮することと運用パフォーマンスの最大化は相反するものではなく，むしろ受託者責任を

---

[2] 国連責任投資原則は，国連環境計画金融イニシアティブ（UNEP-FI）と国連グローバル・コンパクトの共同イニシアティブとして開始された．

負っている投資家として，長期的な運用パフォーマンスに影響するESG課題を考慮することが必要であると訴えたことが，多くの支持を得た要因である．もちろん，環境破壊や資源枯渇，あるいは企業のサプライ・チェーンにおける社会・環境問題といったESG課題が深刻化し，そうした諸課題に対する規制強化や市民社会の関心の高まりによって，ESG課題に対する企業の対応が長期的な運用パフォーマンスに影響を与える可能性が高まってきたことが背景にあるのは言うまでもない．

　PRIが策定される以前のESG投資は，倫理投資（Ethical Investment）や社会的責任投資（Social Responsible Investment）と呼ばれることが多く，社会的な運動を伴う投資とみなされることが一般的であった．そのため，ESG投資の担い手は，倫理的な価値観を投資行動に反映させる一部の投資家であり，ESG投資は社会を変革するために行うニッチな投資戦略だったのである．

　そういった状況を踏まえつつ，深刻かつ複雑化するESG課題解決の担い手として，国連は金融界に期待を寄せていた．PRIが発足した2006年時点で，世界の主要300の年金基金の運用資産総額は約1,229兆円[3]と日本のGDPの2倍を上回る規模であり，その資金の持つ力は絶大であった．2005年にアナン国連事務総長（当時）は，PRI策定のために集まった世界の主要な投資家を前に，「今，世界はあなた方の手の中にあることに気づいていらっしゃいますか」と問いかけたという（日本証券アナリスト協会，2010，3頁）．気候変動などの国境を超える環境問題解決には，国際間での抑制に向けた合意や規制が不可欠であるが，国際間の調整はなかなか進まなかったことから，規制だけではなく資金の流れの自主的な変化を促すことによっても問題解決を図ろうとしたのである．

　ESG投資が主流になるためには，ニッチな投資家ではなくメインストリームな投資家の賛同を得る必要があった．そのため国連は，社会を変革するためにESG投資を実践する必要があると主張するのではなく，ESG課題に対する企業の対応が長期的な運用パフォーマンスに影響する可能性

3）Watson Wyatt社の調査に基づく．

が高まっていることを踏まえ，長期的な運用パフォーマンスを最大化するために投資判断においてESG課題を考慮する必要があると主張した．実際，同原則の序文には，「私たち機関投資家には，受益者のために長期的視点に立ち最大限の利益を最大限追求する義務がある．この受託者としての役割を果たすうえで，(ある程度の会社間，業種間，地域間，資産クラス間，そして時代ごとの違いはあるものの) 環境上の問題，社会の問題および企業統治の問題 (ESG) が運用ポートフォリオのパフォーマンスに影響を及ぼすことが可能であることと考える」(PRI) と書かれている．

国連責任投資原則

1. 私たちは投資分析と意思決定のプロセスにESGの課題を組み込みます．
2. 私たちは活動的な (株式) 所有者になり，(株式の) 所有方針と (株式の) 所有慣習にESG問題を組み入れます．
3. 私たちは，投資対象の主体に対してESGの課題について適切な開示を求めます．
4. 私たちは，資産運用業界において本原則が受け入れられ，実行に移されるように働きかけを行います．
5. 私たちは，本原則を実行する際の効果を高めるために，協働します．
6. 私たちは，本原則の実行に関する活動状況や進捗状況に関して報告します．

(出所) PRI.

　企業のESG課題の対応が運用パフォーマンスに影響を与える可能性があることをPRIが提唱した結果，ESG投資は倫理的な価値観を投資判断に反映する投資家だけのものではなく，長期的な運用パフォーマンスの最大化を狙う長期的投資家にとっても重要な投資戦略であることへの理解が進んだ．現在，PRI署名機関は1,280機関 (うち，アセット・オーナーは279，運用機関は821，その他専門機関は180) にまで拡大している[4]．

---

4) 原稿を執筆している2014年9月中旬時点の署名機関数である．

第2節 ESG投資に関するインベストメント・チェーン

1 ESGインベストメント・チェーンの全体像

　ESG投資の担い手は，資金の出し手である年金基金等の「アセット・オーナー」，アセット・オーナーから委託を受けて株式売買などの実務を行う「運用機関」，アセット・オーナーや運用機関にESG投資にかかる情報を提供する「ESG情報提供機関」の3つに大別される．各プレイヤーは相互に関係しており，ESG投資に関するインベストメント・チェーン（以下，「ESGインベストメント・チェーン」）は図7-3のように構成される．

　ESG情報とは，企業がESG課題をどのように捉えて対峙しているかを示す情報である．例えば，事業活動を行う中で，環境や社会にどのような負の影響を与え，またそれらを軽減するためにどのような取り組みを実践しているのか，環境問題や社会問題解決のためにどのような事業活動を行っているのか，そしてそれは企業の競争力にどのように影響しているのか，といった内容が含まれる．ESG情報は，主に統合報告書やCSR報告書などの企業が公開している情報から取得することが可能である．図7-3のとおり，公開されたESG情報は，一次利用者であるESG情報提供機関

図7-3　ESGインベストメント・チェーンの構成

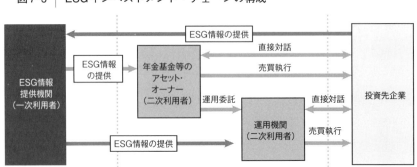

（出所）　筆者作成．

が主に取得し，整理・加工・分析が行われ，二次利用者であるアセット・オーナーや運用機関に提供される．ESG情報提供機関によっては，公開情報だけでなく企業に対してアンケート調査を実施して情報を取得しているところもある．

二次利用者であるアセット・オーナーや運用機関が，統合報告書やCSR報告書などから直接ESG情報を取得する場合や，企業によるIRにおける直接対話の場でESG課題への対応などの情報を取得することもある．ただし，そうした動きは企業側の対応も含めて，足元では限定的なものにとどまっている．企業によるIRについては，第5節で詳しく解説する．

2 アセット・オーナーがESG投資に与える影響

アセット・オーナーの影響は大きく，アセット・オーナーの意思なくしてはESG投資の拡大は進まなかったとも言える．事実，アセット・オーナーの意向に基づき，運用機関がESG投資を導入することは多く，PRIの発足時にも，考え方に賛同するアセット・オーナーの間で署名が広がり，その後に運用機関などにも署名する動きが拡大していったという経緯がある．ESG投資がそれほど普及していない日本の運用機関からも，海外の年金基金から資産運用を受託しようとする場合には，ESG課題を考慮した投資を実践していないと入札条件も満たさないといった話を聞く．詳しくは後述するが，日本を除く世界の大手年金基金の多くは，運用資産のすべて，もしくは大部分にESG投資の考えを適用している．アセット・オーナーの考え方や投資行動は，運用機関にESG投資を導入させる大きなきっかけとなっている．

さらに，アセット・オーナーの影響力はESG投資の普及だけにとどまらない．スチュワードシップ・コードが描く，投資家と企業の良質な対話により，企業価値向上と企業の持続的成長が実現し，投資家・企業ともにメリットを得られるような世界は，インベストメント・チェーン全体に影響力を有するアセット・オーナーの意思ある行動なくしては実現しないであろう．

3 ESG情報提供機関の果たす役割

　ESGインベストメント・チェーンにおいて特徴的なのは，ESG情報提供機関の存在である．彼らはESGインベストメント・チェーンにおいてどのような役割を果たしているのだろうか．前述のとおり，ESG投資は2006年のPRI発足以後，急速に拡大してきた．ただし，ESG投資を実践するアセット・オーナーや運用機関のすべてが，ESG課題に対する深い知識や分析ノウハウを蓄積しているわけではない．そのため，不足している部分はESG情報提供機関に外注する形でESG投資を実践するアセット・オーナーや運用機関も多く，そこにESG情報提供機関の存在意義がある．事実，ある運用機関の担当者は，「ESG（情報の分析）と投資判断の世界は，想像以上に分断されている．投資家はESGのことについて，そもそもよく知らないし，専門家でもない．だからこそ，ESG情報提供機関にアウトソースしている」と語っている（経済産業省, 2014, 13頁）．PRI発足以前から存在するESG情報提供機関も多く，彼らはESG課題に対する深い知識や分析ノウハウを蓄積している．ESG情報提供機関は，運用パフォーマンス向上のためにはどういったESG課題が重要かを特定するうえで一定の影響力を持っている．

　世界各地にESG情報提供機関は存在しているが，欧米を拠点とする主なESG情報提供機関は表7-1のとおりである．ESG課題を広く網羅しているか，環境に特化しているか，ESG課題をリスクと捉えて分析を行うか，事業機会と捉えて分析を行うか，またあくまでESG情報の収集と整理に特化し，分析を加えずに基礎データとして提供することを目的としているか，など機関ごとに特色がある．

　さらにESG情報提供機関は，企業のESG課題への対応にも一定の影響を与えている．例えば，カーボン・ディスクロージャー・プロジェクト（CDP）は毎年企業に対して気候変動に特化したアンケート（気候変動質問書）を実施しているが，その質問書の内容を見て，気候変動対応ではどのような取り組みが求められているかを確認する企業も多いという．また，ロベコサム社はダウ・ジョーンズ社と共同で株価指数「ダウ・ジョー

表7-1 欧米を拠点とする主なESG情報提供機関

本拠地	機関名	ESG課題の捉え方／ESG評価を実施する目的	カバレッジ
米国	ブルームバーグ（Bloomberg）	ESG情報にかぎらず，収集した情報に独自の定性判断を付与することは行っておらず，あくまでも中立的な立場で情報提供を行うという姿勢を持つ．	52カ国 5,000社以上
米国	MSCI ESGリサーチ	ESG課題対応の巧拙は，将来の予期せぬコスト負担を予測するものであるとの考え方を持つ．予期せぬコストには，罰金，訴訟費用，オペレーション・コスト，操業許可取得コスト，レピュテーション回復コストなどが含まれる．	先進国，新興国合わせて約5,000社，うち日本企業はMSCI Worldに組み入れられている約300社
欧州	カーボン・ディスクロージャー・プロジェクト（CDP）	気候変動，水不足，洪水，公害，森林破壊は，投資家にとって重要なリスクと機会を見極める要素であるとの考え方を持つ．CDPのデータを通じて，投資家は，説明責任と透明性に優れた企業を見きわめ，長期的な投資判断を行うことが可能となる．	全世界6,000社以上 気候変動質問書の対象となる日本企業数は500社
欧州	FTSE4Good	FTSE4Good Indexは，社会的責任の世界基準に基づき企業を評価している．社会的責任を考慮する投資家に利用されることを通じて，企業がより質の高い事業を行うことを目指している．	全世界2,800社程度 日本企業は450社程度
欧州	レップリスク（RepRisk）	透明性確保およびリスク・マネジメントを通じて顧客の長期的な成功に貢献することをミッションに掲げる．	全世界4,000社（先進・新興国市場の上場・非上場企業）
欧州	ロベコサム（RobecoSAM）	様々な資源の制約が増える中，持続可能な経営はステークホルダーにとっての長期的な価値を形成するために重要であり，かつ，企業の競争力やリスクを評価するうえでも重要である，とする．	全世界3,300社，うち日本企業は352社
欧州	トゥルーコスト（Trucost）	企業・投資家・政府・アカデミックへのデータ提供を通して，現在の企業活動や製品，サプライ・チェーンや投資活動が自然資本に依存している状況への理解を広げ，日々増加する環境コストに対するリスク・マネジメントと，より持続可能なビジネス・モデルの構築を促進することを目指している．	全世界4,500社

（出所） 経済産業省（2014）を基に筆者作成．

ンズ・サステナビリティ・インデックス」を算出しているが，同指数の構成銘柄に組み入れられるかどうかは，企業のESG課題への対応に関する1つの重要な評価指標となっているという．

第3節　海外の公的年金基金によるESG投資

1　確固たるポリシーを持った海外の大手年金基金

　繰り返しになるが，ESG投資に関するインベストメント・チェーンにおいては，アセット・オーナーの考え方や投資行動はきわめて大きな影響力を持っている．特に，アセット・オーナーの中でも大手年金基金は，運用資産の規模が桁違いに大きく，市場に与えるインパクトは非常に大きい．時として株価を大きく変動させる要因にもなっている．

　表7-2は，ESG投資を積極的に実践している世界の代表的な年金基金の一覧である．世界有数の資産規模を持っていることに加え，すべての運用資産または大部分の運用資産がESG投資により運用されている．運用資産の規模では，海外ではノルウェー政府年金基金―グローバル（GPFG）が最も大きく，91.8兆円を運用している．オランダ公務員年金基金（ABP）や，米国のカリフォルニア州職員退職年金基金（CalPERS）の運用資産も30兆円を上回る．本章では，以下，特に断りのないかぎり，表7-2に掲げられている北米・欧州・オセアニアの各年金基金のことを，「海外の大手年金基金」と記載する．

　表7-2には，比較のために日本の代表的な大手年金基金についても記載している．日本の国民年金・厚生年金の積立金の管理・運用を行う年金積立金管理運用独立行政法人（GPIF）は，先ほどのノルウェー政府年金基金―グローバル（GPFG）を上回る総額126.6兆円の運用資産を持ち，世界最大の年金基金であるが，ESG投資に関しては，この原稿を執筆している2014年9月時点で実施しているという情報はない．

表7-2 ESG投資を牽引する世界の代表的な年金基金

所在地域	年金基金名称	運用資産額(単位:兆円)	ESG投資方針の適用範囲	上場株式への投資比率
北米	カリフォルニア州職員退職年金基金(CalPERS)[※3]	30.0	すべて	53.8%
	カナダ年金制度投資委員会(CPPIB)[※5]	21.4	すべて	31.2%
	カリフォルニア州教職員退職年金基金(CalSTRS)[※6]	19.2	すべて	57.0%
	ニューヨーク州職員退職年金基金[※2]	18.2	大部分	54.5%
	ニューヨーク市年金基金[※4]	16.3	大部分	57.6%
	オンタリオ州教職員年金基金(OTPP)[※1]	13.3	すべて	44.0%
欧州	ノルウェー政府年金基金—グローバル(GPFG)[※5]	91.8	すべて	61.3%
	オランダ公務員年金基金(ABP)[※2]	42.5	すべて	39.6%
	オランダ厚生福祉年金基金(PFZW)[※5]	20.8	すべて	31.0%
	スウェーデン公的年金基金(AP-fonden)[※1]	15.5	大部分	51.7%
	デンマーク労働市場付加年金基金(ATP)[※5]	11.8	大部分	11.1%
オセアニア	オーストラリア退職年金基金(AU Super)[※2]	7.2	すべて	61.1%
	ニュージーランド退職年金基金(NZ Super)[※2]	2.3	すべて	62.0%
(参考)日本	年金積立金管理運用独立行政法人(GPIF)[※2]	126.6	—	32.1%
	地方公務員共済組合連合会[※2]	18.9	—	29.8%
	全国市町村職員共済組合連合会[※2]	11.8	—	38.9%
	企業年金連合会[※2]	10.0	—	25.0%
	国家公務員共済組合連合会[※2]	7.6	—	16.6%

(注1) ※1は2013年12月31日時点，※2は2014年3月31日時点，※3は同年4月30日時点，※4は同年5月31日時点，※5は同年6月30日時点，※6は同年7月31日時点のデータである．
(注2) ESG投資方針の適用範囲は，PRIに署名している各基金が，PRIへの2013/14年の報告資料において，全運用資産額に対するESG投資方針の適用範囲を「すべて」「大部分」「一部分」の3段階の中から選択したものである．
(注3) 日本円への換算にあたっては，1 USD=103.14円，1 CAD=94.4円，1 EUR=137.44円，1 NOK=16.75円，1 SEK=15.01円，1 DDK=18.44円，1 AUD=96.01円，1 NZD=86.87円でそれぞれ換算した．
(注4) 上場株式への投資比率は，日本株式および海外株式についての合算値である．
(注5) AP-fondenについては，AP 1，AP 2，AP 3およびAP 4の合算値とした．
(注6) 資産規模の大きい日本の年金基金は，比較のための参考として記載した．
(出所) 各基金のホームページ，PRIの資料を基に筆者作成．

これらの基金の多くは，上場株式にも積極的に資産を振り向けており，上場株式への投資比率が50％を上回っているところも多い．投資先はグローバルに広がっており，日本に上場する企業の株式も多数保有している．例えば，ノルウェー政府年金基金―グローバル（GPFG）の場合，日本の上場企業1,284社（2013年末時点）の株主である．カリフォルニア州職員退職年金基金（CalPERS）も1,100社以上（2013年6月末時点）の日本企業に投資している．資産規模が大きいことから保有比率も高く，日本企業に対して大きな影響力を持ちうる存在である．日本企業に対する投資行動がメディアで話題になることも少なくない．例えば2014年6月には，カリフォルニア州職員退職年金基金（CalPERS）やオンタリオ州教員年金基金（OTPP）を含む海外の20の投資家が連名で，トヨタ自動車，NTTドコモ，三菱UFJフィナンシャル・グループ，住友不動産などの日本の上場企業33社に対して，社外取締役の増員を求める書簡を送付していたことが報じられた[5]．また，オランダ公務員年金基金（ABP）は，福島第一原発の問題をめぐって，東京電力に対し，安全性や環境影響について複数にわたって協議を申し入れたにもかかわらず，回答が得られなかったとして，投資対象から除外したことが2014年1月に報じられている[6]．

　いったい，なぜ海外の大手年金基金はESG投資に積極的なのであろうか．国によって異なる年金制度や，経済・社会情勢の違いを考慮する必要はあるが，年金基金にESG投資が普及した要因は主に2つ考えられる．

　第1の要因は，年金基金が長期投資家であるという点である．年金基金は，将来にわたって安定的に年金を給付するのに必要な原資を確保するために，長期的な視座に立って資産の管理・運用を行うことが求められている．そのため，長期的に運用パフォーマンスに影響を与える要因を考慮しないわけにはいかない．さらに，もともと欧州や米国には，企業のESG評価の方法や，投資運用においてそれを反映させる手法を発展させてきた一部の先進的なESG情報提供機関や運用会社が存在していたこととも重

---

5)『日本経済新聞』2014年6月5日付け朝刊に基づく．
6) 2014年1月8日付けロイターに基づく．

なった結果，長期投資としてのESG投資が年金基金の間に爆発的に普及したものと考えられる．

しかし，第1の要因だけでは，日本の年金基金にはなぜESG投資が広がっていないのかを説明することができない．日本の年金基金も長期投資家であることに変わりはないはずだ．

考えられる第2の要因は，環境破壊や資源枯渇，あるいは企業のサプライ・チェーンにおける社会・環境問題といったESG課題に対する企業の対応が，長期的な運用パフォーマンスに影響するという考えが，違和感なく年金基金の運用担当者に受け入れられていることである．もっとも，ESG課題による企業への影響や企業の対応をどう評価すればよいのか，それを投資運用にどう反映させるべきなのか，それによって運用パフォーマンスは長期的にどのように変化するのか，といったことが十分に明らかではないことが，ESG投資の採用が広がらない原因であるという指摘もある．

しかしながら，運用パフォーマンスに関しては，検証がまったく行われていないわけではない．代表的なものとしては，国連環境計画・金融イニシアチブ（UNEP-FI）が2007年に発表したレポートがある．同レポートでは，ESG課題を考慮したことによる運用パフォーマンスへの影響について，ESG課題，検証方法，検証する株式市場，検証期間の異なる合計30編の実証分析論文をサーベイした結果，「投資運用においてESG課題を考慮することが，少なくとも運用パフォーマンスにマイナスの影響を与えることはない」と結論づけている．この結果は，現時点において，運用パフォーマンスを毀損することなく，将来的に予想される気候変動や資源枯渇などのESG課題による影響を，投資運用において考慮することが可能であることを示唆している．さらに，上記の分析はあくまで過去の結果を対象としたものであることにも注意が必要である．なぜなら，環境破壊や資源枯渇といったESG課題の多くは，将来的により深刻化することが予想されるため，過去と未来では企業活動に与える影響が異なる可能性があるからである．つまり，過去の運用パフォーマンスに与えた影響以上に，将来の運用パフォーマンスに影響を及ぼす可能性がある．

実際，海外の大手年金基金は，基金自身が重要と考えるESG課題や考え方を明確化し，対外的に明らかにしている．例えば，ノルウェー政府年金基金—グローバル（GPFG）の場合は，基金の運用実務を担当するノルウェー中央銀行の投資管理部門（NBIM）が，長期的な運用パフォーマンスを毀損しないようにするために「気候変動に関するリスク・マネジメント」「水マネジメント」および「子どもの権利」の3つを環境・社会に関する重点領域に定め，各々について企業に期待する取り組み水準を具体的かつ詳細に記載したペーパーを公開している[7]．企業のESG評価の方法や投資運用への反映方法について，確立された方法や正解がないのは日本でも海外でも状況は同じであるが，海外の大手年金基金は，基金自身が重要と考えるESG課題について，ESG投資方針においてその考えを具体的に表明し，投資運用に反映させるために様々な試行錯誤を行っている点が日本とは大きく異なっている．

2 ESG投資の目的はリスク低減が主流

　投資運用の実務に決定的な影響を与えた現代ポートフォリオ理論（Modern Portfolio Theory：MPT）では，ポートフォリオの構築や評価をする際には，リスクとリターンの2軸によって物事を考える．ここでリターンとは，将来に期待される収益率であり，リスクとはその期待収益率からのバラツキとして定義される．運用パフォーマンスを向上させるためには，ポートフォリオが下落するリスクの低減を図ることと，リターンの向上を図ることが必要である．

　欧米の大手年金基金では，ESG課題が長期的な運用パフォーマンスに影響を与えるという考えが広く受け入れられていることを述べたが，そこからさらに一歩踏み込んで，ESG課題を考慮することがリスクとリターンのどちらに主に影響すると考えられているかを見ていきたい．もっと

7）3つのペーパーはNBIMのホームページにおいて，それぞれ「NBIM Investor Expectations: Climate Change Risk Management」「NBIM Investor Expectations: Water Management」「NBIM Investor Expectations on Children's Rights」のタイトルで公開されている．

図7-4 海外の大手年金基金の年次報告におけるキーワードの使用

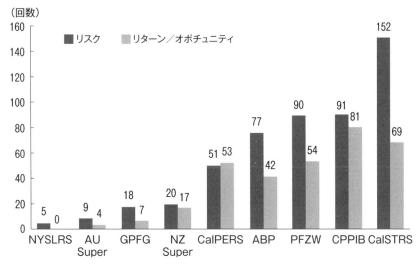

（注）2014年5月時点で開示されている直近の年次報告書を参照し，年次報告書においてESG投資に関する情報が記載されていない基金は分析の対象外とした．
（出所）CalPERS (2012), CalSTRS (2013a), CalSTRS (2013b), NBIM (2014), ABP (2013), PGGM (2013), CPPIB (2013a), CPPIB (2013b), NYSLRS (2013), AU Super (2013), NZ Super (2013) を基に筆者作成．

も，ハイリスク・ハイリターン，ローリスク・ローリターンという言葉があるように，リスクとリターンはトレードオフの関係にあり，どちらか一方だけが変化するとは考えにくいが，ここではESG課題を考慮する際にリスクの低減に重きが置かれているのか，リターンの向上に重きが置かれているのかを検証する．

そのための方法として，ここでは海外の大手年金基金によるESG投資に関する開示情報に注目する．図7-4は，大手年金基金が開示している年次報告書の中から，ESG投資に関連するセクション（ESG投資に特化した年次報告書を開示している基金の場合は，当該報告書の全体）を取り出し，当該文章（テキスト）中に使用されているキーワードの使用回数を分析したものである．具体的には，リスク低減に関する情報開示においては「risk」というキーワードが，リターン向上に関する情報開示においては「return」または「opportunity」というキーワードが使用されると仮定

し，それらのキーワードについて，英単語の複数形も含めて使用回数をカウントした．

結果は，カリフォルニア州職員退職年金基金（CalPERS）を除いて，リターンに関連する内容よりも，リスクに関連する内容のほうがより多く報告されていることを示唆している．実際にこれらの報告書に目を通してみても，環境破壊や資源枯渇，あるいは企業のサプライ・チェーンにおける社会・環境問題といったESG課題をリスクとして捉え，それらによる影響を考慮ないし回避しようとする投資行動について情報開示している例が目立つ．その意味で，図の分析は，報告書を実際に読んで受ける印象とも齟齬はない．この分析だけをもって断言することはできないが，海外の大手年金基金におけるESG投資は，リスク低減がより重視されている可能性が高いと言えよう．

もう1つの論拠としてあげられるのは，一部の年金基金では，開示しているESG投資方針の内容が，リスク低減に特化した内容となっているという事実である．例えば，カリフォルニア教職員退職年金基金（CalSTRS）は，2008年にESG投資方針として「Investment Policy for Mitigating ESG Risks」を策定している．その名が示すとおり，この投資方針はESG課題に関連するリスク（以下，「ESGリスク」）に特化したものであり，長期投資において考慮すべき「21のESGリスク」として，人権や環境問題など21のリスク要因を具体的に列挙し，外部の運用機関および内部担当者が，投資意思決定時のデュー・デリジェンスの際に考慮することを要請している．また，オーストラリア退職年金基金（AU Super）においても，ESG投資方針において，「ESG課題を投資に関係するリスクとみなす」と明確に述べ，投資判断において予見可能なESGリスクを考慮することを要請している[8]．

このような2つの事実から，海外の大手年金基金の多くは，ESG課題を考慮することによって，主に運用におけるリスク低減を期待している可能

---

8) オーストラリア退職年金基金のホームページに基づく．http://www.australiansuper.com/investments-and-performance/approach-and-holdings/our-investment-governance.aspx

性が高い．また，ESG課題を考慮することによって，特にテール・リスク（発生確率は小さいものの，発生すると多大なる損失をもたらすリスク）の低減に効果があるという主張も一部でなされている[9]．

3 日本の年金基金におけるESG投資の現状

　海外の大手年金基金の間には急速に広がっている長期投資としてのESG投資であるが，日本の年金基金ではあまり受け入れられていないのが現状である．表7-2にあげた日本の大手年金基金の中で，ESG投資を実施していると述べているのは，地方公務員共済組合連合会と全国市町村職員共済組合連合会の2基金に限られており，それ以外の年金基金は，この原稿を執筆している2014年9月時点でESG投資を行っているという情報はない．また，先ほどの日本の2基金においても，ESG投資方針の開示は確認できず，海外の大手年金基金のように，どのような考え方によりどのようなESG課題に着目してESG投資を行っているのかは必ずしも明らかにされていない．

　このように，海外に比べると日本の年金基金のESG投資をめぐる現状は必ずしも進んでいるとは言い難い状況にあるが，年金基金と同じ「ワーカーズ・キャピタル」（労働者が拠出した，または労働者のために拠出された資金）で運営されている労働金庫連合会においては，積極的にESG課題を考慮したESG投資が行われている．わが国においては，アセット・オーナー（資産保有者としての機関投資家）がESG投資を行っている数少ない事例であり，ここで紹介したい[10]．

　労働金庫は，労働組合や生活協同組合等の会員の出資によって運営されている非営利の福祉金融機関であり，勤労者のために預金業務や貸出業務などの金融サービスを提供している．労働金庫連合会は，全国13の労働金庫の中央金融機関であり，業務の1つとして余裕資金の運用を行っている．労働金庫連合会がESG投資の検討を本格化させたのは2009年にまで

---

9) 『フィナンシャル・タイムズ』2011年5月8日付けに基づく．
10) 執筆にあたっては，労働金庫連合会にヒアリングを行った．この場を借りて謝意を表したい．

さかのぼる．当時約4兆円あった余裕資金の運用に関して，労働金庫らしい運用のあり方を検討した結果，「SRI（社会的責任投資）原則」が2010年に策定された．同原則では，投融資においてESG課題を考慮していくことが明確に述べられており，これを踏まえて，ESG課題を考慮して投融資先を決定するポジティブ・スクリーニングと，ESG課題を考慮したうえで不適格な投融資先を決定するネガティブ・スクリーニングが行われている．

特にネガティブ・スクリーニングは，運用資産約5.6兆円（2013年度末）のすべてに適用されており，ESG課題の考慮が意思決定プロセスに組み込まれている．具体的には，すべての投融資先企業を対象として，環境汚染や労働災害など投融資におけるリスクとなりうる情報を外部の調査機関を活用して独自に入手し，ESG課題への対応状況の把握に努めている．何らかのネガティブな情報を入手した企業については，専務理事以下が出席する月1回の「SRI審査委員会」において，投資不適格とするかどうかの議論を行い，1社ごとに判断が下される．投資不適格と判断するには至らなかったとしても，注視すべきと判断された企業については，投資比率を下げるなどの処置が取られる場合もある．ESG投資ファンドに「SRI審査委員会」において投資不適格と判断した銘柄が含まれている場合には，外部の運用委託機関に投資スタンスについてのヒアリングを行っている．

一方，ポジティブ・スクリーニングについては，リサーチ体制が充実している外部の運用委託機関を通じて実施している．ポジティブ・スクリーニングを開始しようとした当初は，運用委託機関が提供するESG投資ファンドの選択肢が限られていたため，運用委託機関に要請して新しく私募ファンドを設定してもらったこともある．現在は，ESG課題全般を考慮する投資ファンドと，家族，環境，健康などの社会課題をテーマとした投資ファンドにより，約120億円（2013年度末）を運用している．さらに，これらのESG投資ファンドの運用にあたっては，外形的な情報に基づいて投資判断を行うのではなく，企業と面会するなど企業価値をより高めるような相乗効果のある調査をして，投資判断を行うように運用委託機関に

要請している.なお,ポジティブ・スクリーニングにおいては,単に社会貢献に熱心な企業に投資するというような発想ではなく,あくまでリターンの向上を前提とし,ESG 課題への対応が企業価値につながっていくと期待される企業に投資していく考えである.

労働金庫連合会は,上記で述べたように創意工夫を凝らしながら,自前でできる部分については積極的に自前で行い,自前で行うのが難しいと考える部分については,外部の運用委託機関等を利用し,連合会としての ESG 投資への考え方を商品組成や投資判断に反映することを求め,ポジティブ・スクリーニングによるいっそうの企業価値向上を目指す点に特徴がある.日本の公的年金基金は,諸外国のそれと比べて人的リソースが限られるなど違いを指摘する声もあるが,労働金庫連合会による ESG 投資の実践例は,日本の年金基金の実情に即した ESG 投資実施の可能性を検討するうえで,大きなヒントを与えてくれるように思われる.

第4節 ESG 投資手法とエンゲージメント

1 ESG 投資手法の6分類

ESG 課題を考慮することを投資運用の意思決定に反映させる方法は,一定の基準を満たす企業をポジティブ・リスト化していくアプローチと,一定の判断基準に基づいて企業をネガティブ・リスト化していくアプローチの2つに大きく分けることができる.

ポジティブ・リスト・アプローチには,企業が ESG 課題をどのように捉えて対峙しているのかについて,企業間比較が可能な形で評価し,業種別に相対的に評価の高い企業を選出していく「ベスト・イン・クラス」と,水ファンドやクリーンテック・ファンド,ヘルスケア・ファンドといったサステナビリティに関連する特定のテーマに関連する企業に投資する「テーマ投資」の2つがある.いずれの場合も,運用のリターン向上を目的としている場合が多い.

前者の例として有名なのは，スイスの運用会社ロベコサム社が企業評価を手がける株価指数「ダウ・ジョーンズ・サステナビリティ・インデックス」である．「ベスト・イン・クラス」では，企業は株主の利益だけを追求するのではなく，様々なステークホルダーとの間でバランスの取れた良好な関係構築が企業価値向上に必要であると主張する「ステークホルダー理論」[11]に立脚し，事業活動に伴う環境負荷の低減，労働安全衛生の水準向上，ワーク・ライフ・バランスの実現，顧客利益保護の取り組み，サプライ・チェーンにおける社会・環境問題への配慮などを網羅的に評価して企業を選ぶ．

　後者の「テーマ投資」の場合には，環境問題や社会問題の解決にプラスの貢献をする特定の技術を有する企業や，特定の製品・サービスを提供する企業が長期的に高い収益を獲得することを期待し，そうした企業に投資することにより運用のリターン向上を狙う．

　ネガティブ・リスト・アプローチでは，ESG課題に関する特定の判断基準を基に企業のネガティブ・リストを作成し，投資先からの除外または当該企業に対して改善の働きかけを行う．運用におけるリスク低減を目的としているものであるが，どういったESG課題をリスクと考えるかによっても判断基準は異なる．特定のESG課題や事業内容や製品・サービスに着目する場合を「ネガティブ・スクリーニング」と呼び，企業行動に関する国際的な行動規範を判断の拠り所とする場合は「規範に基づくスクリーニング」と呼ぶ．

　ネガティブ・リスト・アプローチでは，すでに株式や社債を保有している銘柄を対象として，基準に抵触する事実がないかどうかのモニタリングを定期的に行うとともに，新規に株式や社債を取得する際にも，デュー・デリジェンスの一環として確認が行われる．

　株式や社債を保有している銘柄について，基準に抵触する何らかの事実を確認した際に，すぐに売却するのではなく，株主の立場から企業に対し

---

11) バージニア大学ビジネス・スクールのフリーマン教授が1984年にその著書で提唱した理論であり，企業が社会的責任（CSR）を推進する理論的根拠を与えた．詳しくはFreeman（1984）を参照されたい．

て働きかけを行うことによって問題解決を図ろうとする場合は「ESGエンゲージメント」と呼ばれる．働きかけを行ったにもかかわらず，期待する結果が得られない場合には，最後の選択肢として売却が行われることがある．海外の大手年金基金の多くは，期待する結果が得られた「ESGエンゲージメント」の事例は開示しない場合が多く，期待する結果が得られずに売却に至った場合にのみ，その決定を開示することが多い．「ESGエンゲージメント」の結果として売却に至った事例としては，2013年7月にオランダ厚生福祉年金基金（PFZW）が発表した米国小売最大手のウォルマート社の投資先からの排除決定があげられる．労働者の団結権を組織的に侵害するなど，同社の労使関係に懸念が高まっていたことに加え，過去5年にわたってエンゲージメントを行ってきたにもかかわらず，ウォルマート社側が投資家との建設的な対話に応じなかったことを決定の理由としてあげている[12]．

　上記とは別に，投資家が行う企業価値評価（バリュエーション）において，ESG課題による影響の評価を組み込む「インテグレーション」が，2006年のPRI策定以降，急速に拡大している．企業価値評価とは，企業の将来業績を予想し，それを現在価値に割り引くことによって適正な株価水準（フェア・バリュー）を算出することである．投資家はフェア・バリューと実際の株価との乖離を見て投資判断を下す．「インテグレーション」による企業価値評価においては，このフェア・バリューの算出の際に，ESG課題による影響を考慮する．例えば，カナダ年金制度投資委員会（CPPIB）は，ESG課題が，経営計画・事業計画の実行に影響を及ぼさないか，資産や負債の価値に影響を及ぼさないか，将来の収益性に影響を及ぼさないか，の3点について自前で独自に分析を行っていることを明らかにしている．ただし，フェア・バリューの算出にあたって使用するモデルや手法は投資家のノウハウにあたる内容のため，一般に公開されることは稀であり，実態はややブラックボックスであると言える．そのため，「イ

---

[12] オランダ厚生福祉年金基金（PFZW）のホームページに基づく．https://www.pfzw.nl/over-ons/beleggingen/Paginas/Statement-exclusion-Walmart.aspx

表7-3　ESG投資手法の6分類

ESG投資の手法	具体的な内容・特徴	世界のESG投資全体に占める割合（運用資産額ベース）
（ポジティブ・リスト・アプローチ）		
ベスト・イン・クラス	企業がESG課題をどのように捉え対峙しているのかを評価し，業種別に相対比較することによって，ESG関連の取り組みの進んだ企業を抽出する手法．	7.5%
テーマ投資	環境テクノロジーや持続可能な農業などの環境関連銘柄や，マイクロ・ファイナンスなどの社会面のサステナビリティ・テーマに関連した銘柄に投資する手法．一部はインパクト・インベストメントと呼ばれることもある．	0.6%
（ネガティブ・リスト・アプローチ）		
ネガティブ・スクリーニング	気候変動や化石燃料枯渇といった特定のESG課題への対応が進んでいない企業や，環境汚染など特定のESG課題を引き起こしている企業，武器・タバコ・ギャンブル・原子力発電といった特定の事業・業種に属する企業を排除する手法．	61.0%
規範に基づくスクリーニング	「OECD多国籍企業ガイドライン」や「国連グローバル・コンパクト」といった，人権・労働・環境・腐敗防止などに関する国際的な行動規範に抵触する銘柄を排除する手法．特に欧州の投資家に広く採用されている．	22.4%
ESGエンゲージメントおよび議決権行使	企業との直接対話や株主提案／議決権行使を通じて，特定のESG課題への対応を企業に促す手法．複数の投資家が共同で企業に働きかけを行う「共同エンゲージメント」が行われる場合もある．	34.6%
（その他）		
インテグレーション	伝統的な企業価値評価に，ESG課題による企業への影響を，明示的な方法によりシステマティックに組み込む手法．2006年のPRI策定以降に普及した手法の1つ．	45.5%

（注）　世界のESG投資全体に占める割合の合計値が100%を上回るのは，複数の手法が同時に適用された運用資産が重複計上されていることによる．
（出所）　GSIA（2013），Eurosif（2013）を基に筆者作成．

ンテグレーション」を実施していると投資家が述べている場合には，実際にどの程度までESG課題による影響が考慮されているかは投資家によって相当バラツキがある，と考えられる点には留意する必要がある．

2 リスク低減のためのESG投資手法

　海外の大手年金基金は，運用のリスク低減を主な目的としてESG投資を実施していることは先に述べたとおりである．そのために，特定のESG課題への対応が十分ではない企業，さらには特定のESG課題を引き起こしている企業をネガティブ・リスト化し，「ネガティブ・スクリーニング」「規範に基づくスクリーニング」「ESGエンゲージメント」によって運用のリスク低減を図っている．海外の大手年金基金が，企業をネガティブ・リスト化する際の着目点は主に以下の5通りに分類することができる．

①特定のESG課題に着目する

　海外の大手年金基金の間でESG投資方針において最も行われているのは，基金として重要視するESG課題を明確化し，自家運用における考慮または委託運用機関に対して考慮するように要請を行うという方法である．例えば，カリフォルニア教職員退職年金基金（CalSTRS）は，ESG投資方針「Investment Policy for Mitigating ESG Risks」において21のリスク要因を具体的に指定している．具体的にどのようなESG課題に着目するかは年金基金の考え方によって異なるが，気候変動，水ストレス，化石燃料依存，エネルギー効率，サプライ・チェーンにおける社会・環境問題，人権侵害，労使関係，労働安全衛生，従業員のダイバーシティ，取締役会のダイバーシティ，政治献金の妥当性，役員報酬水準の適切性などがあげられる．

②特定の産業や製品・サービスに着目する

　環境汚染など特定のESG課題の一因となっている産業に属する企業や，特定の製品・サービスを提供している企業に着目する方法も，①に次いで海外の大手年金基金の間で一般的である．伝統的には，武器やタバコ製造に関連する銘柄や，原子力発電に関連する銘柄を投資先から排除するなどが年金基金の間で行われてきた．近年では，北米を中心として，深刻

な環境破壊や水質汚染が指摘されているシェール・ガス採掘のためのフラッキング（水圧破砕採掘）に携わる企業や，環境や地域コミュニティへの悪影響の可能性がある石油・ガス・鉱物資源等の開発に携わる企業（採取産業）に着目する事例が増えてきている．これらに関与する企業を機械的に投資先から除外する場合もあれば，企業側がいかに環境への悪影響を認識して，その影響を低減するために有効な手段を講じているかどうかに着目する場合もある．後者の場合には，投資先企業がどういった事業を行っているのかに加えて，企業側の認識や対策の有効性などについて詳しく調べる必要がある．

③企業行動に関する国際的な行動規範を判断の拠り所とする

3つ目の方法は，国際的な行動規範を判断の拠り所として活用する方法であり，主に欧州の年金基金が採用している．具体的に活用されている行動規範の例として，国連グローバル・コンパクト，OECD多国籍企業行動指針，OECDコーポレートガバナンス原則，国際コーポレート・ガバナンス・ネットワーク（ICGN）コーポレートガバナンス原則，国際労働機関（ILO）の中核的労働基準などがある．①，②の方法で注目する内容は，企業が所属する業種や事業内容そのものが大きく影響するものが多いが，③の方法では，企業の労使関係や腐敗防止対策といった，業種や事業内容にかかわらず，すべての企業が取るべき行動を行っているかどうかに着目する．また，国際的に受け入れられている行動規範を判断の拠り所とすることにより，特定の受益者の信条や考え方に偏った判断を排除し，すべての受益者が受け入れることのできる中立的な判断を担保するという狙いもある．もっとも，上にあげた行動規範に投資先企業が抵触しているか否かの判断は投資家側が下す必要があり，外形的に判断することは難しいため，投資家側は企業側の実態などを詳しく調べる必要がある．

④企業の情報開示に着目する

ごく一部ではあるが，海外の大手年金基金の中には，企業によるESGに関する情報開示の有無自体を，透明性の観点から重要視する場合があ

る．例えば，企業のESG情報開示ガイドラインの1つであるGRIガイドラインに沿った情報開示や，カーボン・ディスクロージャー・プロジェクト（CDP）に対する温室効果ガス排出量等に関する情報開示などを要請している事例も存在している．

⑤その他

その他，オランダ厚生福祉年金基金（PFZW）では，業種別に，企業のESG課題に対する企業の対応状況に関する評価の下位10%を除外することにより組成された株価指数（インデックス）に連動させるパッシブ運用を行っている．ステークホルダーとのバランスの取れた良好な関係構築ができていない企業にあえて着目することによって，企業価値向上が相対的に期待できない企業を除外しようとする方法であり，「ベスト・イン・クラス」の逆の発想である．

3 ESGエンゲージメントの動向

「ESGエンゲージメント」とは，先に述べたように，投資先企業に対して株主の立場から直接働きかけることによって，長期的に企業価値に影響を与えるESG課題への対応を促していく手法である．同時に，「ESGエンゲージメント」は，日本版スチュワードシップ・コードが投資家に対して要請している「中長期的視点から投資先企業の企業価値および資本効率を高め，その持続的成長を促すことを目的とした対話」をまさに体現するものであると言える．

少なくともこの原稿を執筆している2014年9月時点において，国内の大手年金基金が「ESGエンゲージメント」を実施しているという情報はないが，日本版スチュワードシップ・コードについては，年金積立金管理運用独立行政法人（GPIF）をはじめとして，国内の大手年金基金の多くが受け入れを表明しており[13]，「ESGエンゲージメント」を行う年金基金が増えてくることが期待される．他方，海外の大手年金基金の多くは，すでに「ESGエンゲージメント」を積極的に実施していることから，ここでは，海外の大手年金基金が，どのようなスタンスで，またどのようなア

プローチで実施しているのかについて詳しく見ていく.

　はじめに,海外の大手年金基金の「ESGエンゲージメント」に対するスタンスから確認していきたい.というのも,エンゲージメントという言葉は,株主による投資先企業とのコミュニケーションを幅広く含む言葉であり,投資家によって多様な捉え方があるからである.企業に対して何らかの要求を行う意図のあるなしにかかわらず,企業との間で行われたミーティングをすべてエンゲージメントとして捉え,その回数をエンゲージメントの実績として開示している事例もある.投資先企業のことを良く知るために行う対話もエンゲージメントの範疇だと捉えている投資家もいる(経済産業省,2014).

　それとは逆に,時に敵対的な姿勢を取り,委任状争奪戦などを繰り広げることも辞さないアクティビスト投資家による企業への働きかけもエンゲージメントの範疇に含まれる.アクティビスト投資家は,隠れた企業価値を顕在化させ株価が上昇したところで売り抜けることを目的に,ターゲット企業の株式を大量に取得したうえで,経営陣に要求を突きつける投資家であり,投資アプローチとしてはバイアウト投資に近いと指摘される(岩谷,2007).しかし,アクティビスト投資家が行うエンゲージメントと,海外の大手年金基金の多くが実施している「ESGエンゲージメント」とは,次の2点において大きく異なっている.

　1つ目の違いは,ESGエンゲージメントでは,アクティビスト投資家のようにターゲット企業を決めてから株式を取得し,短期的に株価が上がったところで売り抜けるためにエンゲージメントを行うのではなく,長期投資家としてすでに保有している銘柄から,エンゲージメントの対象が決定されるという点である.すなわち,株式を保有している企業の中に,ESG

---

13) 2014年9月2日付で金融庁が発表した日本版スチュワードシップ・コードの受け入れ状況によれば,17の年金基金等が受け入れ表明を行っている.年金積立金管理運用独立行政法人(GPIF)のほか,地方公務員共済組合連合会,全国市町村職員共済組合連合会,企業年金連合会,国家公務員共済組合連合会も受け入れを表明している.GPIFは,受け入れ表明を同日付で公表した「スチュワードシップ責任を果たすための方針」において,社会・環境問題に関連するものを含むリスクへの対応やガバナンスの状況を,エンゲージメントにおける内容の具体例としてあげている.

課題への対応に問題のある企業はないか，ESG課題が企業業績に影響するリスクが高まっている企業がないかについて常に関心を払い，リスクを認識した際には，機動的に企業との間で認識共有を行うとともに，注意喚起を促すというスタンスである．長期投資家として，あくまで長期保有を前提としたうえで企業との関係構築を図り，運用におけるリスクを低減することによって，結果として長期的な運用パフォーマンスを獲得することに重点が置かれている．

2つ目の違いは，海外の大手年金基金による「ESGエンゲージメント」は，個別企業の分析に基づいて企業を選択し，株式の売買を行うアクティブ運用にのみ限定されるESG投資手法ではないという点である．実際，株価指数等に連動した運用を行うパッシブ運用において「ESGエンゲージメント」が積極的に行われている．すなわち，機動的に個々の株式を売却しないパッシブ運用であるがゆえに，株式を保有したまま企業に対して働きかけを行う「ESGエンゲージメント」が，ポートフォリオ全体のリスク低減のために重要であると考えられている．日本の公的年金基金の株式運用については，パッシブ運用の比率が総じて高くなっている．例えば年金積立金管理運用独立行政法人（GPIF）の場合，国内株式運用に占めるパッシブ運用比率は約81%（2013年度）である[14]．そのため，日本の大手年金基金が「ESGエンゲージメント」の実施を検討する際には，海外の年金基金がパッシブ運用において「ESGエンゲージメント」を活用している事例を参考として，まずは既存のパッシブ運用の中で「ESGエンゲージメント」を実施することから検討をはじめるのも一案であると考えられる．

「ESGエンゲージメント」の実施にあたって，重要となるのは働きかけを行う企業の決定方法である．パッシブ運用はもちろんのこと，通常，分散投資を行っている場合，ポートフォリオの銘柄数は多い．例えば，ノルウェー政府年金基金—グローバル（GPFG）や，カリフォルニア州職員退職年金基金（CalPERS）などは，日本の上場企業だけでも1,000銘柄以上

---

14) 年金積立金管理運用独立行政法人「平成25年度業務概況書」に基づく．

図7-5 エンゲージメント候補企業の決定についての考え方の例

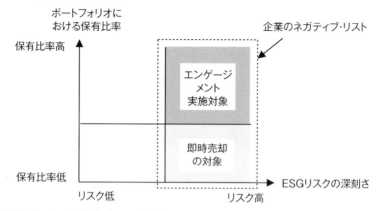

(出所) 経済産業省 (2014) を基に筆者作成.

保有している.しかし,エンゲージメントの実務を担うスタッフの数には限りがある.そのため,海外の大手年金基金では,外部の調査機関を有効に活用することによって,効率的に投資先企業の状況把握を行い,基金の考え方に照らしてESGリスクが深刻であると考えられる企業のネガティブ・リストが作成される.そのうえで,ポートフォリオにおける当該銘柄の保有比率の高さを考慮して,エンゲージメントを優先的に実施する企業を決定するというプロセスが一般的である.認識するESGリスクが深刻であっても,ポートフォリオにおける保有割合が低い場合は,手間をかけてエンゲージメントすることによって得られる運用全体への効果が小さいことから,即時売却という手段が取られる.

ここまで「ESGエンゲージメント」について述べてきたが,最後に議決権行使についても触れておきたい.日本版スチュワードシップ・コードにおいては,エンゲージメントに加えて,議決権行使を適切に実施するように投資家に求めている.議決権行使も,投資家が投資先企業に対して影響を与える重要な手段の1つである.しかし,議決権行使は,株主総会の場において,取締役の選任などの議案に対して,賛成・反対を投ずるものであり,投資先企業に対して能動的に働きかけを行っていくエンゲージメントに比べると,やや受動的な手段による企業への影響力の行使だと言え

る．議決権行使が重要であることは論をまたないが，日本版スチュワードシップ・コードが狙いとする，日本企業の企業価値向上や持続的成長を促すうえで必要な企業と投資家の関係を構築するためには，議決権行使に加えて，エンゲージメントを行う投資家の存在が重要だと考えられる．

4 長期的なリターン向上を狙うESG投資手法

　海外の大手年金基金は主に運用パフォーマンスのリスク低減を目的として，様々なESG課題に着目してESG投資を実施している．さらに，パッシブ運用においても，「ESGエンゲージメント」を実施することによって，投資運用におけるリスク低減を積極的に図っている．一方，海外の大手年金基金において，リターンの向上を目的とするポジティブ・リスト・アプローチによるESG投資の実践は以下のとおり限定的なものとなっている．

　ポジティブ・リスト・アプローチの1つである「テーマ投資」について見ると，クリーン・テクノロジー，水処理技術，廃棄物処理技術，持続可能なエネルギーに関する技術，持続可能な林業や農業，その他気候変動の緩和や適応に貢献する技術など，環境関連の企業に投資するテーマ投資は，海外の大手年金基金の多くが実践していることを明らかにしている．しかしながら，環境関連以外ではヘルスケアに着目したテーマな投資などを行っている基金がわずかに存在している程度であり，例えば企業のダイバーシティ経営など，製品・サービス以外のファクターに着目したテーマ投資はほとんど行われていない．

　また，ポジティブ・リスト・アプローチのもう1つの手法である「ベスト・イン・クラス」を採用していることを明確にしている海外の大手年金基金はきわめて少ない．フリーマン教授が提唱する「ステークホルダー理論」は，企業が様々なステークホルダーの利益に配慮した取り組みを行うことが当該企業の企業価値向上にもつながると主張する．実際に企業側も，CSR報告書や，サステナビリティ報告書，統合報告書等の情報開示において，いかに自社のESG課題への配慮の取り組みが企業価値向上につながるのかを積極的にアピールする事例が増えてきているが，海外の大

手年金基金が，この観点から企業をポジティブ・リスト化して，投資先を決定している事例は限定的だと考えられる．

第5節　ESG投資家を惹きつけるESG-IR戦略

1　環境・社会課題への対応と事業機会獲得を融合しはじめた企業

前節まで，アセット・オーナーや運用機関がESG課題を考慮するのは，リスク低減がその主な理由であると解説した．企業はESG課題への対応をどのように捉えているのだろうか．

多くの投資家がESG投資を開始する何年も以前から，企業は社会的責任を果たすためにCSRに取り組み，ESG課題への対応を進めてきた．ナイキ社の発展途上国におけるサプライ・チェーンの劣悪な労働条件がNGOにより暴露され，全米の学生中心に大規模な不買運動が繰り広げられたのは1990年代後半のことである．ナイキ社はその後，サプライ・チェーンの労働問題是正に取り組んだが，今ではほとんどのグローバル企業がサプライ・チェーンの社会環境問題をリスクとして捉え，問題が発生しないように，サプライヤーの監査を強化するなどの対策を講じている．

対応を早くから進めてきた企業にとって，すでにESG課題への対応はリスク低減から事業機会獲得のフェーズに移行しつつある．マサチューセッツ工科大学スローン経営大学院のピーター・センゲ上級講師によれば，ESG課題への対応は「(1)法制に未対応」という段階から，「(2)法令を遵守」「(3)法制を先取り」という段階に進み，最終的には「(4)戦略への反応」「(5)目的や使命」と進化するという（Senge *et al.*, 2008）．(2)段階や(3)段階がリスク対応であるとすれば，(4)段階や(5)段階は事業機会獲得へのフェーズであり，取り組みを進化させてきた企業は現在，まさにこの段階に到達している．

ESG課題への対応がどのように事業機会獲得に結びつくのかという点では，ハーバード大学経営大学院のマイケル・ポーター教授らが2011年

に提唱した共有価値の創造 (Creating Shared Value：CSV) の概念がわかりやすい．彼らによれば，CSVの具体的なアプローチには，主に3つあるという (Porter and Kramer, 2011)．

1つ目は，顧客ニーズ，製品，市場を見直し，従来のビジネスでは顧客となりえなかったセグメントをターゲットにするアプローチである．貧困層を顧客とし，彼らの抱える課題解決に貢献する製品・サービスを提供する，いわゆるBOPビジネス[15]や，太陽光発電や風力発電などの新たな環境技術開発などが含まれる．

2つ目は，バリュー・チェーンの生産性を再定義し，バリュー・チェーン全体を通じたエネルギー利用の効率化，資源の有効利用，物流の効率化・変革，サプライヤーの育成や支援，従業員の安全衛生向上などによって競争力の強化を図るというアプローチである．コスト削減を最重要視した調達や従業員の雇用は，中長期的に低品質や低生産性につながり，結果的に高いコストとなるという認識が前提にある．

バリュー・チェーンの生産性を再定義した事例としては，スイス・ネスレ社が，コーヒー豆の調達先である中南米などの零細農家に対して，農法についてのアドバイスや，農業資材の確保支援などを行うことにより，収穫増による農家の所得向上と高品質なコーヒー豆の安定供給を同時実現している事例が有名だが (Nestlé)，日本企業にも同様の事例はある．例えば，飲料メーカーのカゴメは，安全な原材料を得るため，面積契約栽培方式でトマトを調達している．作物の品種や栽培面積，出荷規格などを決めて栽培を農家に依頼し，栽培中は同社の担当者が畑に適した栽培方法をきめ細かく指導し，収穫は全量同社が買い取っている (カゴメ)．こうした取り組みは，同社が高品質な原材料を安定的に得られることに貢献するだけでなく，農家の安定的な収入確保にも貢献すると考えられる．

3つ目は，企業が拠点を置く地域を支援する産業クラスターを組成し，企業自らが地域コミュニティの教育水準向上，公衆衛生の改善，インフラ

---

15) BOPとはBase of the Pyramid (ピラミッドの底部) の略であり，BOPビジネスとは，世界の所得別人口構成の中で最下層の人々を対象としたビジネスのことを言う．

整備，オープンで透明な市場の整備への貢献などを行うことによって，自社の生産性を高めるための産業クラスターを形成するアプローチである．例えばアフリカでは，世界最大の無機肥料メーカーであるノルウェーのヤラ・インターナショナル社は，作物や肥料の輸送のために港湾や道路の整備に積極的に投資しており，その結果，農業クラスターが形成され，地域雇用も創出されているという（Porter and Kramer, 2011）．機械メーカーのコマツは，「お客様・代理店・コマツのWin-win-winの関係構築」を基本理念とし，プロダクト・サービス体制拡充の1つとして，代理店の強化と人材育成を掲げている．同社は，「販売したからには，保守する人材を育てることにも責任を持つ」という考えのもと，世界各地にトレーニング・センターを開設し，アフター・サービスを行うサービス員としての教育にとどまらず，一般的な技能者に必要となる技術を修得する機会も提供している（コマツ，2013）．技能習得の機会提供を通じて地域の人材に高収入を得る機会を提供するとともに，雇用環境は安定し，急増する需要にも対応できる環境を整備していると言える．

以上に見てきたように，企業は，ESG課題への対応を新たな事業機会獲得の一手段として認識し始めている．

2 欧州を中心に広まるESG-IR

リスク低減のみならず，新たな事業機会獲得の一手段でもあるESG課題への対応について，積極的に投資家とコミュニケーション（以下，「ESG-IR」）を行う企業も徐々にではあるが増えている．ESG-IRには，ESG投資家をターゲットとした説明会（ロードショー）や情報開示[16]が含まれる．

例えば，ドイツの化学メーカーBASF社は，ESG投資家をターゲットにした説明会（ロードショー）を実施している．「BASF—a sustainable investment」と題する資料の中で，ESG課題への対応をどのような体制

---

16) ここで言う情報開示とはあくまで投資家向けのものであり，主にホームページ上に掲載されるIR関連資料のことを意味している．なお，CSR報告書は投資家を主なターゲットとしていないことから，ここには該当しない．

で実施しているか,すなわち重視するESG課題および達成目標,製造工程における環境負荷低減,ESG課題解決に貢献する製品群などの同社のESG課題への対応を網羅的に説明している (BASF, 2014). ドイツのソフトウェア会社のSAP社は,ESG課題への対応がどのように企業価値向上に資するかについて,丁寧に説明した投資家向け報告書である統合報告書を発行している (SAP, 2013).

PRIと国連グローバル・コンパクトは,「ESG Investor Briefing Project」を共同で実施し,2012年7月から2013年7月までに,企業のESG-IRの実施を支援した (UN Global Compact and PRI, 2013). 同プロジェクトには,ドイツのSAP社やイタリアのピレリ社,ノルウェーのノルスク・ハイドロ社など5社が参加し,ESG投資家とのオンラインでのミーティングを行った.

これらESG-IRはまだ大きな動きにはなっていないものの,ESG課題対応に積極的に取り組んでいる企業にとっては,長期的な視点を持つ投資家と良好な関係を築く良い機会になる可能性を秘めている. 実際,長期的な視点を持つ投資家と良好な関係構築に成功している例もある. ESG-IRに熱心なある欧州企業は次のように語っている.

「ロードショーの効果について,具体的に資本コストがこれだけ下がったといったことを明示するのは難しいが,長期投資家を引き付けることには成功していると考えている. もちろん,相場の上下によって売買は行われるが,保有期間の長い機関投資家および個人投資家(従業員含む)の安定投資家が株主になっているという認識である.」(経済産業省, 2014)

3 ESG-IRと投資家・企業間のコミュニケーションの課題

長期的な視点を持つ投資家と良好な関係構築につながる可能性があるとはいえ,ESG-IRを実施している企業は一部の先進的な企業にとどまっている. 先進的な企業がいる一方で,IRの現場ではESG課題に関する質問は投資家側からはほとんど寄せられることはないとする意見は多い. 質問がないのだから,特に説明する必要はないとして,ESG課題への対応が

IRの現場でほとんど語られないことも多いのが現状だ．

　ただし，ESG課題への対応を主にリスクとして捉えている投資家と，リスク対応のみならず事業機会の手段として捉えている企業の間に，コミュニケーション・ギャップがあるのは，ある程度仕方のないことである．ESG課題への対応に関する投資家と企業間のコミュニケーションを活発にするためには，認識の相違があるという前提に立ち，両者が歩み寄ることが必要であろう．

　企業の長期的価値向上を後押しする長期投資においては，今期や来期の業績予想だけでなく，より将来の業績予想の重要性が増し，そこでは，ESG課題を中心とした将来的な収益環境に影響を及ぼす情報の考慮が欠かせない，と本章の冒頭で述べた．長期投資の実践には企業のESG課題の対応について投資家側が十分に理解することが不可欠であるが，現状を踏まえると，良いコミュニケーションに向けた改善策として，以下の2点があげられる．

- 企業は，ESG課題への対応がどのように将来的な収益環境に影響を及ぼすのかを投資家に丁寧に説明する
- 投資家は，ESG課題への対応がリスクだけではなく事業機会獲得の一手段となりつつある現状を理解し，それを投資判断に考慮するための手法について検討する

　ESG課題についての投資家・企業間のコミュニケーションが改善すれば，将来の企業価値向上に向けた良質な対話が創出され，企業価値向上と企業の持続的成長が実現し，投資家・企業ともにメリットを得られるような世界が実現しよう．もちろん，すぐにはそうした世界は実現しないため，企業・投資家の実務担当者がESG課題対応に関するコミュニケーション改善に向けて，少しずつでもできることから取り組みを進めることが必要である．正解がない中で，トライ・アンド・エラーを繰り返しながら少しずつ前進し，さらにそうした取り組み全般をアセット・オーナーが後押しすることが重要となろう．

参考文献

ABP (2013) *Responsible Investment Report 2012*.
　https://www.abp.nl/images/ABP%20Responsible%20Investment%202012_tcm160-160580.pdf

AustralianSuper (AU Super) (2013) *Investing For Your Future: Annual Report 2013*.
　http://www.australiansuper.com/~/media/Files/AnnualReport/2013%20Annual%20Report.ashx

BASF (2014) *BASF - A Sustainable Investment*.
　http://www.basf.com/group/corporate/en/function/conversions:/publishdownload/content/investor-relations/news-publications/presentations/2014/download/140911_BASF_SRI-Story_RS-Paris.pdf

California Public Employees' Retirement System (CalPERS) (2012) *Towards Sustainable Investment: Taking Responsibility*.
　http://www.calpers.ca.gov/eip-docs/about/pubs/ESG-report-2012.pdf

California State Teachers' Retirement System (CalSTRS) (2008) *Investment Policy for Mitigating ESG Risks*.
　http://www.calstrs.com/sites/main/files/file-attachments/ESG_policy_and_21_risk_factors.pdf

California State Teachers' Retirement System (CalSTRS) (2013a) *Green Initiative Task Force: 2013 Annual Report*.
　http://www.calstrs.com/sites/main/files/file-attachments/green_initiative_task_force_2013_report.pdf

California State Teachers' Retirement System (CalSTRS) (2013b) *Corporate Governance: 2013 Annual Report*.
　http://www.calstrs.com/sites/main/files/file-attachments/corporate_governance_annual_report_7-19-13.pdf

Canada Pension Plan Investment Board (CPPIB) (2013a) *2013 Report on Responsible Investing: Investing for Long-Term Value*.
　http://www.cppib.com/content/dam/cppib/How%20we%20invest/Responsible%20Investing/Responsible%20investing%20reports/CPPIB%20Responsible%20Investing%20Report%202013.pdf

Canada Pension Plan Investment Board (CPPIB) (2013b) *A Complement to CPP Investment Board's 2013 Report on Responsible Investing: Our Approach to Responsible Investing*.
　http://www.cppib.com/content/dam/cppib/How%20we%20invest/Responsible%20Investing/Responsible%20investing%20reports/CPPIB%20Approach%20to%20Responsible%20Investing%20-%20Updated%20Jan%2017%202014.pdf

Eurosif (2013) *European SRI Study 2012*.

http://www.eurosif.org/images/stories/pdf/1/eurosif%20sri%20study_low-res%20v1.1.pdf

Freeman, R. E. (1984) *Strategic Management: A Stakeholder Approach*, Pitman Publishing.

Global Sustainable Investment Alliance (GSIA) (2013) *Global Sustainable Investment Review 2012*.
http://gsiareview2012.gsi-alliance.org/pubData/source/Global%20Sustainable%20Investement%20Alliance.pdf

Nestle, *The Nescafe Plan: Creating Shared Value*. http://www.nestle.com/csv/

New York State and Local Retirement System (NYSLRS) (2013) *2013 Comprehensive Annual Financial Report*.
http://www.osc.state.ny.us/retire/word_and_pdf_documents/publications/cafr/cafr_13.pdf

New Zealand Superannuation Fund (NZ Super) (2013) *Annual Report 2013*.
http://www.nzsuperfund.co.nz/files/Annual%20Reports/NZSF%20Annual%20Report%202012-13.pdf

Norges Bank Investment Management (NBIM), *NBIM investor expectations: Climate change risk management*.
http://www.norges-bank.no/Upload/NBIM/CG/Climate%20Changes.pdf

Norges Bank Investment Management (NBIM), *NBIM investor expectations: water management*.
http://www.nbim.no/globalassets/brochures/water_web.pdf

Norges Bank Investment Management (NBIM), *NBIM investor expectations on children's rights*.
http://www.nbim.no/globalassets/brochures/childrensrights.pdf

Norges Bank Investment Management (NBIM) (2014) *2013 Government Pension Fund Global: Annual Report*.
http://www.nbim.no/globalassets/reports/2013/annual-report/annual-report_2013_web.pdf

PGGM (2013) *Responsible Investment Annual Report 2012*.
http://www.pfzw.nl/Documents/About-us/responsible-investment-annual-report-2012.pdf

Porter, M. E. and M. R. Kramer (2011) "Creating Shared Value," *Harvard Business Review*, Vol. 89, Nos. 1・2, pp. 62-77 (DIAMOND ハーバード・ビジネス・レビュー編集部訳「Creating Shared Value──経済的価値と社会的価値を同時実現する共通価値の戦略」『DIAMOND ハーバード・ビジネス・レビュー』2011年6月号).

Principles for Responsible Investment (PRI), *The six Principles*.
http://www.unpri.org/about-pri/the-six-principles/?mealingua_lang_id=0

SAP (2013) *Integrated Report 2013.*
　　http://www.sapintegratedreport.com/2013/en/
Senge, P., et al. (2008) *The Necessary Revolution: How Individuals and Organizations Are Working Together to Create a Sustainable World*, Crown Business（有賀裕子訳『持続可能な未来へ──組織と個人による変革』日本経済新聞出版社，2010年）．
UN Global Compact and Principles for Responsible Investment (PRI) (2013) *ESG Investor Briefing.*
　　https://www.unglobalcompact.org/Issues/financial_markets/ESG_investor_briefings.html.
UNEP-FI (2007) *Demystifying Responsible Investment Performance: A Review of Key Academic and Broker Research on ESG Factors: A Joint Report by UNEP-FI AMWG and Mercer Factors.*
　　http://www.unepfi.org/fileadmin/documents/Demystifying_Responsible_Investment_Performance_01.pdf
Watson Wyatt, *The World's 300 Largest Pension Funds Year End 2006.*
　　http://www.agingsociety.org/agingsociety/publications/public_policy/300largest.pdf
岩谷賢伸 (2007)「米国アクティビスト・ファンドの実態と資本市場における役割」『資本市場クォータリー』秋号，野村資本市場研究所．
カゴメ「カゴメの原料調達の基本」．
　　http://www.kagome.co.jp/hinshitsu/guide/guide01.html
厚生労働省 (2010)『年金積立金管理運用独立行政法人の運営の在り方に関する検討会報告』．
コマツ (2013)「CSR・環境の取り組み」．
　　http://www.komatsu.co.jp/CompanyInfo/ir/annual/html/2013/csr/people/index.html
経済産業省 (2014)『平成25年度地球温暖化問題等対策調査（環境情報を始めとする非財務情報に係る国際的な企業評価基準に関する調査事業）報告書』．
日本経済新聞 (2014)「「日本企業，社外取締役を増やせ」海外株主が要請 計7兆円分保有」6月5日朝刊．
日本証券アナリスト協会 (2010)「企業価値分析におけるESG要因」企業価値分析におけるESG要因研究会．
年金積立金管理運用独立行政法人（GPIF）(2014a)「平成25年度業務概況書」．
年金積立金管理運用独立行政法人（GPIF）(2014b)「スチュワードシップ責任を果たすための方針」．
フィナンシャル・タイムズ (2011)「ESG analysis a must in emerging states」5月8日．
　　http://www.ft.com/cms/s/0/e0671e0e-782c-11e0-b90e-00144feabdc0.html

ロイター(2014)「オランダ年金基金が東電株売却,原発事故処理への懸念で」1月8日.
　http://jp.reuters.com/article/jpEnvtNews/idJPTYEA0608V20140107

コラム 7-1 「社会変革のためのESG投資」と「長期投資としてのESG投資」の違い

　ESG投資とひとくちに言っても，「社会変革のためのESG投資」と「長期投資としてのESG投資」の2種類が存在しており，両者は異なるものである．しかし，これらはしばし混同され，定義を明確にしないままESG投資の是非をめぐる議論が展開されることも多い．例えば，2010年に厚生労働省において開催された「年金積立金管理運用独立行政法人の運営の在り方に関する検討会」では，ESG投資について「安全かつ効率的という運用の行動基準と対立する面があることから，公的年金の積立金運用においては対象としない方がよい」といった意見が出されていた（厚生労働省，2010，8頁）．これは，公的年金の運用に倫理的な価値観を持ち込むべきではないという立場からの主張と考えられるが，「社会変革のためのESG投資」に加えて，「長期投資としてのESG投資」が存在していることが正しく認識されないままに議論が行われたことが原因であるように思われる．

　図7-6においては，両者の違いを簡単に示した．ESG課題の発生や発生リスクが認識され，企業経営における重要な課題となるまでの経路の一例を示している．もちろん，両者は明確には分けられない場合もあり，またESG課題の認識は別の経路をたどることもあるが，ここでは理解を深めるために単純化している．

　ESG課題が発生した場合，NGOやアカデミック等が中心となって周知を行い，行動変革を促す役割を担うことが多い（図中の①）．例えば，発展途上国における児童労働の実態を最初に明らかにするのは，多くの場合には，国際的なNGOである．彼らは，いわばESG課題解決の"先駆者"である．もちろん，政府や消費者が"先駆者"の役割を担うこともある．特に，インターネットの発達は，消費者や従業員による告発をも可能にしてきた．次に，当該ESG課題が知れわたった後，政府による規制強化，消費者・従業員や取引先企業による行動変革が起こる（図中の②）．この時点で，NGOとタッグを組んで企業に働きかける投資家も出始める．当該ESG課題が運用パフォーマンスにおいて重要な影響をもたらす可能性はゼロではない．そうした見方が十分に広まる前に行動を起こすという意味で，社会変革を促すESG投資家である．

　これら一連の行動変化の結果として，当該ESG課題は企業経営において重要な課題となる（図中の③）．問題に取り組まなければ，NGOから批判されるだけ

図7-6　ESG課題発生から企業経営にとっての重要課題となるまでの段階

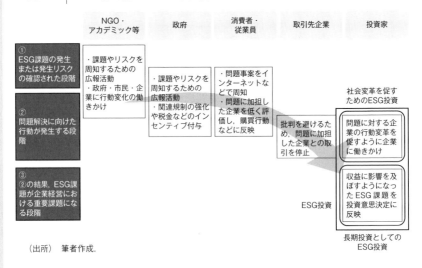

（出所）筆者作成.

でなく，訴訟を起こされたり，罰金が課されたりする．さらに，消費者からの不買運動や従業員によるボイコット，取引先企業からの取引停止などが生じる可能性もあり，中長期的な収益環境に大きな影響を及ぼすからである．こうなった時点で，長期投資家は，投資意思判断に該当するESG課題を反映するようになる．彼らは，投資の世界では"先駆者"だが，ESG課題解決という点では，NGO・アカデミック等，政府，消費者・従業員などに続く"フォロワー"なのである．もちろん，"フォロワー"だからといってESG課題解決に貢献しないというわけではなく，企業経営における当該ESG課題の重要性を高めるのに間接的に貢献している．ただし，投資家側の目的はあくまで運用パフォーマンスを最大化することである．

ESG投資の是非を議論する場合には，ESG投資と一括りにしてしまうのではなく，社会変革を促すものなのか，長期投資の実践手法なのか，その定義を明確にすることが建設的な議論の第一歩となるであろう．

コラム 7-2　海外の大手年金基金による日本株式への投資状況

海外の大手年金基金の多くは，全運用資産に占める上場株式投資の比率が50

表7-4　海外の大手年金基金による日本株式への投資総額・保有銘柄数

年金基金名称	日本株式への投資総額（単位：億円）	日本株式の保有銘柄数
ノルウェー政府年金基金―グローバル（GPFG）[※2]	36,329	1,284
カリフォルニア州職員退職年金基金（CalPERS）[※1]	>10,000	>1,100
オランダ公務員年金基金（ABP）[※3]	8,462	551
カナダ年金制度投資委員会（CPPIB）[※3]	6,246	313
オランダ厚生福祉年金基金（PFZW）[※2]	6,091	447
カリフォルニア教職員退職年金基金（CalSTRS）[※1]	4,548	1,180
オーストラリア退職年金基金（AU Super）[※4]	651	非開示
ニュージーランド退職年金基金（NZ Super）[※1]	381	1,003
デンマーク労働市場付加年金基金（ATP）[※2]	0	0

(注1) ※1は2013年6月30日時点, ※2は同年12月31日時点, ※3は2014年3月31日時点, ※4は同年5月31日時点のデータである.
(注2) 日本円への換算にあたっては, 1 USD=103.14円, 1 CAD=94.4円, 1 EUR=137.44円, 1 NOK=16.75円, 1 DKK=18.44円, 1 AUD=96.01円, 1 NZD=86.87円でそれぞれ換算した.
(注3) 本表は各基金が開示している保有株式一覧に基づいており, 一部基金では一定金額未満の少額投資先や, 開示することによって運用に影響が出ると考えられる投資先について非開示としている場合があり, それらは本表に含まれていない. ただし, オーストラリア退職年金基金については, 保有株式一覧は非開示であるが, 日本株式への投資比率が開示されていることから本表に含めている.
(注4) CalPERSについては株式オプションが, ABPについては上場転換社債がそれぞれ含まれている.
(出所) 各基金のホームページを基に筆者作成.

%を上回っているところも多く, グローバルに上場株式への投資を行っている. 表7-4は, 海外の大手年金基金による日本の上場企業への投資状況の一覧である. 運用資産総額の大きいノルウェー政府年金基金―グローバル（GPFG）では, 日本株式への投資総額も約3.6兆円（2013年12月末時点）となっている. カリフォルニア州職員退職年金基金（CalPERS）も1兆円以上（2013年6月末時点）を日本株式に投じている.

保有銘柄数ベースでは, GPFGが最も多く, 日本の上場企業1,284社（2013年12月末時点）の株式を保有している. CalPERSや, CalSTRSなども1,000社以上の株式を保有している.

また, 日本の上場企業についての銘柄を見ていくと, 表に掲げた9基金のうち, 個別の銘柄リストを開示していないオーストラリア退職年金基金と, リーマン・ショック以降に海外の上場株式投資を一時的に取りやめているデンマーク労働市場付加年金基金（ATP）を除いた7基金のすべてが株式を保有している日本企業は, 少なくとも232社が確認された（ただし, 基金によって保有銘柄一覧の時点が異なっている点はここでは考慮していない. また, 2014年8月末時点で合

表7-5 海外の大手年金基金による株式保有比率の高い日本企業の例

企業名	業種	株式保有比率							合計
		CalPERS ※1	CalSTRS ※1	CPPIB ※3	GPFG ※2	ABP ※3	PFZW ※2	NZ Super ※1	
大東建託	建設業	0.34%	0.31%	0.42%	1.04%	0.70%	0.83%	0.01%	3.65%
栗田工業	機械	0.35%	0.14%	0.76%	2.22%	0.26%	0.13%	0.01%	3.88%
富士電機	電気機器	0.27%	0.10%	0.68%	1.74%	0.21%	0.10%	0.01%	3.10%
ファナック	電気機器	0.29%	0.09%	0.14%	2.54%	0.13%	0.12%	0.01%	3.31%
マツダ	輸送用機器	2.08%	0.90%	0.45%	0.85%	0.13%	0.07%	0.01%	4.49%
三井不動産	不動産業	0.24%	0.09%	0.19%	0.82%	0.78%	2.60%	0.07%	4.79%
三菱地所	不動産業	0.25%	0.15%	0.18%	0.76%	0.64%	2.08%	0.08%	4.13%
イオンモール	不動産業	0.13%	0.03%	0.17%	0.50%	2.59%	0.03%	0.03%	3.49%
みらかホールディングス	サービス業	0.28%	0.17%	0.37%	0.80%	0.74%	0.72%	0.01%	3.10%

(注1) 株式保有比率または保有株式総数を開示していない基金については，保有株式の時価評価額を日本円にいったん換算したうえで，同一時点における時価総額で割り算することにより算出した．
(注2) 保有比率は基金によって時点が異なるが，7基金合計の保有比率を算出する際に時点のずれは考慮していない．なお，※1は2013年6月30日時点，※2は同年12月31日時点，※3は2014年3月31日時点，※4は同年5月31日時点のデータであることを意味する．
(出所) 各基金のホームページを基に筆者作成．

併等により上場廃止になっている企業もカウントしていない）．

さらに，この232社のうち，7基金合計による発行済株式総数に占める比率が高い企業を抽出したのが表7-5である．個別企業の株式をどの程度保有するかについては，様々な要因が複雑に影響した結果であると考えらるため，ESG課題の考慮がどこまで影響した結果なのかはわからないが，例えば水処理技術に強みを持つ栗田工業や，再生可能エネルギーの1つである地熱発電プラントに強みを持つ富士電機はGPFGやカナダ年金制度投資委員会（CPPIB）による保有比率が高い．また，日本の自動車メーカーについては，カリフォルニア州職員退職年金基金（CalPERS）によるマツダの保有比率が突出している．その他，オランダ厚生福祉年金基金（PFZW）は三井不動産や三菱地所の保有比率が高いことがわかる．

企業が発行する有価証券報告書の「大株主の状況」欄には，年金基金等のアセット・オーナーの名前が直接掲載されることはないが，海外の大手年金基金の多くは株式の保有状況をすべて明らかにしているところが多いため，どのような株式投資を行っているのかをうかがい知ることができる．

コラム 7-3 デンマーク労働市場付加年金基金による ESGエンゲージメントの実践

デンマーク労働市場付加年金基金（ATP）では，「ESGエンゲージメント」にあたって，ターゲット企業を決定する際のスクリーニングから企業との直接対話，さらに保有銘柄の売却に至るまでのプロセスは，図7-7のとおり，4段階により行われる．各段階の詳しい内容は次のとおりである．

第1段階：スクリーニング（初期調査）
ATPが株式を保有する全企業を対象に，ATPのESG投資方針に抵触する懸念が生じていないかどうかについてスクリーニングを行い，懸念のある企業を抽出する．その際ATPでは，スイスに本拠地を多く，企業のESGリスク情報に特化した調査機関であるレップリスク社のデータベースを活用して，効率的に調査を行っている．スクリーニングの結果，何らかの懸念が認められ，詳細調査が必要と判断する企業については，事実確認ステップへと進む．

第2段階：事実確認（詳細調査）
第1段階により抽出した企業に生じている懸念事項について，事実確認のために詳細調査を行う．詳細調査における確認事項は主に以下の4点である．
- 懸念事項の事実関係につい複数の情報ソースにより多角的に分析を行う
- 意図的に，かつ繰り返し，当該懸念事項がその企業に発生しているかどうかを確認する
- 生じている懸念事項に対して，当該企業から社会に対して何からの説明が行われているかどうかを確認する
- 企業が再発防止策を講じているかどうかを確認する

図7-7　ATPによるESGエンゲージメント実施のフローチャート

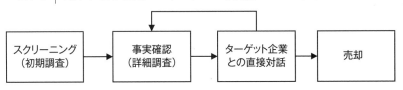

（出所）　ATPホームページを基に筆者作成．

第3段階：ターゲット企業との直接対話

事実確認によって，ATPのESG投資方針に抵触している可能性が高いと判断した投資先企業に対して，改善を要求するために直接対話を実施する．ATPは，投資運用上の制約から売却する必要がある場合を除き，対話を行うことなく即時売却することは基本的に行わない方針であることを明言している．即時売却をしてしまうと，企業に対して改善を促すための影響力が小さくなってしまうことを，即時売却を行わない理由としてあげている．

また，企業との直接対話は，投資家が果たすべき主要な責任と捉えており，スクリーニングおよび事実確認段階では，外部の調査機関を効果的に活用しているが，企業との直接対話は必ず自前で実施する方針を掲げている．

なお，ターゲット企業と対話した結果を踏まえて，さらに調査すべき事項等が発生した場合には，第2段階にもう一度戻る場合もある．

第4段階：売却

企業との直接対話の結果を受けた基金の意思決定は，以下3つの場合が存在しているが，3番目の場合にかぎり保有株式の売却が行われることになる．

- 対話の結果，生じている懸念が事実ではないことが判明し，ATPのESG投資方針に抵触しないことが確認される場合
- 生じている懸念事項が事実であることが確認されたが，企業側が事態の改善と再発防止に向けて十分な対策を講じる場合
- 企業が改善を行うことができない，またはその意思がないと判断する場合

コラム 7-4　ドイツSAP社のESG-IR

ドイツのSAP社は，全世界130カ国でビジネスを行うソフトウェア会社である．同社はESG課題へは積極的に取り組んでおり，ESG課題への対応において先進的な企業が選定される「ダウ・ジョーンズ・サステナビリティ・インデックス」に選定されている．

SAP社では，ESG課題への対応を，責任を果たすための手段のみならず，同社の事業を持続可能にするための手段と位置づけている．ESG課題への対応は，最終的には同社の経営目標である「売上（Revenue）」「利益率（Margin）」「顧

客満足（Customer Loyalty）」のいずれかに関連するとしている．

　同社は，現在のESG課題への対応が将来の経営目標に貢献することを，投資家向けの報告書の中で丁寧に説明することを試みている．例えば，「GHGフットプリント」（SAP社が直接的・間接的に排出する温室効果ガス総量）は，「営業利益率」改善に貢献するとしている．従業員の出張が多いSAP社にとって，従業員の出張削減は「GHGフットプリント」削減のための取り組みの1つであり，さらに，出張が減ることにより，従業員自身の健康増進や家族と過ごす時間の増加にもつながる．つまり，「GHGフットプリント」は，「従業員の健康や文化の指数」を高めることに貢献する．従業員の健康維持は欠勤率低下につながるので，基本給の35%にものぼる従業員欠勤によるコスト（同社引用のデータによる）を減らし，「利益率」改善に貢献するとしている[17]．

　もちろん，SAP社の試みは始まったばかりであり，完全なものではない．ESG課題への対応と将来的な収益への関係について，投資家にどのように説明するのが最善なのか，その解決策がない中での同社の取り組みは意義があると言えよう．

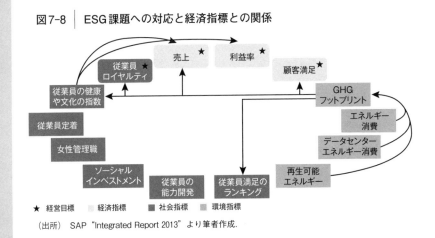

図7-8 　ESG課題への対応と経済指標との関係

（出所）　SAP "Integrated Report 2013" より筆者作成．

---

17) ここでの事例はあくまでも一例であり，同社のホームページにはこうした関連性の説明が多数開示されている．

第8章

取締役会評価の時代
究極のコーポレートガバナンス

　経営を監督する役割を担う取締役会は，コーポレートガバナンスにおいて最も重要な存在である．しかし，その取締役会を監督するのは誰なのか，誰が監督者を監督するのか（Who watches the watchmen?）[1]．長年にわたって投資家や企業が議論してきたこの問いに対する答えとして，現在，世界の主要国で実施されているのが取締役会評価である．監督者である取締役会が実効性を持ってその機能を果たしているのかどうかを確認する取締役会評価は，コーポレートガバナンスの究極の形と言えるかもしれない．本章では，海外企業ですでに一般的な慣行となっているにもかかわらず，日本ではほとんど知られていない取締役会評価について，コーポレートガバナンスにおける同評価の意義とともに，その具体的な内容，および発展の経緯を検討し，その実例を紹介する[2]．

---

1) *Quis custodiet ipsos custodes?*（ローマ帝国の詩人ユウェナリウスが使った有名なラテン語のフレーズ）に由来する言葉で，現在は，政治，社会，経済の様々な場面で引用されている．
2) 筆者は，「取締役会評価とコーポレート・ガバナンス——形式から実効性の時代へ」『商事法務』2014年9月15日号（No. 2043）において，世界の主要国で実施されている取締役会評価の現状を整理し，重要な論点の提示を行った．本稿は，同論文での議論を踏襲しているが，そこで扱えなかった取締役会評価の具体例（評価を行う外部評価者と評価を受ける企業側双方に関する複数のケース・スタディ）を提示し，また取締役会評価の発展の経緯に関するより詳細な情報を提供することを主眼としている．

第1節 取締役会評価の意義

1 取締役会評価とコーポレートガバナンス・コード

　日本では，コーポレートガバナンス・コードの策定に向けて，2014年8月より金融庁と東京証券取引所の共同事務局のもと，有識者会議で様々な角度から議論が行われてきた．そして，2014年12月には同コードの原案が発表された．現時点でコーポレートガバナンス・コードを定めている国は約70カ国にのぼり，世界の主要国のほとんどが策定済みである[3]．そのため，海外の投資家や企業，当局からは，長年の間，企業に対するコーポレートガバナンスの規律づけにおいて，日本は著しく遅れているとみなされてきた．一方で，2014年より日本で施行されたスチュワードシップ・コードは，2014年9月時点では，日本を含めて10カ国のみが有しているだけである[4]．投資家側の責任の明示という点では，日本は多くの国に先んじていることになる．

　各国の状況を見ると，日本とは異なり，まずコーポレートガバナンス・コードが成立し，それに続いてスチュワードシップ・コードが制定されるという経緯をたどっている．企業の側に準拠すべきコーポレートガバナンスの規範がなければ，投資家がエンゲージメント，つまり「目的ある対話」を行おうとしても，企業との対話の土台となるべきものがなく，実効

---

[3] ニコラス・ベネシュ「他国にはどのようなコーポレート・ガバナンス・コードがあるのか」（BDTI & 一橋ICS共催セミナー『コーポレート・ガバナンス・コードについて，日本は他国から何を学べるか？——日本版スチュワードシップ・コードを背景に考えて』2014年5月26日の講演より）．なお，主要国の中で米国はコーポレートガバナンス・コードを定めていないが，ニューヨーク証券取引所の上場規則により，コーポレートガバナンスの規範を定めている．

[4] 国際機関投資家から構成される国際組織である国際コーポレート・ガバナンス・ネットワーク（International Corporate Governance Network）の調査によれば，現在，責任ある投資に関する原則を策定している国は，カナダ，イタリア，日本，オランダ，シンガポール，南アフリカ，スイス，英国，マレーシア，オーストラリアの10カ国である．
（https://www.icgn.org/component/k2/item/1373-responsible-investment-codes）

性のある対話を行うのは困難である．コーポレートガバナンス・コードとスチュワードシップ・コードは「2つで1つ」と捉えるのが海外では一般的である．そのため，日本がスチュワードシップ・コードを策定してすぐにコーポレートガバナンス・コードの策定に取り掛かったのは，当然の動きとして認識されている．

日本のコーポレートガバナンス・コードは，各国のコードを参照しながら作成されつつあるが，主要国のコードで共通して示されているのは，コーポレートガバナンスの要となる取締役会の実効性に関する指針である．そして，実効性を高めるための手段として多くの国のコードで要求されているのが，取締役会評価（欧米では通常Board Evaluationと言われる）である．このような世界の現状を反映して，2014年12月に発表された日本のコードの原案にも，取締役会評価が明示されている．

2 取締役会評価の概要

取締役会評価では，取締役会が企業価値の向上にどのように貢献しているか，取締役会が適切に機能し成果をあげているか，について評価を行う．評価の対象は，取締役会全体と取締役各個人の両方である．取締役会に，指名委員会や報酬委員会などの重要な委員会が設置されている場合には，それらの委員会も対象となる．評価を行うのは，取締役会自体か，外部の独立した第三者であり，前者は自己評価，後者は外部評価と呼ばれる．自己評価は比較的容易に実施でき，取締役会メンバーにとっても心理的な抵抗が少ないため，多くの国ではまず自己評価が実施されるようになり，続いて外部評価を行う企業が増えていくという経緯をたどっている．

評価の具体的な項目については，英国のFRC（Financial Reporting Council）のガイダンスが参考になる．FRCは英国のコーポレートガバナンス・コードおよびスチュワードシップ・コードを策定し監督する機関である．英国では，取締役会評価の実施を2000年代から企業に求めてきたが，2010年に制定されたコーポレートガバナンス・コードでは，外部評価の実施が初めて定められた．その翌年の2011年，FRCは取締役会の実効性に関するガイダンス[5]を発表し，取締役会評価に関するより詳細な指

針を提供している．同ガイダンスによれば，取締役会評価（自己評価・外部評価をともに含む）は，以下の項目についての評価を含むべきであるとしている[6]．

〈取締役会の構成〉
- スキル，経験，知識，多様性の状況

〈取締役会の実効性〉
- 企業の目的，方向性および価値における明確さとリーダーシップ
- 後継者とその育成に関する計画
- 取締役会の1つのユニットとしてのまとまり
- 取締役会議長とCEOによって設定される姿勢
- 取締役会における関係，特に，取締役会議長とCEO[7]，取締役会議長と上級独立社外取締役[8]，取締役会議長と秘書役[9]，社内取締役と社外取締役における関係
- 上級独立取締役の役割の明確さ
- 取締役会における委員会の実効性と委員会と取締役会の関係
- 社内取締役・社外取締役個人における実効性
- 秘書役の実効性

〈取締役会に関連する情報〉
- 企業とそのパフォーマンスに関して提供される一般的な情報の質
- 取締役会に提示される書類とプレゼンテーションの質

〈意思決定プロセス〉
- 個々の提案に関する議論の質
- 取締役会議長が主要な決定や論争を呼ぶ事柄について十分な議論を確保

---

5) Financial Reporting Council (2011), pp. 11-12.
6) FRCのガイダンスを基に，筆者が項目別に整理した．
7) 英国のコーポレートガバナンス・コードにおいては，議長とCEOを別の人物が務めることが求められている．
8) 英国のコーポレートガバナンス・コードにおいては，取締役会議長とは別に，社外取締役の中から1名の上級独立社外取締役（Senior Independent Director）を選任することが要求されている．
9) 秘書役（Company Secretary）は，総務，コンプライアンス，取締役会関連，株主総会関連の業務に携わる．

するために使うプロセス
- 意思決定プロセスと権限に関する明確さ
- リスクを特定し検証するプロセス

〈対外的なコミュニケーション〉
- 取締役会と株主および他のステークホルダーとの間のコミュニケーション

　現在，取締役会評価は世界の多くの企業で実施されているが，それはコーポレートガバナンス・コードで要求されているという理由からだけではなく，企業と投資家双方が，そのメリットを実感しているからである．企業側の主なメリットとしては，①取締役会が置かれている現状を正しく認識し，取締役会の抱える課題を把握し解決することで，取締役会の実効性を高めることが可能となる，②評価の内容を外部に伝えることで，投資家をはじめとしたステークホルダーから，より高い評価を得ることができる，の2つがあげられる．一方，投資家にとっても，たとえ詳細な情報を得られないとしても，外から見えにくい取締役会の実態を，取締役会評価を通してある程度理解することができるというメリットがある．そのため，多くの投資家が，取締役会の実効性を把握する手段として，企業が取締役会評価を行うことを望んでいる[10]．

3 「コーポレートガバナンス」の概念

　現在，取締役会評価は，欧州，アジア，北米，南米など地域を問わず多くの国で行われている．しかし日本では，簡単なアンケートが実施されるケースはあるものの，正式な取締役会評価は行われていない．その背景には，コーポレートガバナンスの議論において，日本では，長い間，社外取締役の是非を中心とする形式に関する議論が中心を占め，実効性に関する

---

10) 国際コーポレート・ガバナンス・ネットワークのコーポレートガバナンス原則においても，「取締役会は客観的な取締役会評価を定期的に行い，取締役会の実効性を強化するために継続的に努力しなければならない」と記載されている（International Corporate Governance Network, 2014）．

議論が十分になされてこなかった経緯がある.

　また，もう1つの理由として，コーポレートガバナンスの基本的な概念に対する理解が異なっていた点もあげられる．日本においては，コーポレートガバナンスという言葉はかなり広義に使われている．コンプライアンスやリスク管理をコーポレートガバナンスと同義として議論するケースも少なくなく，場合によってはCSRもコーポレートガバナンスの一分野として語られる．その結果，企業のアニュアル・レポートやホームページのコーポレートガバナンスの項には，多岐にわたる内容を含んだ記述が見られる．しかしながら，コーポレートガバナンスに対するこのような捉え方は，世界では例外である．欧米・アジアの主要国において，企業が投資家とコーポレートガバナンスについて対話する場合には，企業と株主の関係によりフォーカスした形での議論がなされている．

　国内外におけるこのような違いは，コーポレートガバナンスの発展の経緯に由来している．欧米・アジアの主要国では，投資家あるいは投資家の要請を受けた政府が，コーポレートガバナンスの発展を主導してきた．そのため海外では，株主価値向上を目指す経営，つまり，株主の利益と合致している経営が行われているかどうか株主が経営陣を監督する仕組みが，コーポレートガバナンスの基本的な意味として捉えられている．この考え方は，欧米・アジアの主要国においては，投資家のみならず企業の間でも長年の間共有されてきた．

　一方，日本では，コーポレートガバナンスの概念が知られはじめたのは，1990年代半ばのことであった[11]．当時は，先進的な経営を志向する一部企業の経営陣の間で，海外企業の経営の一形態としてコーポレートガバナンスが議論された[12]．その後もより良き経営を目指す経営者の観点から，コーポレートガバナンスと経営を一体化した形で多くの議論が行われてきた．そのため，ごく最近まで日本では，コーポレートガバナンスと経

---

[11] 英米では，1980年代終わりから90年代にかけて，敵対的買収の増加や企業スキャンダルを背景に，コーポレートガバナンスのあり方について大きな関心が高まった．日本では，それから4，5年遅れて，コーポレートガバナンスという言葉が，一部の企業経営者をはじめとする実務者の間で使われ始めた．

[12] 藤本（2006），p.232. 品川・牛尾編（2000），pp.4-6.

営を同義のものとして取り扱うケースが多く見られた．一方で，本来ならコーポレートガバナンスの議論をリードする立場にある国内投資家の多くは，スチュワードシップ・コードが策定された最近まで，積極的に議論に参加することなく受け身の対応にとどまっていた．

コーポレートガバナンスの意味を理解するには，ガバナンス（governance）という英語の名詞のもとになるガバン（govern）という動詞から考えるのがわかりやすいだろう．欧米やアジアの主要国では，この動詞の主語は株主であり，その目的語，つまりガバン（統治・監督）する対象は経営陣であるとの前提のもと，コーポレートガバナンスについて投資家と経営陣が対話を行っている．一方，日本では，主語を経営陣に置き換え，経営陣が社内体制を監督する，経営陣がステークホルダー間の利害を調整し監督するという文脈で，コーポレートガバナンスという言葉を使っているケースがしばしば見られる．その結果，コンプライアンス，リスク管理をはじめ，子会社の監督までもコーポレートガバナンスと同義で使われている．しかし，それらは経営者が主体となって行う経営の範疇に入る事柄であり，主要国で一般的に使われているコーポレートガバナンスの概念とは異なっている．

株主が経営陣を監督するというコーポレートガバナンスにおいて，実際には株主が監督機能を果たすのは物理的に困難なことが多い．そのため，株主に代わって社内において経営陣から独立した立場で経営を監督する存在が不可欠であり，社外取締役にその役割が期待されている．つまり，コーポレートガバナンスの仕組みの要となるのは，独立性の高い社外取締役を有する取締役会であるというのが，主要国での理解である．そして，取締役会が確かにその監督機能を果たしているのか，そして，それをどう確認するかが，企業や投資家にとって重要な課題となっている．

4 コーポレートガバナンスにおける取締役会評価の位置づけ

日本では，すでに上場企業の多くが社外取締役を導入し[13]，現在ではその存在が当然となりつつある[14]．しかし，独立性が高い社外取締役が多数を占める取締役会を有していても，業績が長年にわたって低迷し，投資家

を当惑させている日本企業も存在する．そのような企業においては，取締役会がその役割を果たしておらず，機能していないことになる．

その理由として，①取締役会で十分な議論を行うために必要な情報が社外取締役に提供されていないこと，②独立性を重視するあまり社外取締役の任期を数年程度と短く設定しているため，社外取締役の事業に対する理解が不足しており充実した議論ができないこと，③適法性のみの観点での監督を行う，あるいは逆に，経営の内容に過度に関与するマイクロ・マネジメントを行うなど，自身が果たすべき役割について社外取締役の理解が不足していることなど，いつくかの要因が投資家や企業関係者から指摘されている．

また，一見機能しているように見える取締役会であっても，何らかの課題を抱えていることが多い．しかしながら，取締役会が，自身の現状を正しく認識し，自ら課題を指摘し解決するのは容易ではない．それを可能にするのが取締役会評価である．

第2節　海外における取締役会評価の実施状況

現在，取締役会評価は，欧州からアジアに至る主要国の上場企業で広範に実施されている．世界の主要国の実施状況は以下のとおりである[15]．

1　欧州における取締役会評価

EUは，2005年に発表した社外取締役の役割に関する報告書において，

---

13) 東京証券取引所によれば，2014年時点で東証一部上場企業のうち1,347社，74.3％の企業が社外取締役を置いている．
14) 欧米・アジアの主要国においては，コーポレートガバナンス・コードで社外取締役の設置が要求されている．また，同コードがない米国では，上場規則で社外取締役が義務づけられている．社外取締役の設置をコーポレートガバナンス・コード，法律，上場規則等で要求されていないのは，現時点では，主要国の中では日本だけとなっている．
15) 各国のより詳細な状況については，高山（2014）を参照．ただし，本稿では北欧に関する情報を追加している．

EU加盟国に対して,取締役会が自身のパフォーマンスの評価を毎年行うことを推奨している[16]. 欧州では,英国[17],ドイツ[18],オランダ[19],ベルギー[20],フランス[21],イタリア[22],スウェーデン[23]などの多くの国で,コーポレートガバナンス・コードによって取締役会評価が規定されている.

これらのコードは,「Comply or Explain(遵守せよ,そうでなければ説明せよ)」の方針に基づいているため,取締役会評価を義務づけるものではない. しかし,実際には多くの欧州企業で取締役会評価が実施されている. 欧州全体の取締役会評価の実施状況を概観する調査としては,以下の2つがあげられる. まず,2011年に欧州の400社以上の大企業を対象に行った調査では[24],各国における取締役会評価の実施状況は,表8-1に示さ

表8-1 EUにおける取締役会評価の実施状況

国名	2008年から2010年の間に取締役会評価を実施した企業の割合	国名	2008年から2010年の間に取締役会評価を実施した企業の割合
英国	98%	イタリア	70%
フランス	95%	ノルウェー	60%
デンマーク	95%	ドイツ	60%
スウェーデン	93%	ベルギー	60%
フィンランド	92%	ポーランド	58%
スペイン	89%	ポルトガル	40%
オランダ	88%	スイス	25%
オーストリア	70%		

(出所)Heidrick & Struggles(2011)の調査に基づく.

---

16) European Union (2005).
17) Financial Reporting Council (2012a), pp. 15-16.
18) German Government Commission (2013), p. 13. 以下,非英語圏の国のコーポレートガバナンス・コードに関しては,読者の利便性を考慮して,各国機関による英訳を引用することとする.
19) Corporate Governance Code Monitoring Committee (2008), p. 20.
20) The Corporate Governance Committee (2009), p. 17.
21) Association Française des Entreprises Privées and MEDEF (2013), p. 9.
22) Borsa Italiana (2014), p. 6.
23) The Swedish Corporate Governance Board (2010), p. 21.

れるように高い比率を示している.

また,2007年から2008年にかけて北欧諸国を対象に行われた調査によれば[25],多くの企業で取締役会評価が行われていることが確認されている.同調査では,OMX ノルディック証券取引所およびオスロ証券取引所を合わせて780社に取締役会の調査を行い,157社から回答を得ている.表8-2に示すように,当時すでに4分の3の北欧企業が評価を実施している.

また,評価の実施者については,表8-3にあるように,一番多いのが取締役会議長,ついで,外部コンサルタントとなっている.

表8-2 　北欧諸国における取締役会評価の実施状況

	デンマーク	フィンランド	アイスランド	ノルウェー	スウェーデン	全体
実施している	22社	18社	1社	13社	66社	120社
実施していない	14社	0社	2社	7社	13社	36社
無回答	0社	0社	1社	0社	0社	1社
実施企業の割合	58%	100%	33%	65%	79%	76%

(出所) Brunzell (2012) の調査に基づく.

表8-3 　北欧諸国における取締役会評価の実施者

	デンマーク	フィンランド	アイスランド	ノルウェー	スウェーデン	全体
取締役会議長	20社	13社	1社	11社	51社	96社
外部コンサルタント	4社	5社	0社	2社	19社	30社
取締役会メンバー	4社	3社	0社	2社	5社	14社
その他	0社	2社	0社	0社	3社	5社

(出所) Brunzell (2012) の調査に基づく.

---

24) Heidrick & Struggles (2011), p. 29. なお,欧州の取締役会評価の状況については,Ungureanu (2013) でも詳しく紹介されている.
25) Brunzell (2012).

2 米国における取締役会評価

米国では上場規則により取締役会評価が義務化されている．具体的には，ニューヨーク証券取引所の上場規則によって取締役会，委員会，取締役個人の毎年の自己評価が義務づけられている[26]．ナスダックにおいてはそのような上場規則はないものの，投資家を意識して，同市場の多くの企業が同様の評価を行っている[27]．

3 南米諸国における取締役会評価

ラテンアメリカ諸国では，ブラジル，メキシコ，アルゼンチン，パナマにおいて，コーポレートガバナンス・コード等で，取締役会評価が求められている[28]．ブラジルにおいて上場企業の上位100社を対象に2013年に行った調査[29]では，37％が正式な取締役会評価を定期的に行っている．

4 アジア・オセアニア諸国における取締役会評価

シンガポール[30]，香港[31]，オーストラリア[32]においては，ガバナンス・コードにより取締役会評価を行うことが上場企業に要求されている．シンガポールで上場企業を対象に行われた2013年の調査では，評価の基準について開示している企業数は411社（回答企業数の61.9％），取締役会の評価のプロセスについて開示している国内企業は244社（回答企業数の36.7％）となっている[33]．オーストラリアでは，同国の機関投資家協会による国際調査[34]によれば，調査対象となったオーストラリアの大手企業

---

26) New York Stock Exchange Rule, 303A. 091.
27) Kessel and Giove（2014），p. 62.
28) Azar and Andreas Grimminger of eStandards Forum/Financial Standards Foundation（2011），pp. 11, 55.
29) Anuário de Governança Corporativa（2013），p. 10.
30) The Monetary Authority of Singapore（2012），p. 11.
31) The Stock Exchange of Hong Kong Limited（2012），p. 4.
32) ASX Corporate Governance Council（2010），p. 18.
33) CPA Australia（2013），p. 9.

30社のうち，29社が取締役会評価を行っている．

第3節 取締役会評価の発展の経緯

次に，取締役会評価の発展の経緯について説明する[35]．

1 取締役会評価の発展の歴史

世界における取締役会評価の歴史を振り返ると，1990年代から徐々に同評価の実施が始まり，2000年代に入ってからは，いくつかの危機を契機として，取締役会評価の普及のスピードが大きく加速されたという状況が見てとれる．

1990年代初め，世界の主要国において，取締役会評価の必要性が議論されはじめた．1992年，英国ではキャドベリー報告書[36]において，取締役会のパフォーマンスを精査することが提唱された．1994年，米国の全米取締役協会により出された報告書[37]でも取締役会評価が奨励されている．また，1995年，カナダのトロント証券取引所は，コーポレートガバナンスのガイドラインで，取締役会の実効性について定期的に評価することを求めている[38]．1990年代は，このように徐々に企業の間で取締役会評価が広まっていった時期であった．

2000年代に入ってから，世界は2つの大きな危機を経験することとなる．これらの危機において取締役会の実効性に対する大きな懸念が生じ[39]，取締役会評価の導入が急速に進むことになった．まず，2001年米国で起こったエンロン社やワールドコム社の破たんに見る企業会計不正の

---

34) The Australian Council of Superannuation Investors and The Centre for Corporate Governance (University of Technology, Sydney) (2010), pp. 27-28.
35) 取締役会評価の発展の状況については，高山（2014）でその概要を説明したが，本稿では，英国の取締役会評価の発展の歴史について，より詳細な情報を提供する．
36) Cadbury (1992).
37) National Association of Corporate Directors (1994), p. 24.
38) Toronto Stock Exchange (1995), p. 7.
39) Winter and de Loo (2012), p. 3.

事件では，取締役会の機能不全が大きな社会的問題となった．2003年，このような懸念を踏まえて，ニューヨーク証券取引所では，取締役会の自己評価を上場規則に義務づけた．英国でも統合規範で取締役会評価の実施が定められた．

次に，2008年の金融危機では，多くの取締役が複雑な金融リスクを十分に把握できていなかった実態が明らかになった．2009年，OECDはこの結果を踏まえて，取締役会の実効性と効率性を監視する手段として，独立した専門家による定期的な取締役会評価の実施を提言した[40]．

2 英国における取締役会評価の歴史

取締役会評価の分野のみならずコーポレートガバナンス全般で世界をリードしてきた英国において，取締役会評価の発展の経緯を見ていくことにする．英国のコーポレートガバナンスの歴史については，日本でも現在に至るまで多くの研究がなされている．しかしながら，その中でも重要なテーマの1つである取締役会評価については，ほどんど触れられてこなかった．これは，取締役会評価という概念が日本ではなじみが薄いため，評価に対する関心が低く，かつその実態を理解するのが困難であることが理由だと思われる．しかし，実際には，英国において，コーポレートガバナンスの改革と取締役会評価の発展は同時に進んできたのである．

英国では，1980年代後半から90年代初めにかけていくつかの企業不祥事があり，90年代以降コーポレートガバナンスの強化が図られた．キャドベリー委員会をはじめ複数の委員会が設置され，それぞれの報告書の内容が統合されて，1998年，統合規範（Combined Code：コンバインド・コード）が定められ，ガバナンスの原則とベスト・プラクティスが示された．統合規範はその後何回かの改定を経た後，その内容を踏まえて2010年にコーポレートガバナンス・コードが制定された[41]．これらの過程で，取締役会評価は重要な項目として継続的に取り上げられてきた．以下，各

---

40) OECD (2009), p. 10.
41) コーポレートガバナンス・コードは2年に一度改定されており，最近では2014年9月に改定されている．

報告書やコーポレートガバナンスに関するコードを参照しながら，英国の取締役会評価の進展状況について説明する．

1992年：キャドベリー報告書

1992年に発表されたキャドベリー報告書[42]においては，取締役会の実効性に関する多くの記載があるが，その中で取締役会のパフォーマンス評価について以下のような言及がなされている．

> 社外取締役はガバナンスのプロセスに対して2つの重要な貢献をするが）まず第1は，取締役会と経営陣のパフォーマンスについて精査することである．社外取締役は，この観点における責任に注意深く取り組まなくてはならない．

ただし，この内容は，同報告書で推奨され，ロンドン証券取引所の上場規則に組み込まれることになった最善慣行規範には含まれなかった．

1998年：ハンペル報告書

1998年のハンペル報告書においては，取締役会評価について以下のような記述がなされている[43]．

> 全米取締役協会の最近の報告書は，取締役会全体と取締役個人のパフォーマンスを評価する正式な手続きの導入を推奨している．英国においてもすでにそのような評価を行っている企業が存在する．これは興味深い展開であり，継続的な向上を目指すうえで有益であると取締役会は考えるかもしれない．しかしながら，我々は，現時点では，この問題について確固たる推奨を行うことができるとは感じていない．

---

42) Cadbury (1992).
43) Hampel (1998), p. 27.

同報告書においては，当時，英国企業において取締役会評価が広がりつつある状況を認識しながらも，上場企業に評価の実施を要求するまでには至っていない．そのため，同年に制定された統合規範にも，取締役会評価に関する規定はなされなかった．

2003年：ヒッグス報告書

　2003年，エンロン等の企業不祥事を受け，より実効性を持つコーポレートガバナンス体制の構築を目指してヒッグス報告書[44]が作成された．同報告書において，取締役会が毎年取締役会評価を実施することを統合規範で求めるように，以下の提案がなされた．また，当時，上場企業の多くが何らかの形で取締役会評価を実施していたことについても，同報告書で言及されている．

> 取締役会全体，委員会，取締役個人のパフォーマンスの評価を，1年に少なくとも1回実施することを，統合規範に記載することを提案する．アニュアル・レポートにおいて，そのような評価が行われたのか否か，そして，どのように行われたのかについて説明しなくてはならない．

　また，同報告書においては，第三者による外部評価について，以下のように記載されている．

> 外部の第三者による評価の実施は，評価プロセスに客観性をもたらすことができる．そして，取締役会議長はその（外部評価の）価値を認識しなければならない．

　英国のコーポレートガバナンス関連の報告書において，外部評価に触れたのはヒッグス報告書が最初であった．ただし同報告書では，外部評価を

---

44) Higgs (2003), p 50.

統合規範に含める提案は行っていない.

2003年：統合規範（2003年改定版）

ヒッグス報告書を受けて，2003年に統合規範は改定され，取締役会評価について以下の内容が記載されることとなった[45].

〈A.6（取締役会の）パフォーマンス評価〉

主要原則

- 取締役会は，取締役会，委員会，取締役個人のパフォーマンスに関して，正式で厳密な評価を毎年行わなければならない．

補助原則

- 取締役個人の評価は，各取締役が継続的に効果的な貢献を行っているか，そして，その役割（取締役会や委員会の会議，そしてその他の義務のために十分な時間を費やすことを含む）に対して継続的に十分に責任を果たしているかを明らかにすることを，目的とする．
- 取締役会議長は，パフォーマンス評価の結果に基づいて行動を起こし，取締役会の強みを認識し，弱みに対処しなくてはならない．そして適切な場合には，新しい取締役の指名を提案する，あるいは，既存の取締役の辞任を求める行動を取らなくてはならない．

規範条項

A6.1 取締役会は，取締役会，委員会，そして取締役個人のパフォーマンス評価がどのように実施されたかについて，アニュアル・レポートで説明しなくてはならない．上級独立取締役の主導のもと，社外取締役は，社内取締役の見解も考慮に入れながら，取締役会議長のパフォーマンスの評価を実施する責任を負わなくてはならない．

2006年，FRCは，企業に対するガイダンスとして具体的な評価の項目も発表している[46]．統合規範改定後，評価を実施する企業の数はさらに増え，ロンドン証券取引所に上場している多くの英国企業は何らかの形の自

---

45) Financial Reporting Council (2003), pp. 10–11.
46) Financial Reporting Council (2006), pp. 19–21.

己評価を導入するようになっていった[47]．

2009年：ウォーカー・レビュー

金融危機で明らかになった金融機関におけるコーポレートガバナンスの欠如に対する反省を踏まえて，2009年には，デイビッド・ウォーカー卿による「英国の銀行とその他の金融機関におけるコーポレートガバナンスの検証」[48]（ウォーカー・レビューと呼ばれる）が発表された．同レビューでは，取締役会評価についても再検討がなされている．当時は，英国企業においては，取締役会評価（特に自己評価）はすでに当然のものとして企業に受け入れられており，評価を行うか否かではなく，どのような方法と頻度で評価するか，どのような情報を株主に開示するかに企業の関心が移っていた時期であった[49]．同レビューでは，金融機関に対して，統合規範にはまだ盛り込まれていなかった外部評価を行うことを，次のように要求している[50]．

- 取締役会は，取締役会と委員会のパフォーマンスについて正式で厳密な評価を，2年ごとか3年ごとに，外部評価のプロセスによって実施しなければならない．評価に関するステートメントは，取締役会議長の署名の入ったアニュアル・レポートのうち，取締役会議長のステートメントの中のセクション，あるいは別のセクションに含まれなければならない（推奨12より抜粋）．
- 取締役会のパフォーマンスとガバナンスに関する評価のステートメントにおいては，徹底的な評価プロセスが実施されたことが確認されなくてはならない．そして，取締役会が現在直面している，あるいは直面するかもしれない主要なリスクと決定に対して，適切に対応し，挑戦するうえで必要とされるスキルと経験を特定するためのプロセスについての説

---

47) Institute of Directors (2010), p. 2.
48) Walker (2009).
49) Financial Reporting Council (2009), p. 22.
50) Walker (2009), pp. 16–17.

明がなされなければならない（推奨13より抜粋）．

2010年：コーポレートガバナンス・コード

ウォーカー・レビューで指摘された内容は，金融機関のみならず上場企業全体にもあてはまるものとして認識され，2010年にFRCは，同レビューの内容を踏まえて，統合規範を改定し，コーポレートガバナンス・コードを策定した．

取締役会評価については，ウォーカー・レビューが発表された2009年の時点では，大企業の約20％程度がすでに外部評価を実施していたため，そのような企業の状況を踏まえて，FRCは，ウォーカー・レビューが推奨した外部評価に対する支持を明確にした[51]．社内リソースの観点から外部評価に懸念を示す企業もあったが，FRCは外部評価者（ファシリテーターと呼ばれることが多い）が評価プロセスに大きな客観性を持ち込むことを理由に，統合規範を見直し，外部評価の項を新たに加えることが決定された．2010年に発表されたコーポレートガバナンス・コードの取締役会評価の項では，外部評価について以下のように定められた[52]．

- FTSE350企業は，少なくとも3年ごとに外部評価を受けなくてはならない．また，外部評価者が企業とそれ以外の関係を有しているか否かについて説明しなくてはならない．

FRCは，企業側の懸念も考慮して，すべての上場企業に外部評価を要請するのではなく，対象を大手企業であるFTSE350[53]企業としている．2010年のコーポレートガバナンス・コードに続き，FRCは，2011年3月，コーポレートガバナンス・コードの原則を実践するうえでの指針として，前述の「取締役会の実効性に関するガイダンス」を発表し，取締役会評価を含む実効性を高めるための様々な指針を提供した．そこでは，外部評価

---

51) Financial Reporting Council（2009），p. 22.
52) Financial Reporting Council（2010），p. 17.
53) ロンドン証券取引所の上場企業のうち時価総額上位350社から構成される株価指数．

は，新鮮な見方と新しい考え方を導入し，新たな価値を加えるものであるとのFRCの見解が示されている[54]．

2012年：コーポレートガバナンス・コード（2012年改定版）

コーポレートガバナンス・コードは定期的に見直されることになっており，2012年に改定版が発表された．改訂版では，取締役会評価について以下の2点が新たに加わっている[55]．

- 取締役会評価においては，スキル，経験，独立性，当該企業に関する知識のバランス，性別を含む多様性，取締役が1つのまとまりとしてどのように機能するか，そしてその他の実効性に関連する要素について考慮すべきである．
- 外部評価者が誰であるのか，アニュアル・レポートで開示しなくてはならない．

その後，FRCは2014年にコーポレートガバナンス・コードを改定したが，取締役会評価の項については2012年版と同じ内容になっている[56]．

現在，FTSE350企業のほとんどが，コーポレートガバナンス・コードに従い外部評価を実施している．英国で多くの企業の外部評価を手がけているボードルーム・レビュー社のトレーシー・ロング博士によれば，コードの制定時点では，すでに外部評価を実施していた企業も少なくなく，当局の示した規範に企業が追随するのではなく，現状にFRCが追随する形でコーポレートガバナンス・コードが作られたと言うほうがより事実に近いと語っている．しかしながら，FRCのコーポレートガバナンス・コードにより，第三者評価に対する企業のニーズが大きく増えたことも認めている[57]．

FRCの2012年の報告書[58]および2013年の報告書[59]では，外部評価を実

---

54) Financial Reporting Council (2011), p. 11.
55) Financial Reporting Council (2012a), pp. 15–16.
56) Financial Reporting Council (2014), p.14.

表8-4 英国において外部評価を実施した企業の割合

	2010年	2011年	2012年	2013年
FTSE350企業	16.5%	24.8%	34.5%	34.2%
FTSE100企業	26.8%	34.0%	42.4%	36.7%
FTSE250企業	12.0%	20.2%	30.5%	33.0%

（出所）グラント・ソントン社によるコーポレートガバナンスの調査に基づく．

施する企業がさらに増えている状況が示されている．同報告書で参照されているグラント・ソントン社によるコーポレートガバナンスの調査[60]によれば，調査が行われた年に取締役会の外部評価を実施した企業の割合の推移は表8-4のようになっている．

仮にすべての企業が3年に1回外部評価を実施していると仮定すると，FTSE350企業においては，ほとんどの企業が2010年から2013年の間に外部評価を実施していることが推測される．また，企業規模の大きいFTSE100[61]企業のほうが，FTSE250[62]企業より実施率が高くなっていることがわかる．

第4節 取締役会評価の実務

次に取締役会評価が実際にどのように行われているのか，外部評価を中心にその実務について説明する．

1 自己評価と外部評価の比較

自己評価は，時間や費用等の観点から，取締役会にとってより受け入れ

---

[57] 2014年3月12日に筆者が実施したトレーシー・ロング博士とのインタビューに基づく．なお，外部評価については，Long（2012）でも詳細に紹介されている．
[58] Financial Reporting Council（2012b），p. 13.
[59] Financial Reporting Council（2012b），p. 18.
[60] Grant Thornton（2011），pp. 18-19, 42. Grant Thornton（2012），pp. 20-21, 46. Grant Thornton（2013），pp. 20-21, 49.
[61] ロンドン証券取引所の上場企業のうち時価総額上位100社から構成される株価指数．
[62] ロンドン証券取引所の上場企業のうち時価総額上位250社から構成される株価指数．

られやすい．しかし，一方で，客観性の欠如や十分な議論の不足も指摘されていた．英国の取締役協会（IOD）は，内部評価と外部評価のそれぞれの長所と課題を，以下のように説明している[63]．

〈内部評価の長所と問題点〉
長所
- 取締役会にとって抵抗感が少なく受け入れられやすい．
- 過去の経験・経緯も踏まえた評価ができる．
- 費用を抑えることができる．
- 取締役会の通常の業務への支障を最低限に抑えることができる．

問題点
- センシティブな問題について，他の取締役，特に議長と，完全にオープンに語ることについて，躊躇するだろう．
- 取締役会が，意味のある取締役会評価を計画し実施するための時間，リソース，専門的な知識を有していないかもしれない．
- 評価のプロセスにおいて，他の組織とのベンチマーキングを取り入れないかもしれない．
- 評価のプロセスをいかに厳しく実施するかについては，自分自身で査定することは難しいため，外部の株主に対して大きな安心感を与えそうもない．
- あるケースでは，取締役会が直面している基本的な問題が，取締役会議長のリーダーシップが不適切な点にあるのかもしれない．その議長のリーダーシップのもとで行われる自己評価のプロセスでは，この問題に対処することはできそうもない．
- 自己評価は，取締役会の機能に直接関わる分野，例えば取締役会のプロセスや手続きのような分野について対処するうえでは役に立つだろう．また，外部評価の実施時期の間の中間的な評価を行う手法としては適切だろう．しかし，取締役会の実効性においてより論争の的になりそうな

---

[63] Institute of Directors (2010), pp. 4-5.

観点（例えば，取締役個人，取締役会のリーダーシップ，行動スタイル）については，自己評価が対応する能力は限定的である．

〈外部評価の長所と留意点〉

長所

- 取締役は，取締役会議長や他の社内関係者に直接伝えるよりも，自社に関係のない第三者に対して，より進んで取締役会の機能に関する基本的な懸念を表明するだろう．このような傾向は，ある重要な事業分野に対する自信や専門知識が欠けていたり，就任してからの時間が浅いなどのために，取締役会ではあまり強く主張しない取締役において，よりあてはまるだろう．
- 取締役会議長と経営陣に対して，評価プロセスの結果を正直に報告するという点において，独立した外部の評価者は制約が少ないだろう．
- 資格要件を満たした適切な外部評価者は，取締役会評価のプロセスに専門家のノウハウを持ち込む．
- 独立した外部評価者を含めることによって，取締役会評価が厳しく客観的に行われたという安心感を，株主や他の外部のステークホルダーに対して与えることができるだろう．

留意点

- 評価の実施に際しては入念な準備を必要とする．すべての取締役会メンバーに，評価の目的，プロセス，意図しているアウトプットについて理解してもらうことが不可欠である．
- すべての取締役，特に取締役会議長は，評価のプロセスにおいて最大限の努力をささげるべきである．そうでなければ，不適切な協力体制や役に立たない政治的な駆け引きのリスク，評価の結果が取締役会の実効性に与える影響が限定されるリスクが生じることになる．

　外部評価は自己評価と比較して負担が大きいものの，一方で適切に行われた外部評価は，企業に多くのメリットをもたらす．英国保険協会がFTSE350社を対象に実施した2011年の調査では[64]，外部評価がもたらしたメリットとして上位3つにあげられたのは，①独立性と客観性，②新鮮

な知見の提供,③オープンな議論の促進,である.また,上述の英国取締役協会の記載にあるように,投資家も,第三者による評価は自己評価より信頼性が高いものとして捉えている.

2 英国における外部評価者

外部評価の結果が取締役会の運営に良い影響をもたらすか否かは,取締役会の姿勢に加えて,外部評価者の能力に大きく依存する.英国では,現在,様々な企業・個人が外部評価を行っている.英国保険協会によれば[65],開示した企業が評価者の属性として最も多くあげているのが,コーポレートガバナンスのコンサルタント,次に取締役会評価専門コンサルタント,エグゼクティブ・サーチ会社,個人,コンサルタントの順となっている[66].また,前述のICSAの報告書[67]では,83社が外部評価を実施している.そのうち68社が外部評価を行った企業・人物を公表しているが,その数は20にのぼっている.評価者の内訳と評価企業数は,Boardroom Review(ボードルーム・レビュー社):15社,Lintstock:13社,Independent Audit Limited:7社,ICSA:7社,Egon Zehnder:5社,その他,となっている.

これらの評価者の質にはばらつきがあり,その向上を目指して,外部評価における規範を作成しようという動きが,一部の外部評価者の間に見られる[68].また,上述したように,エグゼクティブ・サーチ会社を外部評価として使うケースも散見されるが,これについては,自社が推薦して就任した社外取締役を自社が評価するという利益相反の問題が懸念されている[69].このような状況を反映して,2012年に改定されたコーポレートガ

---

64) Association of British Insurers (2012), pp. 43-44.
65) Association of British Insurers (2012), p. 39.
66) Association of British Insurers (2012), p. 40.
67) ICSA (2013).
68) Advanced Boardroom Excellence (2014). 2014年3月13日に筆者が実施したFRCのコーポレートガバナンス・コード担当者へのインタビューでは,そのようなコードの制定の動きはまだ限定的であると述べている.
69) Medland (2014).

バナンス・コードでは，外部評価者の名前を開示することが，新たに要求されるようになった．

3 外部評価の実務

次に，欧州で取締役会評価を行っている外部評価者とのインタビューに基づき，実際に，どのようにして同評価が実施されているかを詳細に見ていくことにする．

ボードルーム・レビュー社のケース

2014年3月12日に，英国の代表的な取締役会評価コンサルティング会社「ボードルーム・レビュー」の代表者のトレーシー・ロング博士に，同社が行っている取締役会評価の内容に関するインタビューを行った．同博士は，英国のFTSE100社の約3割の取締役会評価を実施している．以下，ロング博士とのインタビュー内容を，項目別に分けて紹介する．

顧客企業 顧客は大企業が中心である．何らかの理由で社内とは異なる別の見方を必要としている企業が多い．

取締役会議長との関係 評価の依頼は取締役会議長から受けるケースが多い．英国企業の取締役会議長の多くは自分のレピュテーションを重視している．一般に，議長が考えるレピュテーションとは，企業が良いパフォーマンスをあげているか，取締役会が適切に機能しているか，の2つから構成されている．取締役会評価はこの両方に深く関わるものである．

評価を依頼してきた議長に共通する特徴は以下の4つである．

①自社のパフォーマンスを重視している
②正直かつ率直である
③変化を歓迎する
④自身と異なった考え方を歓迎する

取締役会評価の目的 取締役会の重要な役割は，事業に対する貢献である．取締役会評価はその貢献の度合いを最大限にすることを目的とする．また同評価は，過去の実績の評価ではなく，将来に備えるための評価と位置づけている．何らかの事情で現在困難な状況にある企業，将来が不透明

な企業こそ，取締役会評価が必要である．

評価プロセス　取締役会の評価の手法は各企業ごとに異なる．それぞれの企業の状況やニーズに合わせた方法で行う．

評価を開始する前に，取締役会議長と，評価の目的と手法について十分な話し合いを行う．次にCEOとも話す．取締役会の事務局とのミーティングも持つ．そして，評価の実施前に，取締役会や委員会にも出席する．取締役会に関連した主要な文書にも目を通す．このような準備段階を経て実際の評価のプロセスを開始する．

評価においては，どの企業の場合でも，各取締役とのインタビューに大きく依拠する．インタビューを通して，戦略構築，リスクの設定と監督，企業パフォーマンスの監督，報酬の設定などにおける取締役会の役割や機能，取締役会におけるダイナミックス，取締役相互の関係等について，把握し分析を進める．

このような観察・分析のプロセスを経て報告書を作成する．報告書は，自分の見解とそれをサポートする証拠，および推奨事項から構成されている．まず取締役会議長に報告書を提出し，その後，取締役会全体で評価結果についてディスカッションを行う．各取締役とのミーティングも行う．この評価に参加する取締役には多くの時間を費やしてもらうため，常に心がけているのが，参加者全員に，「評価を実施した意味があった」「評価の結果は価値があるものだった」と感じてもらうことである．

ソダリ社のケース

2014年5月9日に，欧州のコーポレートガバナンスのコンサルティング会社「ソダリ」の会長であるジョン・ウィルコックス氏に，同社が行っている取締役会評価の内容に関するインタビューを行った．同氏は，米国最大規模の年金基金TIAA-CREFの元コーポレートガバナンス最高責任者であり，資本市場との良好な関係構築を意識した取締役会評価を行っている．

顧客企業　コーポレートガバナンスに対する意識が高い欧州の企業を中心に，取締役会評価に関する支援を実施している．

評価プロセス　まず，取締役会議長またはCEOと，評価の目的や手法について話し合う．現在取締役が抱えている課題については十分な時間をとって議論する．

次に，ベンチマーキング，つまり，国内外の同業他社とのガバナンスの比較分析を実施する．分析の主要項目は，取締役会，委員会，報酬，情報開示，株主構成，株主対応等である．各項目はさらに詳細な項目に分かれる．例えば，取締役会については，基本ガイドラインの有無とその内容，独立性の状況，後継者プラン，取締役の任期等について比較する．これらの分析を通して，コーポレートガバナンスにおける顧客企業の相対的なポジションを把握する．なお，ベンチマーキングの際には，同業他社との比較のみならず，国際的なガバナンス基準や主要な欧米機関投資家が要求する基準との比較も行う．

その後に，各取締役にガバナンスに関する主要な事項を記載した質問票を配布し，回答を得る（企業によってはこの段階でとどまる場合もある）．そして，これらの調査の結果を踏まえて，各取締役と1対1のインタビューを実施する．必要に応じて，取締役会事務局長，リスク管理担当役員，コプライアンス担当役員，IR担当役員等とのインタビューも実施する．質問の内容は，当該企業が抱える課題によって異なるが，共通の項目もある．具体的な質問内容は，基本戦略，主要なリスク，取締役会と委員会の基本方針，取締役会の指名プロセス，取締役の教育，報酬の構成と決定プロセス，取締役会の運営プロセス，後継者プラン，理想的な取締役会の構成と現状の比較などである．

これらの一連のプロセスを経て得た結果を報告書としてまとめ，取締役会議長および取締役会に提出し，評価の結果とそれに基づく推奨事項について説明する．

4 取締役会評価を通した企業と投資家の対話

多くの国のコーポレートガバナンス・コードでは，取締役会評価がどのうように行われたかについての開示を要求している．企業は，そのような開示を通して，自社の取締役会の状況について投資家に情報を提供し，投

資家との対話のベースとする．ただし，開示内容は企業によって大きく異なる．

　英国のガバナンスやコンプライアンス関連のプロフェッショナルを会員とするICSA（Institute of Chartered Secretaries and Administrators）は，英国上位200社について，アニュアル・レポートに開示されている取締役会評価の記載を一覧にした報告書を公表している[70]．上位200社であっても，詳細に開示している企業から，非常に簡単な説明しかないものまで様々である．

　FTSE350の1社である航空会社イージージェット社は，外部評価が行われた年であるにもかかわらず，評価に関する記載はこれらの200社の中でもきわめて短いものだった．同社の2012年のアニュアル・レポートでは，取締役会評価の結果は以下のように記載されている．

> 「各取締役は継続的に効果的な貢献を行っており，そして，その役割（取締役会や委員会，そしてその他の義務のために十分な時間を費やすことを含む）に対して継続的に十分に責任を果たしていること，そして，取締役がその義務と責任を効果的に果たすことができるための，スキル，経験，独立性，当該企業に関する知識，性別を含む多様性の適切なバランスがあることを，パフォーマンス評価は明らかにしたと取締役会は考えている」

　この報告では，前述のFRCのコーポレートガバナンス・コードやガイダンスの文章表現がほぼそのままの形で用いられており，評価の詳細については一切触れられていない．

　しかし，全体的な傾向を見れば，FRCの奨めもあって年々開示の状況は進んでいる．上述のグラント・ソントン社の調査[71]によれば，「取締役会，委員会，各取締役のパフォーマンスに関して毎年正式にどのような評価（内部評価も含む）を行っているかについて，どの程度の説明を行っているか」という質問に対して，FTSE350企業は表8-5のように回答して

---

70) ICSA (2013).
71) Grant Thornton (2013), p. 48.

表8-5 FTSE350企業の開示状況

	2009年	2010年	2011年	2012年	2013年
まったく説明しない	3.3%	3.0%	2.6%	2.7%	1.3%
いくらか説明する	64.9%	62.7%	60.6%	45.6%	35.6%
多くの説明をする	31.8%	34.3%	36.8%	51.7%	63.1%

(出所) Grant Thornton (2013) の調査に基づく.

おり，開示が進んでいる状況がうかがえる．

また，同調査のFTSE100企業の場合には，多くの説明を行ったと回答した企業が2013年に80.6%にものぼっており，大企業においてより開示が進んでいる状況が見てとれる．

一方，米国の企業については，米国の主要な年金基金がメンバーとなっている機関投資家の団体であるCII (Council of Institutional Investors) が，2014年に発表した取締役会評価に関する情報開示に関する報告書で，英国をはじめとした欧州の国々と比較して，米国企業の開示が不十分であることが指摘されている[72]．米国では，評価については株主総会の招集通知に記載され，投資家が取締役の選任議案に投票する際に注視する項目の1つとなっているが，多くの企業では取締役会を行ったという事実の記述にとどまっている．欧州と異なり規則主義をとる米国では，企業が法的なリスクを懸念して開示を制限する傾向にあることが，欧州企業との開示の差異につながっている[73]．

おわりに

わが国では，すでに多くの投資家がスチュワードシップ・コードを受け入れ，2015年にはコーポレートガバナンス・コードも策定されようとし

---

[72] Council of Institutional Investors (2014), p. 1. なお，各国の開示の状況や投資家の見方については，北川・大杉・高山・石黒「座談会 取締役会評価によるガバナンスの実効性確保に向けて（上）」『商事法務』2014年11月25日号（No. 2049），および，北川・大杉・高山・石黒「座談会 取締役会評価によるガバナンスの実効性確保に向けて（下）」『商事法務』2014年12月5日号（No. 2052）においても，説明されている．
[73] Wilcox (2013).

ている．日本でも，ようやく，コーポレートガバナンスの実効性に関する議論ができる土台が形成されつつある．そのような中，コーポレートガバナンスの核となる取締役会がどのようにその役割を果たし，企業価値の向上に貢献していくか，大きな関心が寄せられている．世界の多くの国々で，取締役会の実効性を高め企業の競争力を高める手段として実施されている取締役会評価は，政府の日本再興戦略の重要な目標であり，また．コーポレートガバナンスの究極の目的でもある「企業の稼ぐ力＝収益力」の強化に，大きく貢献することが期待される．

参考文献

Advanced Boardroom Excellence (2014) *Independent External Board Evaluations, Code of Practice*, January.
http://static.squarespace.com/static/ 527d46a3e4b07ed7f733f950/t/53c2e94ae4b0c9b471bbc627/1405282634581/Board%20Evaluation%20The%20Code%20of%20Practice%20V2.pdf

Anuário de Governança Corporativa (2013) "Anuário de Governança Corporativa das Companhias Abertas 2013: Practices Adopted by Top 100 Liquid Shares Issuers at BM&FBOVESPA," *Capital Aberto*, Brasil.

Association Française des Entreprises Privées and MEDEF (2013) *Corporate Governance Code of Listed Corporations*, June.

Association of British Insurers (2012) *Report on Board Effectiveness, Updating Progress, Promoting Best Practice*, December.
https://www.ivis.co.uk/media/ 5920/ABI-Report-on-Board-Effectiveness-2012-Final.pdf

ASX Corporate Governance Council (2010) Australian Securities Exchange (ASX) *Corporate Governance Principles and Recommendations with 2010 Amendments*, 2nd Edition.

(The) Australian Council of Superannuation Investors and The Centre for Corporate Governance (University of Technology, Sydney) (2010) *The State of Play on Board Evaluation in Corporate Australia and Abroad Study*, October.
https://www.uts.edu.au/sites/default/files/BoardEffectiveness.pdf

Azar, Carolina, and Andreas Grimminger of eStandards Forum/Financial Standards Foundation (2011) *Achieving Effective Boards: A Comparative Study of Corporate Governance Frameworks and Board Practices in Argentina, Brazil, Chile, Colombia, Mexico, Panama and Peru*, June 2011.

http://www.ifc.org/wps/wcm/connect/60942d0048a7e84aafa7ef6060ad5911/Achieving+Effective+BoardsFINAL.pdf?MOD=AJPERES

Borsa Italiana (2014) *Corporate Governance Code*, July.

British American Tobacco (2013) Annual Report.

Brunzell, Tor (2012) *Board Evaluation and Its Effect on Board Composition and Board Work*, February 6. http://ssrn.com/abstract=2000145

Cadbury, Adrian (1992) *The Committee on the Financial Aspects of Corporate Governance Chaired by Adrian Cadbury, The Financial Aspects of Corporate Governance*.

Corporate Governance Code Monitoring Committee (2008) *Dutch Corporate Governance Code: Principles of Good Corporate Governance and Best Practice Provisions*, December.

(The) Corporate Governance Committee (2009) *The 2009 Belgian Code on Corporate Governance*, 12 March.

Council of Institutional Investors (2014) *Best Disclosure: Board Evaluation*, September.
http://www.cii.org/files/publications/governance_basics/08_18_14_Best_Disclosure_Board_Evaluation_FINAL.pdf

CPA Australia (2013) *Corporate Governance Highlights 2013, Transforming Governance and Transparency in Singapore's Listed Companies*.

European Union (2005) "Commission Recommendation of 15 February 2005 on the Role of Non-executive or Supervisory Directors of Listed Companies and on the Committees of the (Supervisory) Board," *Official Journal of the European Union*, February 25.

Financial Reporting Council (2003) *The Combined Code on Corporate Governance*, July.

Financial Reporting Council (2006) *Good Practice Suggestions from the Higgs Report*, June. http://www.ecgi.org/codes/documents/frc_gp_2006.pdf

Financial Reporting Council (2009) *2009 Review of the Combined Code: Final Report*, December.
https://www.frc.org.uk/Our-Work/Publications/Corporate-Governance/2009-Review-of-the-Combined-Code-Final-Report.pdf

Financial Reporting Council (2010) *The UK Corporate Governance Code*, June.

Financial Reporting Council (2011) *Guidance on Board Effectiveness*, March.
https://www.frc.org.uk/getattachment/c9ce2814-2806-4bca-a179-e390ecbed841/Guidance-on-Board-Effectiveness.aspx

Financial Reporting Council (2012a) *The UK Corporate Governance Code*, September.

Financial Reporting Council (2012b) *Developments in Corporate Governance 2012*,

The Impact and Implementation of the UK Corporate of the UK Corporate Governance and Stewardship Codes, December.
https://www.frc.org.uk/Our-Work/Publications/Corporate-Governance/Developments-in-Corporate-Governance-in-2012.pdf

Financial Reporting Council (2014) *The UK Corporate Governance Code*, September.

German Government Commission (2013) *German Corporate Governance Code*, May.

GlaxoSmithKline (2011) Annual Report.

GlaxoSmithKline (2012) Annual Report.

Grant Thornton (2011) *Corporate Governance Review 2011, A Changing Climate, Fresh Challenges Ahead*.
http://www.grantthornton.co.uk/pdf/corporate_governance.pdf

Grant Thornton (2012) *Corporate Governance Review 2012, The Chemistry of Governance, a Catalyst for Change*.
http://www.grant-thornton.co.uk/Global/Publication_pdf/Corporate_Governance_Review_2012.pdf

Grant Thornton (2013) *Corporate Governance Review 2013, Governance Steps Up a Gear*.
http://www.grant-thornton.co.uk/Documents/FTSE-350-Corporate-Governance-Review-2013.pdf

Hampel, Ronald (1998) *Committee on Corporate Governance Chaired by Sir Ronald Hampel, Final Report*, January.

Heidrick & Struggles (2011) *European Corporate Governance Report 2011, Challenging Board Performance*.
http://www.heidrick.com/~/media/Publications%20and%20Reports/HS_EuropeanCorpGovRpt2011.pdf

Higgs, Derek (2003) *Review of the Role and Effectiveness of Non-Executive Directors*, January

ICSA (2013) *ICSA Board Evaluation-Review of the UK top 200 companies 2012*, April.

Institute of Directors (2010) *The Challenge of Board Evaluation*, 2 September.
http://www.iod.com/influencing/policy-papers/corporate-governance/the-challenge-of-board-evaluation

International Corporate Governance Network (2014) *ICGN Global Governance Principles*.
https://www.icgn.org/best-practice

Kessel, Mark, and S. T. Giove (2014) "Board Self-Evaluations: Practical and Legal Implications," *NACD Directorship*, May/June.

http://www.shearman.com/~/media/Files/NewsInsights/Publications/2014/06/Board-SelfEvaluations_Practical-and-Legal-Implications--Kessel-Giove-062014.pdf

Long, Tracy (2012) "Board Evaluation," *Corporate Governance for Main Market and AIM Market*, London Stock Exchange, September.
http://www.londonstockexchange.com/companies-and-advisors/aim/publications/documents/corpgov.pdf

Medland, Dina (2014) "Better Boards: Evaluation Code Proposed," *Financial Times*, 29 January.

(The) Monetary Authority of Singapore (2012) *Code of Corporate Governance*, 2 May.

National Association of Corporate Directors (1994) *The Blue Ribbon Commission Report on Performance Evaluation of CEOs, Boards, and Directors*, Washington.

New York Stock Exchange Rule, 303A.091.

OECD (2009) *Corporate Governance and the Financial Crisis: Key Findings and Main Messages*, June.
http://www.oecd.org/corporate/ca/corporategovernanceprinciples/43056196.pdf

(The) Stock Exchange of Hong Kong Limited (2012) *Corporate Governance Code (as set out in Appendix 14 to the Rules Governing the Listing of Securities on The Stock Exchange of Hong Kong Limited)*.

(The) Swedish Corporate Governance Board (2010) *The Swedish Corporate Governance Code*, February.

Toronto Stock Exchange (1995) *Where Were the Directors? Guidelines for Improved Corporate Governance*.
http://www.farris.com/images/uploads/1995_A_Summary_and_Analysis_of_the_TSE_Corporate_Governance_Guidelines.pdf

Ungureanu, Cristina (2013) "Board Evaluation: Notes from Europe," *The Corporate Board*, September/October.

Walker, David (2009) *A Review of Corporate Governance in UK Banks and Other Financial Industry Entities: Final Recommendations*, 26 November.

Wilcox, J. C. (2013) "The Autonomous Board," The Harvard Law School Forum on Corporate Governance and Financial Regulation, November 11, 2014.
http://blogs.law.harvard.edu/corpgov/2013/11/11/the-autonomous-board/

Winter, Jaap, and Erik van de Loo (2012) "Boards on Task towards a Comprehensive Understanding of Board Performance," *DSF Policy Paper*, No. 31, November.
http://www.dsf.nl/assets/cms/File/Research/DSF%20Policy%20Paper%20No%2031%20Boards%20on%20Task%20-%20Towards%20a%20

Comprehensive%20Understanding%20of%20Board%20Performance（1）.pdf
北川哲雄・大杉謙一・高山与志子・石黒徹（2014）「座談会　取締役会評価による
　ガバナンスの実効性確保に向けて（上）」『商事法務』11月25日号（No. 2049）.
北川哲雄・大杉謙一・高山与志子・石黒徹（2014）「座談会　取締役会評価による
　ガバナンスの実効性確保に向けて（下）」『商事法務』12月5日号（No. 2052）.
品川正治・牛尾治朗編（2000）『日本企業のコーポレート・ガバナンスを問う』商
　事法務研究会.
高山与志子（2014）「取締役会評価とコーポレート・ガバナンス──形式から実効
　性の時代へ」『商事法務』9月15日号（No. 2043）.
藤本真（2006）「日本企業におけるガバナンスと人材マネジメント」『現代日本企業
　の人材マネジメント──プロジェクト研究「企業の経営戦略と人事処遇制度等の
　総合的分析」中間とりまとめ』労働政策研究報告書No. 61，労働政策研究・研修
　機構.

コラム 8-1 取締役会評価の実例①
グラクソ・スミスクライン社

グラクソ・スミスクライン社（GSK）は，2011年に外部評価（外部評価は3年ごとに実施），2012年と2013年に自己評価を行っている．同社が行った取締役会評価について，2011年および2012年のアニュアル・レポートで開示されている情報に基づいてその内容を紹介する[74]．

外部評価者
ボードルーム・レビュー社のトレーシー・ロング博士が取締役会評価を行った．

外部評価の手法
- 評価のプロセスには，各取締役と秘書役に対する1対1の面談が含まれている．
- 評価で議論される主要なトピックは，事前に取締役に提示する．
- これらのトピックには，取締役会の有効性に関係する幅広い側面が含まれる．具体的には，取締役会と委員会における情報の流れ，戦略的課題の対処方法，取締役会全体としての有効性，取締役会運営方法を改善する方法の調査などである．

外部評価の結果
今回の評価では，取締役会は，その仕事へのアプローチ，関係の構築，時間の使い方という点で非常に効果的に機能していることが確認できた．詳細は以下のとおりである．
- CEOおよび経営陣は独立取締役と良い関係を構築した．
- 質の高い議論がなされた．
- 取締役会議長と委員会委員長の強いリーダーシップが発揮された．
- 取締役会スケジュールと議題は，2008年に実施された前回の外部評価時より効果的な形で実践された．
- 書類やプレゼンテーションの質にも改善が見られた．

---

74) 以下の評価内容は，同社のアニュアル・レポートで開示された情報（GlaxoSmithKline, 2011, pp. 89-90 ; GlaxoSmithKline, 2012, pp. 95-96）を基に筆者が再構成したものである．

推奨事項

外部評価において，取締役会の能力をさらに強化するために，以下のアクションが推奨され，取締役会はそれに同意した．

1　外部環境に関する課題

①取締役会の知識を深めるために，取締役会の議題は，主要な外部の影響力（競合するビジネス・モデル，市場の発展，GSKの相対的な強みや弱みを含む）を考慮することについて，年間を通して時間を費やすべきである．

②取締役会は，社外取締役個人および取締役会による現地訪問を通じて，その知識や理解を高めるべきである．

③取締役会の規模を考慮すると，社外取締役は，秘書役の助けを得て，企業と公式・非公式にかかわり続けることが重要である．そして，社外取締役は，取締役会会議においてもそれ以外においても，個人の経験を活用して，現在のGSKの発展に後れを取らないように，関連する社内の経営会議や産業界のイベントに参加するべきである．

④経営陣は，新興市場におけるリスクを認識する文化をどのように社内に深く根づかせるか，新たに発生するリスクを保証プロセスの中でどのように捉えるかを，取締役会に対して示さなければならない．

2　取締役会の貢献と構成に関する課題

①取締役会は，その構成を2年後に変更する予定になっており，将来のために関連するスキルや能力を構築する機会を有している．取締役会の構成を次の5年から6年にわたって計画することは，取締役会の有効性を最適化するうえで有益である．

②取締役は，取締役会の現在のメンバー構成の中に欠けている2つの重要な要素を特定した．それらは，グローバルCEOとしての経験と新興市場に関する知識・経験である．指名委員会による新しい取締役メンバーの採用は，これらの要素を反映することになるだろう．

推奨事項に対する対応

翌年実施された自己評価において，取締役会が以下の内容の対応を取ったことが確認された．

1　外部環境に関連する課題への対応

①取締役会プログラムは，GSKに与える主要な影響を考慮するまでに拡大さ

れた.

②取締役会は,取締役会と経営陣による戦略ミーティングの一環として,10月にインドを訪問した.取締役個人のための特定の事業所訪問として,グループの事業所であるスティーブニッジ(英国),ワーブル(ベルギー),リサーチ・トライアングル・パーク(米国),ゼブロン(米国)への訪問がアレンジされた.

③社外取締役は,事業と企業文化をさらに学ぶためにGSKの経営陣とのミーティングに参加した.

④取締役会はインドを訪問し,どのようにリスク管理を事業に組み込み,新たに発生するリスクを捉えるかについて理解する機会を得た.

2 取締役会の貢献と構成に関する課題への対応

①指名委員会は,長期的な観点から社外取締役の採用に注力するようになった.

②取締役会は,リン・エルゼンハンス,ジン・ウルリッチの2名を社外取締役として迎えた.その結果,取締役会におけるCEOの数をさらに増やし,取締役会の検討において新興国市場での経験が加わった.

コラム 8-2 取締役会評価の実例②
ブリティッシュ・アメリカン・タバコ社

ブリティッシュ・アメリカン・タバコ社(BAT)は,2013年に外部評価を行っている.同社が実施した取締役会評価について,2013年のアニュアル・レポートで開示されている情報に基づいてその内容を紹介する[75].

外部評価者

ボードルーム・レビュー社のトレーシー・ロング博士が取締役会評価を行った.

外部評価の手法

・各取締役との徹底的なインタビューを実施した.

・外部評価者は,取締役会およびCSR委員会に出席した.

---

75) 以下の評価内容は,同社のアニュアル・レポートで開示された情報(British American Tobacco, 2013, p. 52)から筆者が抜粋したものである.

外部評価の結果
〈2013年の評価の結果〉
　○取締役会の文化とダイナミクス
- 取締役会はオープンで透明な文化を有しており，積極的な議論と高度なレベルの質問を奨励している．
- 社内取締役と社外取締役の間で十分な協力関係がある．
- 集団的思考に陥ることなく，各取締役が高い独立性を持った意識を有している．
- 取締役会議長は良い聞き手であり，取締役会を効果的に，かつ合意に基づくスタイルで運営している．
- CEOは事業をよく把握し，パフォーマンスを重視し，強いリーダーシップを発揮している．
- 取締役会会議では，様々な議題についてすべての取締役が等しく貢献している．

　○取締役会の構成と在任期間
- 取締役会の構成と各取締役の在任期間により，取締役会では多様な専門的な経験が結びつけられている．
- 取締役会のメンバーは，直観的で，かつ分析的な見方が融合された多様な見方を有している．
- 社外取締役が持つ様々な経験のポートフォリオは，社内のプロセス（リスク管理など）を向上させることに役立っている．
- 事業が消費者行動のシフトと変化するトレンドに直面している中，素早く変化する消費者の状況や迅速な意思決定の環境（これらは，技術に左右され，規制が少ない産業でよく見られるものだが）における多くの経験が，当社にとって有用である．

　○戦略とオペレーション
- 取締役会での戦略的な議論は，CEOにより促進され，社外における戦略に特化した年次会議が実施されている．
- 基本的な事業のパフォーマンスは経営陣によって厳しく精査されている．
- 競争状況，顧客，そして規制に関する状況については，明確に理解できる形で取締役会に提示され，経営陣による定期的な報告のコアの部分においても示されている．
- 取締役会は質の高い顧客調査の結果を受け取っている．
- イノベーションと規制はともに取締役会の重要な議題として認識されている．

・取締役会は，市場のセンチメントに適応しており，また，株主へのロードショーのフィードバックは，尊重されている．

〈2013年の結果を踏まえて推奨された2014年のアクション〉
　○取締役会の文化とダイナミクス
　バランスの維持　取締役会の文化とダイナミクスの強みを認識したうえで，指名委員会の取締役会構成マトリックスは，特定の専門知識に加えて，各取締役個人のアプローチやスタイルのバランスを考慮すべきである．
　○取締役会の構成と在任期間
　FMCGの経験　FMCGの経験は次の取締役の任命において優先順位が高い項目になるだろう．
　非金融分野における専門知識　現在の取締役会の構成は金融関連の専門知識を十分に有しているので，よりオペレーショナルなライン管理の専門知識を持った取締役を迎えることができるだろう．
　○戦略とオペレーション
　株主の見方　CSR委員会は，株主構成の毎年の検証を，委員会の議題に組み込むだろう．

〈2012年の評価を踏まえた2013年のアクションの結果〉
　○取締役会の文化とダイナミクス
　就任時の研修　2013年に社外取締役に就任したリチャード・タブ博士は，CSR委員会のメンバーに指名され，英国サザンプトンの研究開発所やドイツのバイロイトの工場訪問を含む十分な就任時研修のプログラムを終了した．
　○取締役会の構成と在任期間
　取締役会と委員会のバランスとスキル　技術関連のスキルとアジアでのビジネス経験を有した候補者の選択とインタビューの結果，サビオ・クワンが2014年取締役に指名された．同氏のインターネット関連ビジネス，アリババ社における経歴は，取締役会に歓迎すべき技術的な専門知識をもたらしている．
　○戦略とオペレーション
　CSR委員会の同業他社評価　CSR委員会は，CSRの実践と報告において，業界の競合と比較して，BATがどのような状況にあるか検証した．
　株主とのエンゲージメント　取締役会議長と報酬委員会委員長はともに，機関

投資家と主要な株主と会い，コーポレートガバナンスと報酬について議論した．

執筆者略歴

北川哲雄（きたがわ　てつお）
編著者——第1章，第4章（3・4節，コラム）

1975年，早稲田大学商学部卒業，同大学院修士課程修了後，中央大学大学院博士課程修了．博士（経済学）．野村総合研究所およびモルガン信託銀行（現JPモルガン・アセット・マネジメント）調査部等においてアナリスト・調査部長を経験ののち，現在，青山学院大学大学院国際マネジメント研究科教授．
主要著書に，『アナリストのための企業分析と資本市場』（東洋経済新報社，2000年），『資本市場ネットワーク論——IR・アナリスト・ガバナンス』（文眞堂，2007年），『IRユニバーシティ』（国際商業出版，2010年），主要共編著に『企業価値向上のためのIR経営戦略』（東洋経済新報社，2004年），『証券アナリストのための企業分析（第4版）』（東洋経済新報社，2013年），がある．

井口譲二（いぐち　じょうじ）
——第4章（1・2節），第5章（本文，コラム5-2）

1988年，大阪大学経済学部卒業．日本生命保険相互会社入社後，ニッセイ基礎研究所でマクロ経済予測業務に従事．2000年，ニッセイアセットマネジメント株式会社に入社．金融・素材セクターのアナリスト，投資調査室長を経て，現在，株式運用部担当部長，コーポレート・ガバナンス・オフィサー．
主要論文に，「財務諸表利用者はIR情報をどう評価するか」『企業会計』（2013年7月），「非財務情報（ESGファクター）が企業価値に及ぼす影響」『証券アナリストジャーナル』（2013年8月），「ストーリーのあるコーポレートガバナンス」『商事法務』（2014年4月15日），がある．

木下靖朗（きのした　やすあき）
――第5章（コラム5-1），第6章

1991年，大阪大学経済学部卒業後，ロンドン大学大学院修士課程修了（MSc. in Financial Management取得）．日本生命保険相互会社入社後，東京およびロンドンでアナリストおよびファンドマネジャーとして外国株式運用に従事，リーマン・ブラザーズ・インターナショナル（英国）で株式引受業務等を経験ののち，2004年，ニッセイアセットマネジメント株式会社に入社．国内株式のアナリストを経て，現在は株式運用部チーフ・ポートフォリオ・マネジャーとして国内株式対話型運用を担当．

小崎亜依子（こざき　あいこ）
――第7章［共著］

1996年，慶應義塾大学総合政策学部卒業後，ピッツバーグ大学公共政策国際関係大学院修了．野村アセット・マネジメントを経て，株式会社日本総合研究所に入社．現在，創発戦略センター／ESGリサーチセンター　マネジャー．主に環境・社会・ガバナンスの観点からの企業評価を手がけ，ESG課題を考慮した投資や融資の実践を支援している．日本証券アナリスト協会「企業価値分析におけるESG要因研究会」委員．

主要論文に，「国内外におけるESG投資の現状と考察」『証券アナリストジャーナル』（2011年5月），「事業環境変化により生じてきた"新たな企業不祥事"とは」『月刊監査役』（2013年3月），がある．

高山与志子（たかやま　よしこ）
――第8章

1980年，東京大学経済学部卒業，エール大学経営大学院修了（MBA取得），東京大学大学院人文社会系研究科博士課程修了，博士（社会情報学）．メリルリンチ証券会社ニューヨーク本社，ロンドン，東京にて資金調達・M&A等の投資銀行業務に携わる．現在，ジェイ・ユーラス・アイアール株式会社のマネージング・ディレクターとして，戦略的IR，コーポレートガバナンスの実効性向上に

関するコンサルティングを行う．ICGN（International Corporate Governance Network）理事，日本コーポレート・ガバナンス・ネットワーク理事．
主要著書・論文に，『〈社外取締役〉のすべて』（共著，東洋経済新報社，2004年），『株主が目覚める日――コーポレート・ガバナンスが日本を変える』（共著，商事法務，2004年），『機関投資家対応 IR・株主総会マニュアル』（共著，中央経済社，2007年），「取締役会評価とコーポレート・ガバナンス」『商事法務』（2014年9月15日），がある．

林 順一（はやし　じゅんいち）
――第2章，第3章

1982年，慶應義塾大学商学部卒業．マンチェスター大学経営大学院修了，筑波大学大学院修士課程修了後，青山学院大学大学院博士課程修了．MBA，修士（法学），博士（経営管理）．第一勧業銀行（現みずほ銀行），みずほフィナンシャルグループ，みずほ証券等を経て，現在，日土地アセットマネジメント株式会社に勤務．青山学院大学国際マネジメント学術フロンティア・センター特別研究員．
主要論文に，「委員会設置会社導入の有無と企業の現金等保有高の関係分析」『マネジメント・ジャーナル』（第5号，2013年），「日本企業のCSR情報開示の決定要因分析についての一考察」『日本経営倫理学会誌』（第21号，2014年），がある．

林 寿和（はやし　としかず）
――第7章［共著］

2005年，京都大学工学部卒業．エジンバラ大学大学院修了（経済学修士），ケンブリッジ大学経営大学院修了（技術政策修士）．官庁勤務を経て，株式会社日本総合研究所に入社．現在，創発戦略センター/ESGリサーチセンター ESGアナリスト．主に環境・社会・ガバナンスの観点からの企業評価を手がけ，ESG課題を考慮した投資や融資の実践を支援している．
主要論文に，「日本の株式市場におけるショート・ターミズム（短期主義）の実証分析」『証券アナリストジャーナル』（2013年12月），「中期経営計画の開示行為に対する株式市場の反応の検証――投資家は中期経営計画のどこを評価しているのか」『企業会計』（2014年7月），がある．

スチュワードシップとコーポレートガバナンス
2つのコードが変える日本の企業・経済・社会

2015年2月12日発行

編著者——北川哲雄
発行者——山縣裕一郎
発行所——東洋経済新報社
　　　　　〒103-8345 東京都中央区日本橋本石町 1-2-1
　　　　　電話＝東洋経済コールセンター　03(5605)7021
　　　　　http://toyokeizai.net/

装　丁………小松秀司(藤原印刷)
ＤＴＰ………藤原印刷
印　刷………藤原印刷
製　本………東京美術紙工
編集担当……村瀬裕己

Printed in Japan　　ISBN 978-4-492-73321-9

　本書のコピー，スキャン，デジタル化等の無断複製は，著作権法上での例外である私的利用を除き禁じられています。本書を代行業者等の第三者に依頼してコピー，スキャンやデジタル化することは，たとえ個人や家庭内での利用であっても一切認められておりません。
　落丁・乱丁本はお取替えいたします。